SAMMELSURIUM

A Reader and Workbook for Intermediate German

SAMMELSURIUM

A Reader and Workbook for Intermediate German

Franz-Joseph Wehage

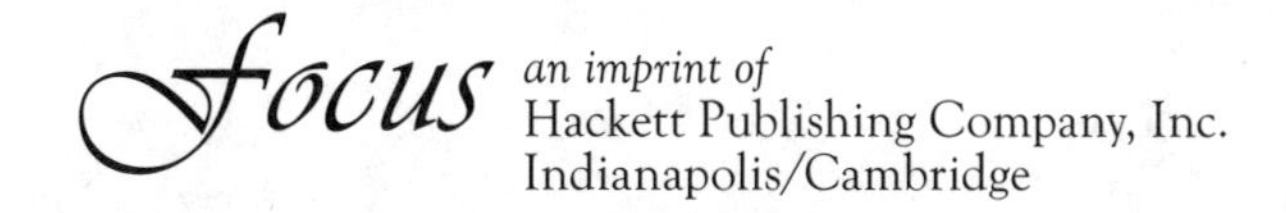
an imprint of
Hackett Publishing Company, Inc.
Indianapolis/Cambridge

A Focus book

Focus *an imprint of*
Hackett Publishing Company

Printed in the United States of America

19 18 17 1 2 3 4 5 6 7

For further information, please address
Hackett Publishing Company, Inc.
P.O. Box 44937
Indianapolis, Indiana 46244-0937

www.hackettpublishing.com

Cover design by Brian Rak
Interior design by Laura Clark
Composition by Integrated Composition Systems

Library of Congress Cataloging-in-Publication Data

Names: Wehage, Franz-Joseph, 1953– author.
Title: Sammelsurium : a reader and workbook for intermediate German / Franz-Joseph Wehage.
Description: Indianapolis : Focus, 2017.
Identifiers: LCCN 2016031612 | ISBN 9781585108350 (pbk.)
Subjects: LCSH: German language—Readers. | German language—Textbooks for foreign speakers—English.
Classification: LCC PF3117 .W443 2017 | DDC 438.6/421—dc23
LC record available at https://lccn.loc.gov/2016031612

The paper used in this publication meets the minimum requirements of American National Standard for Information Sciences—Permanence of Paper for Printed Library Materials, ANSI Z39.48–1984.

∞

CONTENTS

PREFACE

Sammelsurium is a hodgepodge of short reading selections. It can be used either as a supplementary reader or as the main reader in a course. The grammar in these texts mirrors grammatical structures typically found at the Intermediate German level in the undergraduate curriculum. High school AP classes could certainly use this book as well.

The readings do not build on one another and can be used selectively. The variety exhibited in the table of contents suggests the many ways its topics might enrich a course. They touch on themes like hiking, fashion, the history of film, traveling, fairy tales, the origin of the pretzel, the use of tobacco among young people, multicultural life in a big city, the popularity of soccer and golf, and metropolitan life in Berlin. The readings include fables, literary short stories, and biographies of famous Germans. It should be noted that the literary short stories as well as the biographical narratives are more suitable for Intermediate German II since the language in these is more complex than that of the earlier reading selections.

This book is designed for use in Intermediate German. Students will find all reading selections enriched with vocabulary unlikely to have been encountered in the first year of German. Most reading assignments are preceded by extensive vocabulary sections, subdivided into nouns, verbs, adjectives, adverbs, and expressions. The reading portions give verbs in their infinitive form only; for the most part, these have to be put into the appropriate past-tense form (past tense, present perfect, or past perfect).

Intermediate German grammar textbooks usually handle the narrative past in a single chapter. Afterwards, it is rarely used actively, though it may show up in reading selections. The reading selections in this book aim at allowing students to become more comfortable with the use of past tense in literary prose. Constant reshuffling of vocabulary increases the students' confidence and familiarity with the narrative past.

Following the reading sections, comprehension questions activate the new vocabulary and allow students to interact in communicative exercises. Most texts are then followed by a true/false section. Students are asked to provide the correct answers in writing. Additional fill-in exercises use the vocabulary of the text, making use of adjectives, expressions, nouns, and verbs in sentences that retell or interpret the context. To ensure that all students understand the complex sentence structure of a German sentence, matching exercises appear at the end of all activities. Other matching exercises ask the students to create compound nouns.

Students are asked to read the texts carefully. Statements following the text with a different set of words ask the reader to find a sentence in the text that carries the same meaning. Sometimes, instead of vocabulary lists, students are asked to search for the German equivalent in the text. Some reading selections also have English-to-German translation exercises.

The vocabulary appendix (*Wortschatz*) lists, in alphabetical order, all words in the vocabulary section of each reading selection. If a verb is irregular and formed with "to be," the verb forms are provided. The vocabulary appendix also provides a list of all expressions as they occur in the text.

Questions

A discussion of the text with general questions allows students to actively engage new vocabulary and grammar and use it in the proper context.

Writing

At the end of each reading selection, the student is asked to write a summary of the text. Other assignments pertain to a writing of one's personal experience. Additional information may sometimes be necessary and can be found online in order to supplement the information provided. Internet activities are built into the writing portion of the text. Students are sometimes asked to do research on the Internet for a PowerPoint presentation.

Testing

In reading comprehension tests, the students who used the book as a pilot text reacted well to the matching and true/false questions. Even when a hodgepodge of matching sentences from previous texts was used, the students always succeeded in connecting the sentences. Testing vocabulary in the same context was used by underlining words in the matching sentences.

ACKNOWLEDGMENTS

I would like to express my sincere gratitude to all staff members at Hackett Publishing for their help and support. Many thanks to Brian Rak, Editorial Director at Hackett Publishing, for his invaluable assistance!

I am indebted to the German Foreign Office (http://www.entdecke-deutschland.diplo.de) and Der Weg: Portal für Deutschlernende (http://www.derweg.org) for their permission to reprint several of their articles at no cost.

Furthermore, I want to thank my intermediate German students at Muskingum University who made many invaluable suggestions while I piloted the book over two years.

Lastly, I am ever grateful to the reviewers of this textbook and their great suggestions during its creation.

I. Allerlei

1

Glück im Unglück

Franz-J. Wehage

Nomen

Berufsverkehr, der	*rush hour*	**Platten, der**	*flat tire*
Blick, der	*glance*	**Reifendruck, der**	*tire pressure*
Bremse, die	*brake*	**Reifenpanne, die**	*blowout*
Ersatzreifen, der	*spare tire*	**Rush Hour, die**	*rush hour*
Fahrertür, die	*driver's side door*	**Stau, der**	*traffic jam*
Knall, der	*pop*	**Stoßstange, die**	*bumper*
Kofferraum, der	*trunk*	**Tankstelle, die**	*gas station*
Luftdruck, der	*air pressure*	**Termin, der**	*appointment*
Mitgliedsausweis, der	*membership card*	**Verkehr, der**	*traffic*
Nagel, der	*nail*	**Wagenheber, der**	*car jack*
Pannendienst, der	*breakdown service*	**Zwischenfall, der**	*incident*

Verben

absagen	*to cancel*	**passieren**	*to happen*
ahnen	*to suspect*	**scheinen**	*to seem*
aufatmen	*to breathe a sigh of relief*	**überprüfen**	*to check*
		vereinbaren	*to agree upon*
auflösen	*to dissolve, to clear up*	**vernehmen**	*to hear*
		verschieben	*to postpone*
dauern	*to last*	**vorankommen**	*to make headway*
erklären	*to explain*	**vorzeigen**	*to show*
herausnehmen	*to take out*	**wählen**	*to dial*
herumgehen	*to walk around*	**wünschen + (Dat)**	*to wish*
öffnen	*to open*	**zusagen**	*to accept*

Adjektive/Adverbien

allgemein	*general*	**beinahe**	*almost*
allmählich	*gradually*	**besonders**	*especially*
ausgerechnet	*just*	**deshalb**	*therefore*

dicht	*congested*
ganz plötzlich	*all of a sudden*
genau	*exactly*
kaum	*barely*
platt	*flat*
sofort	*immediately*
trotz allem	*in spite of everything*
wichtig	*important*

Ausdrücke

auf dem Weg sein	*to be on the way*
auf die Bremse treten	*to step on the brakes*
Böses ahnen	*to assume the worst*
eine freie Fahrt	*an open road*
eine Spur mehr Gas geben	*to give a bit more gas*
einen Reifen wechseln	*to change a tire*
in Eile sein	*to be in a hurry*
sicher ist sicher	*better safe than sorry*
zum Stehen kommen	*to come to a standstill*

1.1 Setzen Sie die Infinitive in die Vergangenheit.

Herr Müller ________________ (sein) an diesem Morgen sehr in Eile. Er ______________ (sein) auf dem Weg zu einem wichtigen Termin am späten Vormittag. Der Verkehr ______________ (scheinen) aber besonders an diesem Morgen sehr dicht zu sein. Zuerst Stau. Stoßstange an Stoßstange, aber dann _____________ (lösen) sich der zähe Verkehr allmählich auf und im Autoradio ____________ (hören) er, wie man den Autofahrern wieder eine freie Fahrt ________________ (wünschen). Herr Müller ________________ (atmen) auf, denn ein Blick auf seine Armbanduhr _____________ (sagen) ihm, dass er pünktlich bei seinem Termin ankommen würde. Da er ein paar Minuten früher ankommen _____________ (wollen), _____________ (geben) er eine Spur mehr Gas. Doch ganz plötzlich ______________ (vernehmen) er einen lauten Knall, wie der Schuss aus einer Pistole. Herr Müller __________________ (ahnen) Böses und _____________ (treten) schnell auf die Bremse, sodass der Wagen langsam zum Stehen ____________ (kommen). Er ___________ (machen) die Fahrertür auf und _________ (steigen) aus. Es _______ (können) nur eine Reifenpanne sein. Er _____________ (gehen) um das Auto herum, während er sich alle Reifen sehr genau ____________ (ansehen). Der Reifen hinten links _________ (sein) beinahe platt. Er _________ (müssen) über einen Nagel gefahren sein. Ausgerechnet jetzt, wo er doch so einen wichtigen Termin _________ (haben). Zuerst ________ (rufen) Herr Müller deshalb bei der Firma an, um seinen wichtigen Termin abzusagen. Er ___________ (erklären) den Zwischenfall und _________ (müssen) einen neuen Termin vereinbaren. Er ____________ (haben) Glück. Die Firma ________ (sagen) zu.

Herr Müller ________ (wissen) zwar, wie man einen Reifen wechselt, aber sicher ist sicher. Er _____________ (wählen) also die Nummer des ADAC Pannendienstes. Die Nummer _______ (haben) er glücklicherweise in seinem Handy ____________ (speichern). Wenn man Mitglied beim Allgemeinen Deutschen Automobil Club ist, kann man überall in Deutschland den kostenlosen Pannendienst anrufen. Es ____________ (dauern) auch kaum eine halbe Stunde und schon __________ (kommen) der Pannendienst. Herr Müller ______________ (vorzeigen) seinen Mitgliedsausweis ___________ und ___________ (öffnen) den Kofferraum, damit der Mann den Ersatzreifen herausnehmen ________ (können). Zum Glück ____ (sein) auch der Wagenheber im Kofferraum, und der kaputte Reifen ____________ (können) schnell _____________ (auswechseln) werden. Der Reifendruck ________________ (sein) aber nicht sehr stark. Deshalb ____________________ (empfehlen) ihm der Pannendienst, zur nächsten Tankstelle zu fahren, um den Luftdruck zu überprüfen. Herr Müller ___________________ (bedanken) sich für den Service. An der Tankstelle ________________ (überprüfen) er dann den Reifendruck. Der Tag ___________________ (haben) mit einem Stau und dann mit einer Reifenpanne _____________ (beginnen). Der Termin ___________ (können) ___________ (verschieben) werden. Zum Glück __________ (sein) ihm nichts ___________ (passieren).

1.2 Fragen zum Verständnis.

1. Warum ist Herr Müller an diesem Morgen so sehr in Eile?

2. Warum kommt er heute Morgen nicht schnell voran?

3. Was hört er im Autoradio?

4. Warum sieht er auf seine Armbanduhr?

5. Warum fährt er jetzt schneller?

6. Warum tritt er plötzlich auf die Bremse?

7. Warum hat er hinten links einen Platten?

8. Wen ruft er zuerst an?

9. Was macht er danach?

10. Wann kommt der Pannendienst?

11. Was muss er vorzeigen?

12. Was hat er zum Glück im Kofferraum?

13. Was muss er bei der Tankstelle machen?

14. Warum ist Herr Müller trotz allem sehr froh?

1.3 Richtig oder falsch? Korrigieren Sie die falsche Aussage.

1. Herr Müller hat am frühen Nachmittag einen wichtigen Termin. R F

2. Der Verkehr ist sehr zäh und es geht nur langsam voran. R F

3. Ein Blick auf die Armbanduhr und er weiß, er kommt zu spät. R F

4. Er tritt auf die Bremse, und der Wagen hält sofort an. R F

5. Der Reifen hinten rechts hat einen Platten. R F

6. Zum Glück hat er einen Wagenheber dabei. R F

7. Der Pannendienst kommt erst nach einer Stunde. R F

8. Er ist sehr froh, dass er den Termin verschieben kann. R F

9. Bei der Tankstelle kann er den Reifendruck überprüfen. R F

1.4 Setzen Sie die richtigen Ausdrücke aus der Vokabelliste ein.

1. Wenn man ________________ ist, kann es passieren, dass man etwas vergisst.
2. Bei Herrn Müller klingelt zu Hause das Telefon, aber er ist schon ________________.
3. Nach dem Stau ________ Herr Müller ____________________, denn er will pünktlich ankommen.
4. Plötzlich ________________________, denn er hat einen lauten Knall gehört.
5. Das Auto ________________________, und er steigt aus.
6. Jetzt muss Herr Müller ____________________.

1.5 Setzen Sie das richtige Nomen aus der Vokabelliste ein.

1. Zu Beginn der Ferien ist der __________ auf allen Autobahnen sehr zäh.
2. Es kommt immer wieder zu einem ___________.
3. Wenn man über einen Nagel fährt, bekommt man einen _________.
4. In der Stadt muss man beim Autofahren immer einen Fuß auf der ___________ haben.
5. Wenn man eine Reifenpanne hat, muss man den ________________ rufen.
6. Es ist immer gut, im Kofferraum einen ________________ zu haben.
7. Wenn man einen Reifen wechseln muss, braucht man einen ________________.
8. An jeder Tankstelle kann man den ________________ überprüfen.

1.6 Setzen Sie das richtige Verb aus der Vokabelliste ein.

1. Herr Müller ________ wieder ________. Er kann den Termin ___________.
2. Wenn man den ADAC Pannendienst ruft, muss man seinen Mitgliedsausweis _________.
3. Als er den Knall hört, ________ er etwas Böses.
4. Er nimmt sein Handy heraus und ___________ die Nummer des ADAC Pannendienstes.
5. Er _________ die Situation und wartet auf den Pannendienst.
6. Danach muss er den wichtigen Termin _____________.
7. Herr Müller kann aber bei der Firma einen neuen Termin ________________.
8. Bei der Tankstelle muss er den Luftdruck des Reifens ________________.

1.7 Verbinden Sie die beiden Spalten zu einem Wort.

1. der Fahrer	a. der Verkehr
2. der Reifen	b. die Stange
3. das Mitglied	c. der Druck
4. der Koffer	d. die Stelle
5. der Ersatz	e. der Druck
6. der Wagen	f. der Heber
7. der Reifen	g. der Reifen
8. der Tank	h. der Raum
9. die Luft	i. der Ausweis
10. der Stoß	j. die Panne
11. der Beruf	k. die Tür

1.8 Verbinden Sie die beiden Spalten.

____1. Ein Blick auf seine Armbanduhr sagt ihm,	a. aber dann löst sich der zähe Verkehr allmählich auf.
____2. Er erklärt den Zwischenfall	b. da er gerne ein paar Minuten früher ankommt.
____3. Er geht um das Auto herum,	c. hört er ganz plötzlich einen lauten Knall.
____4. Er gibt eine Spur mehr Gas,	d. ist der Pannendienst des ADAC kostenlos.
____5. Er hört im Autoradio,	e. kommt schon das ADAC Auto.
____6. Er muss zur nächsten Tankstelle fahren,	f. um seinen wichtigen Termin abzusagen.
____7. Er öffnet die Fahrertür	g. um den Reifendruck zu überprüfen.
____8. Er tritt schnell auf die Bremse,	h. und muss einen neuen Termin vereinbaren.
____9. Er ist auf dem Weg	i. und steigt schnell aus.
___10. Nach einer halben Stunde	j. während er sich alle Reifen sehr genau ansieht.
___11. Wenn man Mitglied beim ADAC ist,	k. weil er Böses ahnt.

___12.	Wie aus einer Pistole geschossen,	l.	zu einem wichtigen Termin am späten Vormittag.
___13.	Zuerst ruft Herr Müller deshalb bei der Firma an,	m.	wie man den Autofahrern wieder eine freie Fahrt wünscht.
___14.	Zuerst Stoßstange an Stoßstange,	n.	und der kaputte Reifen kann ausgewechselt werden.
___15.	Zum Glück hat Herr Müller einen Wagenheber im Kofferraum,	o.	dass er pünktlich bei seinem Termin ankommen wird.

1.9 Setzen Sie das richtige Wort aus der Vokabelliste ein.

1. Im morgendlichen Berufsverkehr und in der Rush Hour fließt der Verkehr sehr ____________.
2. Wenn man eine Reifenpanne hat, ist der Reifen ____________.
3. ____________ an diesem Tag muss Herr Müller zu einem sehr wichtigen Termin.
4. Er hört ________________ einen lauten Knall und tritt auf die Bremse.
5. Herr Müller ist ______________ froh, dass ihm selbst nichts passiert ist.

1.10 Zur Diskussion.

1. Gibt es in Ihrem Land einen Pannendienst?
2. Wissen Sie, wie man einen Reifen wechselt? Was brauchen Sie?
3. Helfen Sie anderen Autofahrern, wenn die eine Panne haben?
4. Waren Sie schon einmal in einer ähnlichen Situation wie der Mann im Text? Wie kam es dazu, und wie haben Sie die Verspätung entschuldigt?

1.11 Zum Schreiben.

Schreiben Sie eine kurze Zusammenfassung der Geschichte.

2

Das Geräusch in der Nacht

Franz-J. Wehage

Nomen

Diele, die	*hallway*	**Stablampe, die**	*flashlight*
Einbrecher, der	*burglar*	**Stockwerk, das**	*floor*
Geräusch, das	*noise*	**Strom, der**	*electricity*
Holzfußboden, der	*wooden floor*	**Stufe, die**	*step*
Leiste, die	*slat*	**Waffe, die**	*weapon*

Verben

ahnen	*to guess*	**erleben**	*to experience*
aufnehmen	*to host*	**horchen**	*to listen*
aufwachen	*to wake up*	**knarren**	*to creak*
benutzen	*to use*	**quietschen**	*to squeak*
bereichern	*to enrich*	**sich befinden**	*to be*
drauftreten	*to step on*	**tappen**	*to grope*
einfallen	*to remember*	**träumen**	*to dream*
einziehen	*to move in*	**vorkommen**	*to happen*
erlauben	*to allow*	**wahrnehmen**	*to perceive*

Adjektive/Adverbien

also	*after all*	**jetzt**	*now*
deutlich	*clearly*	**nebenan**	*across the hall*
ganz	*entirely*	**sofort**	*at once*
hellhörig	*poorly soundproofed*	**tatsächlich**	*indeed*

Ausdrücke

jemandem Gesellschaft leisten	*to keep somebody company*	**Gesellschaft suchen**	*to seek company*
jemanden bei sich aufnehmen	*to put somebody up*	**hellwach sein**	*to be wide awake*

2.1 Setzen Sie die Infinitive in die Vergangenheit.

Aus tiefem Schlaf ________ (wachen) er plötzlich auf. ________ (haben) er dieses Geräusch im Traum _________ (erleben) oder ________ (haben) er tatsächlich unten im Haus ein Geräusch _____________ (hören)? Da. Jetzt _______ (hören) er es wieder. Also doch kein Traum. Er _____ (können) den Holzfußboden hören. Die Leiste in der Diele _______ (knarren), wenn man ______ (drauftreten). Das Holz ______ (sein) schon ein wenig älter. Wer _______ (können) dort unten sein? _______ (sein) vielleicht ein Einbrecher im Haus? Für ihn ______ (sein) es etwas ganz Neues, so mitten in der Nacht aus tiefem Schlaf aufzuwachen.

Langsam, ohne ein Geräusch zu machen, _________ (stehen) er auf. Die Kinder ________ (schlafen) nebenan, tief und fest. Auf seinem Nachttisch ___________ (liegen) eine Stablampe, die er eigentlich nur dann ________ (benutzen), wenn der Strom mal ________ (weggehen). Das ____ (sein) jetzt seine einzige Waffe. Er _______ (horchen) auf weitere Geräusche, die nun aus dem Esszimmer ________ (kommen). Die Esszimmertür ________ (quietschen) ja ganz leise, wenn man sie ________ (öffnen). Er ________ (wollen) sie schon immer ölen, _______ (sein) aber jetzt froh, dass er es nicht ________ (tun) ______ (haben). Was _______ (sollen) man bei ihm stehlen? Es ______ (befinden) sich doch kein Geld in seinem Haus. Wer _______ (sollen) also in sein Haus einbrechen, wo es doch nichts zu stehlen _____ (geben)? Er hatte auch kein Geräusch von der Haustür oder den Fensterscheiben _________ (wahrnehmen). Er _______ (können) nur horchen, denn die Treppe ins erste Stockwerk ______ (sein) auch aus Holz und würde auf jeder Stufe knarren. Er ________ (können) also die Treppe nicht hinuntergehen. Jetzt _________ (hören) er es ganz deutlich. Jemand _______ (gehen) in die Küche. Er _________ (können) von oben sogar einen Lichtschein sehen. Plötzlich ________ (hören) er, wie jemand etwas aus dem Kühlschrank _____ (nehmen). Wer _______ (sollen) denn mitten in der Nacht in die Küche gehen und den Kühlschrank öffnen?

Da _______ (fallen) es ihm wieder ein. Er ______ (haben) doch seiner Mutter, die nachts schlecht schlafen _________ (können), erlaubt, für ein paar Tage bei ihm einzuziehen. Er ________ (gehen) also die Treppe hinunter und dann in die Küche. Seine Mutter _______ (sitzen) im Morgenmantel am Küchentisch. Sie hatte in der Nacht Hunger ________ (bekommen) und war vorsichtig in die Küche ______________ (gehen). Sie ____________ (können) ja nicht wissen, dass das Haus hellhörig ist. Sehr vorsichtig, ohne ihren Sohn zu wecken, war sie im Dunkeln in die Küche __________ (tappen), wo sie das Licht _________ (anmachen) ______ (haben). Sie _______ (können) ja nicht ahnen, dass ihr Sohn _________ (vergessen) hatte, dass er sie bei sich ________________ (aufnehmen) hatte. Seine Mutter hatte sich bereits ein Scheibe Brot mit Käse und Wurst ________________ (machen). Dazu hatte sie die Milch aus dem Kühlschrank __________ (holen) und sich ein großes Glas ____________ (eingießen). Jetzt ___________ (sein) er auch nicht mehr müde und ___________ (wollen) ihr Gesellschaft leisten. Sie ___________ (sprechen) über ihr Leben. Er mit seinen Kindern und sie allein in ihrem großen Haus, denn ihr Mann war vor ein paar Jahren ___________ (sterben).

Er ________ (merken) plötzlich, wie gut es ihm _______ (tun), mit jemandem zu sprechen. In seinem Beruf, er __________ (sein) Rechtsanwalt, _______________ (haben) er viel mit Menschen zu tun, aber zu Hause _______ (sein) niemand, außer den Kindern, mit dem er als Erwachsener sprechen _______ (können). Seine Mutter ________ (kennen) ihn sehr gut, und er _______ (mögen) die vertraute Atmosphäre zwischen ihnen, die ihn auch an seine Jugend ______________ (erinnern). Seine Frau _____ (sein) vor einigen Jahren _________ (sterben), und seine Kinder ________ (haben) nur ihn. Er ________ (machen) seiner Mutter den Vorschlag, auf längere Zeit bei ihm zu wohnen. Die Kinder würden sich sehr freuen, wenn ihre Oma bei ihnen ________ (leben). Seine Mutter _____ (haben) schon viele schlaflose Nächte in ihrem Haus _________ (verbringen) und ________ (finden) den Vorschlag ihres Sohnes gut, denn auch sie _________ (suchen) Gesellschaft. Es würde ihr Leben und das ihres Sohnes bereichern.

2.2 Fragen zum Verständnis.

1. Was weckt den Mann plötzlich aus tiefem Schlaf auf?
2. Was knarrt im Haus?
3. Welche Gedanken macht er sich?
4. Warum liegt eine Stablampe auf seinem Nachttisch?
5. Warum quietscht die Esszimmertür?
6. Warum kann er nicht nach unten gehen?
7. Was fällt ihm plötzlich wieder ein?
8. Woher kommt der Lichtschein?

9. Was macht seine Mutter in der Küche?

10. Warum ist die Mutter bei ihm?

11. Worüber sprechen die beiden?

12. Mit wem spricht er, wenn er nach Hause kommt?

13. Was für einen Vorschlag macht er seiner Mutter?

2.3 Richtig oder falsch? Korrigieren Sie die falsche Aussage.

1. In einem hellhörigen Haus kann man alle Geräusche hören. R F

2. Er schläft immer sehr leicht. R F

3. Er kann die Kinder, die aufgewacht sind, nebenan hören. R F

4. Als einzige Waffe hat er eine Stablampe. R F

5. Er geht langsam die Treppe hinunter. R F

6. Er folgt dem Lichtschein, der aus dem Esszimmer kommt. R F

7. Er weiß plötzlich, wer in seinem Haus ist. R F

8. In der Küche sitzt seine Mutter und trinkt eine Tasse Tee. R F

9. Sie sprechen über ihr Leben. R F

10. Er will nicht mehr mit den Kindern allein sein. R F

2.4 Setzen Sie das passende Wort aus der Vokabelliste ein.

1. Wenn man einen leichten Schlaf hat, _________ man schnell von jedem Geräusch ____.
2. Der Holzfußboden kann ________, und sofort denkt man, dass ein ___________ im Haus ist.
3. Wenn man eine Tür nicht richtig ölt, kann es vorkommen, dass sie _____________.
4. So etwas _________ man meistens im Winter. Das Holz macht im Winter viele Geräusche.
5. Wenn der Strom weggeht, muss man im Dunkeln durch das Haus _________.

2.5 Verbinden Sie die beiden Spalten.

___1. Er wacht aus einem tiefen Schlaf auf,	a. aber da hört er es wieder, nicht sehr laut.
___2. Vielleicht ist es nur ein Traum,	b. weil er keine andere Waffe hat.
___3. Er hört eine Leiste in der Diele knarren,	c. denn er kann keinen Lichtschein sehen.
___4. Jemand tappt im Dunkeln durch sein Haus,	d. denn im Haus ist irgendwo ein Geräusch.
___5. Plötzlich quietscht die Esszimmertür,	e. die er schon seit langem ölen wollte.
___6. Er steht leise auf,	f. die nachts schlecht schlafen kann.
___7. Er nimmt die Stablampe,	g. ohne die Kinder aufzuwecken.
___8. Plötzlich fällt ihm ein,	h. und dann direkt in die Küche.
___9. Er geht die Treppe hinunter	i. da das Haus sehr hellhörig ist.
___10. In der Küche sitzt seine Mutter,	j. wer der Einbrecher ist.

2.6 Zur Diskussion.

1. Was würden Sie tun, wenn Sie mitten in der Nacht ein Geräusch hörten?
2. Haben Sie immer eine Taschenlampe im Schlafzimmer?
3. Was ist der Vorteil einer Alarmanlage?
4. Ist Ihre Gegend vor Einbrechern sicher?

2.7 Zum Schreiben.

Schreiben Sie eine kurze Zusammenfassung dieser Geschichte.

3

Zum ersten Mal verliebt

Nomen

Bauch, der	*stomach*	**Mathearbeit, die**	*math test*
Chemie, die	*chemistry*	**Schmetterling, der**	*butterfly*
Jugendtreff, der	*youth meeting*	**Schulfest, das**	*school event*
Liebeskummer, der	*lovesickness*	**Tischkicker, der**	*foosball*
Magnet, der	*magnet*	**Trennung, die**	*separation*

Verben

sich gut anfühlen	*to feel great*	**quälen**	*to torment*
aussehen	*to look, to look like*	**vergessen**	*to forget*
mit sich bringen	*to entail*	**sich verlieben in**	*to fall in love with*
denken	*to think, believe*	**sich vorstellen**	*to imagine*
erleben	*to experience*	**weggehen**	*to go away*
sich kümmern um	*to care for*	**zurückkehren**	*to go back*

Adjektive/Adverbien

einfach	*simple*	**sicherlich**	*surely*
feucht	*moist*	**strahlend**	*captivating*
leider	*unfortunately*	**verflixt**	*darn!*
mindestens	*at least*		

Ausdrücke

los sein	*to be going on*	**Schmetterlinge im Bauch haben**	*to have butterflies in one's stomach*
wichtig sein	*to be important*		

3.1 Setzen Sie die Infinitive in die Vergangenheit.

Wolfgang _________ (sehen) Christine zum ersten Mal auf dem Schulfest. Er ________ (können) sie einfach nicht vergessen. Abends und morgens nicht, wenn er sie in der Schule ______ (sehen). „Ich ________ (haben) immer Schmetterlinge im Bauch und ____________ (wissen) nicht, was mit mir los _____ (sein)“, erinnert sich der 15-Jährige aus der Nähe von Hamburg. Wie _________ (sollen) er das auch wissen? Die Liebe kann man nicht so einfach erklären. Was passiert, wenn es passiert? Und warum verliebt man sich in die eine und nicht in die andere?

Wolfgang _____________ (sehen) zuerst Christines Augen: braun und strahlend. Menschen reagieren aufeinander wie ein Magnet, wenn die Chemie stimmt. Schöne Menschen scheinen netter und attraktiver zu sein. Aber ist es nur wichtig, wie man aussieht?

Zwei, drei Tage nach dem Schulfest _____________ (einladen) Wolfgang Christine in die „Oase“ _________, in den Jugendtreff am Gymnasium. Christine ______________ (sagen) einfach Ja. „Da habe ich gedacht, dass sie sicherlich einen guten Charakter hat“, erinnert sich Wolfgang. Er _________________ (mögen) auch, dass sie – wie er – gern Tischkicker _____________ (spielen) und Tiere ________ (lieben).

Zwei Wochen danach ________________ (küssen) sie sich zum ersten Mal. „Fühlt sich gut an“, ___________ (sagen) Wolfgang nur. Wenn sie sich nicht _______________ (sehen), dann __________ (denken) er an sie und sie an ihn und an wenig Anderes. Muttertag? Verflixt! Vergessen. Die Mathearbeit? Leider auch.

Wolfgangs Schulnoten ________________ (werden) schlechter. Seine Freunde _________________ (sein) sauer, weil er sich nur noch um Christine _________ (kümmern). Nach einem halben Jahr ___________ (müssen) Wolfgang sich von Christine trennen, denn sie __________ (wollen) nur seine Freundschaft und nicht seine Freunde. Er __________ (sagen) es ihr in der „Oase“ und _________ (gehen) mit feuchten Augen weg. Obwohl er doch die Trennung ___________ (wollen), ______________ (quälen) ihn der Liebeskummer. Er ________ (haben) Christine „verloren“, mit der er so Vieles zum ersten Mal erlebt _________ (haben). Aber die erste Liebe vergisst man nie.

Zu Christine zurückkehren? Nein, das kann er sich nicht vorstellen. Wolfgang möchte irgendwann ein anderes Mädchen kennenlernen, mindestens so nett – wie Christine.

3.2 Fragen zum Verständnis.

1. Wo sieht Wolfgang seine Christine zum ersten Mal?

2. Warum hat er Schmetterlinge im Bauch?

3. Was passiert, wenn die Chemie zwischen Menschen stimmt?

4. Ist es wichtig, dass man nur gut aussieht?

5. Wofür interessiert Christine sich?

6. Was vergisst Wolfgang?

7. Ist in der Schule plötzlich alles anders?

8. Was sagen seine Freunde?

9. Warum vergisst man die erste Liebe nie?

10. Warum muss er sich von ihr trennen?

3.3 Richtig oder falsch? Korrigieren Sie die falsche Aussage.

1. Wolfgang sieht Christine zum ersten Mal in der Stadt. R F

2. Wolfgang ist 14 und kommt aus Bremen. R F

3. Wolfgang verliebt sich zuerst in ihre Augen. R F

4. Es ist sehr wichtig, dass man attraktiv aussieht. R F

5. Der Charakter ist wichtiger als das Äußere. R F

6. Wolfgangs Freunde sehen Christine als Feind. R F

7. Wolfgang bleibt mit Christine zusammen. R F

8. Die beiden haben gemeinsame Interessen. R F

3.4 Setzen Sie das passende Nomen aus der Vokabelliste ein.

1. Wenn man sich verliebt, hat man ________________________ im Bauch.
2. Jedes Jahr gibt es ein großes ________________ an jeder Schule.
3. Eine __________ ist nicht einfach, wenn man noch verliebt ist.
4. Wenn man verliebt ist, hat man oft ____________________.
5. Wenn die _____________ stimmt, reagieren Menschen aufeinander wie ein ________________.

3.5 Setzen Sie das passende Verb aus der Vokabelliste ein.

1. Die Liebe _______________ viele Probleme _________.
2. Er kann sich nicht ____________, Christine zu verlassen.
3. Er ______________ sich nur noch um seine Freundin, weil er sich in sie ____________ hat.
4. Der Liebeskummer __________________ ihn häufig.
5. Er hat so etwas noch nie in seinem Leben ___________________.
6. Aber er will zu seinen Freunden ________________________.
7. Die erste Liebe kann man nicht einfach __________________.
8. Viele Menschen ___________, dass es wichtig ist, wie man _____________.

3.6 Verbinden Sie die beiden Spalten.

____1. Menschen reagieren aufeinander wie ein Magnet,	a. dass sie gern Tischkicker spielt und Tiere liebt.
____2. Er mag es,	b. quält ihn der Liebeskummer.
____3. Wenn sie sich nicht sehen,	c. dann denkt er an sie und sie an ihn.
____4. Ist es nur wichtig,	d. das mindestens so nett wie Christine ist.
____5. Wolfgang will irgendwann ein anderes Mädchen kennenlernen,	e. denn sie will nur seine Freundschaft und nicht seine Freunde.
____6. Seine Freunde sind sauer,	f. hat er immer Schmetterlinge im Bauch.
____7. Nach einem halben Jahr muss Wolfgang sich von Christine trennen,	g. und nicht in die andere?
____8. Obwohl er doch die Trennung will,	h. weil er sich nur um Christine kümmert.
____9. Er kann es sich nicht vorstellen,	i. wie man aussieht?
____10. Warum verliebt man sich in die eine	j. und jetzt kann er sie einfach nicht vergessen.
____11. Wenn er sie in der Schule sieht,	k. wenn die Chemie stimmt.
____12. Wolfgang sieht Christine zum ersten Mal auf dem Schulfest	l. zu Christine zurückzukehren.

3.7 Zur Diskussion.

1. Wann hat man Schmetterlinge im Bauch?
2. Ist es wichtig, dass man gleiche Interessen hat?
3. Glauben Sie, dass die Beziehung zwischen Wolfgang und Christine in Ordnung ist?
4. Was sollte Wolfgang Ihrer Meinung nach tun?
5. Waren Sie auch schon einmal in einer ähnlichen Situation?

3.8 Zum Schreiben.

Schreiben Sie eine kurze Zusammenfassung dieser Geschichte.

4

Wandern in Deutschland

Nomen

Buchenwald, der	*beech forest*
Ebene, die	*plain*
Gebirgszüge, die (pl.)	*mountain ranges*
Heidelandschaft, die	*heathlands*
Hobbymaler, der	*amateur painter*
Laubwald, der	*deciduous forest*
Mittelgebirge, das	*low mountain range*
Route, die	*path*
Seenplatte, die	*lake district*
Themenwanderweg, der	*thematic hiking trail*
Tor, das	*gate*
Vulkaneifel, die	*volcanic Eifel (a geopark in Germany)*
Wanderthemen, die	*hiking themes*
Wanderweg, der	*hiking trail*
Watt, das	*mud flats*
Weinanbaugebiet, das	*wine-growing area*
Weinernte, die	*grape harvest*
Weingut, das	*vineyard*
Weinlese, die	*wine harvest time*
Zufall, der	*coincidence*

Verben

anbieten	*to offer*
anlocken	*to attract*
ansteigen	*to rise*
einladen	*to invite*
erzeugen	*to produce*
genießen	*to enjoy*
klettern	*to climb*
malen	*to paint*
mitmachen	*to participate*
produzieren	*to produce*
übergehen	*to transition*
verbinden	*to combine*
wählen	*to choose*

Adjektive/Adverbien

ansteigend	*rising*
ausgebaut	*fully developed*
ausgezeichnet	*excellent*
bewaldet	*wooded*
breit	*broad*
dichtbewaldet	*densely wooded*
entspannungssuchend	*looking for relaxation*
geprägt	*shaped*
knapp	*just under*
teils	*in part*
unzählig	*countless*
ursprünglich	*pristine*
vielseitig	*varied, manifold*
zahlreich	*numerous*

Ausdrücke

auf den Spuren	*in the footsteps*	**kulinarisch ambitioniert**	*culinarily ambitious*
im Handgepäck	***here:** armed with*		
ein besonderer Höhepunkt	*a special highlight*		

Wandern ist „in". Rund 34 Millionen Deutsche wandern in ihrer Freizeit. Und dies ist kein Zufall. Denn Deutschland hat mit knapp 200.000 km ausgebauten Wanderwegen eine ausgezeichnete Infrastruktur. Die Routen führen durch vielseitige und teils spektakuläre Landschaften. Der Norden des Landes ist durch weite Ebenen, Watt und Heidelandschaften geprägt, welche langsam ansteigend in das dichtbewaldete Mittelgebirge übergehen. Weiter südlich steigen die Gebirgszüge weiter an und finden in den Alpen mit der 2962 Meter hohen „Zugspitze" ihre majestätische Krone.

So vielseitig wie seine Landschaften, so vielseitig sind auch die Wanderthemen in Deutschland. Entspannungssuchende wählen am besten einen der zahlreichen Wanderwege durch ursprüngliche Laub- und Buchenwälder, etwa 30 Prozent der Fläche Deutschlands sind bewaldet. Kulturliebhaber wandern entlang des Rheins mit seinen unzähligen Burgen oder folgen der Deutschen Märchenstraße auf den Spuren der Gebrüder Grimm, im Handgepäck ein Buch deutscher Märchen und Dichtungen. Oder wie wäre es ein wenig sportlicher? Die Mecklenburger Seenplatte nördlich von Berlin lädt zum Kanuwandern ein, in der Sächsischen Schweiz, östlich von Dresden, oder den Alpen kann man Wandern und Klettern besonders gut verbinden. Der Hobbymaler geht vielleicht in die impressionistische Atmosphäre der Lüneburger Heide oder die Wattlandschaften der Nordseeküste. Der geologisch Interessierte macht eine Exkursion in die Vulkaneifel. Zahlreiche Themenwanderwege kann man im ganzen Land finden.

Ein besonderer Höhepunkt sind die Weinwanderwege, welche besonders im Herbst zur Weinlese den kulinarisch ambitionierten Wanderer aus aller Welt anlocken. Wenn die Natur besonders bunt ist, öffnen die Weingüter und Burgen im Südwesten des Landes ihre Tore und laden zum Mitmachen, Lernen und Genießen ein. Es gibt in Deutschland dreizehn Weinanbaugebiete, welche 2658 individuelle Weine erzeugen.

4.1 Fragen zum Verständnis.

1. Wie wissen wir, dass die Deutschen gerne wandern?
2. Wo geht man gern wandern?
3. Was kann man auf den Routen erleben?
4. Wie sehen die Routen im Norden aus?
5. Wie sieht das Mittelgebirge aus?
6. Was machen Wanderer, die Entspannung suchen?
7. Was machen Kulturliebhaber?
8. Was kann man machen, wenn man sportlich ist?
9. Wohin gehen die Hobbymaler?
10. Wohin geht man, wenn man sich für Geologie interessiert?
11. Was machen Wanderer aus aller Welt?
12. Wann beginnt die Weinlese?
13. Was kann man auf den Burgen und Weingütern erleben?

4.2 Wie steht das im Text?

1. Mehr als ein Drittel aller Deutschen interessiert sich fürs Wandern.

2. Es gibt überall in Deutschland die Möglichkeit zu wandern.

3. Man kann auf allen Wegen etwas erleben.

4. In der Mitte von Deutschland wird der Wald immer dichter.

5. Wenn man Entspannung sucht, ist die Ruhe in den belaubten Wäldern wunderbar.

6. Wenn man sich für deutsche Kultur interessiert, ist die Rheinlandschaft hoch interessant.

7. Im Norden kann man mit seinem Kanu wandern gehen.

8. Wenn man sich fürs Klettern interessiert, kann man das in zwei Regionen tun.

9. Wenn man gerne malt, gibt es zahlreiche interessante Landschaften.

10. Auch der Geologe kann in Deutschland viele Objekte finden.

4.3 Setzen Sie das passende Nomen aus der Vokabelliste ein.

1. Viele Deutsche wandern gern und das ist kein ______________.
2. Es gibt überall in Deutschland ein Netz von gut ausgebauten ________________.
3. Im Norden kann man die ________________ oder an der Nordsee das ________ erleben.
4. In Mitteldeutschland kann man durch das dichtbewaldete ___________ wandern.
5. Wenn man gerne wandert, sollte man sich seine Routen nach _____________ wählen.

6. Wer Ruhe braucht, geht gern in einen ____________, denn hier ist es sehr still.
7. Auf der __________ im Norden kann man Kanu fahren.
8. Die Lüneburger Heide ist oft ein Ziel der ___________.
9. Der Geologe geht gern in die _____________.
10. Wanderer aus aller Welt kommen zur ____________.
11. Im Herbst kann man die Weinernte auf den _____________ erleben.
12. Es gibt in Deutschland dreizehn ______________________.

4.4 Setzen Sie das richtige Adjektiv oder Adverb aus der Vokabelliste ein.

1. Mit _________ 200.000 km _______________ Wanderwegen bietet Deutschland dem Wanderer ein Wanderparadies an.
2. Es gibt ___________ Landschaften auf allen Routen.
3. Das Terrain im Mittelgebirge ist _______________.
4. ____________________ Wanderer gehen gern durch ___________ Laub- und Buchenwälder.

4.5 Setzen Sie das passende Verb aus der Vokabelliste ein.

1. Die geographische Landschaft ______ vom Mittelgebirge langsam ansteigend zum Hochgebirge ________.
2. Im Mittelgebirge und in den Alpen kann man wandern und klettern gut ____________.
3. Die Weingüter am Rhein oder an der Mosel _____________ mehrere verschiedene Weine.
4. Wanderer aus aller Welt _______________ den Wein im Herbst direkt nach der Weinlese.
5. Die Lüneburger Heide __________ den Hobbymaler _______.
6. Der Norden von Berlin ________ zum Kanuwandern _______.
7. Im Herbst findet in Deutschland die Weinlese statt, die viele ambitionierte Wanderer aus aller Welt ________.
8. Mehr als ein Dutzend Weinanbaugebiete in Deutschland _______________ mehr als 2000 verschiedene Weine.

4.6 Verbinden Sie die beiden Spalten.

___1. Der Hobbymaler geht vielleicht in die impressionistische Atmosphäre der Lüneburger Heide	a. oder folgen der Deutschen Märchenstraße auf den Spuren der Gebrüder Grimm.
___2. Deutschland hat mit knapp 200.000 km ausgebauten Wanderwegen	b. öffnen die Weingüter und Burgen im Südwesten des Landes ihre Tore.
___3. Die Mecklenburger Seenplatte nördlich von Berlin	c. eine ausgezeichnete Infrastruktur.
___4. Die Routen führen durch vielseitige	d. lädt zum Kanuwandern ein.
___5. Ein besonderer Höhepunkt sind die Weinwanderwege,	e. und finden in den Alpen mit der 2962 Meter hohen „Zugspitze“ ihre majestätische Krone.
___6. Kulturliebhaber wandern entlang des Rheins mit seinen unzähligen Burgen	f. und teils spektakuläre Landschaften.
___7. So vielseitig wie seine Landschaften,	g. welche besonders im Herbst zur Weinlese Wanderer aus aller Welt anlocken.
___8. Weiter südlich steigen die Gebirgszüge weiter an	h. oder die Wattlandschaften der Nordseeküste.
___9. Wenn die Natur besonders bunt ist,	i. so vielseitig sind auch die Wanderthemen in Deutschland.

4.7 Zur Diskussion.

1. Wie kann man Kultur in Deutschland erleben?
2. Was können Sie in Deutschland machen, wenn Sie sehr sportlich sind?
3. Was tun Sie gern in Ihrer Freizeit?
4. Was ist in Ihrem Land beliebter als wandern?
5. Wo kann man in Ihrem Land wandern?

4.8 Zum Schreiben.

Schreiben Sie eine kurze Zusammenfassung dieser Geschichte.

5

Mode in Deutschland

Nomen

Ausdruck, der	*form of expression*	**Konsumgüterbranche, die**	*consumer goods sector*
Bekleidungsunternehmen, das	*clothing manufacturer*	**Kreativwirtschaft, die**	*creative economy*
Bio	*ecology*	**Laufsteg, der**	*catwalk*
Branche, die	*sector*	**Liga, die**	*league, class*
Entwicklung, die	*development*	**Mode, die**	*fashion*
Gesamtkonzept, das	*overall concept*	**Vorreiter, der**	*pioneer*

Verben

gehören + (Dat)	*to belong*	**mitprägen**	*to shape*
gelten als	*to be considered to be*	**überzeugen**	*to convince*
		verbinden	*to combine*

Adjektive

entscheidend	*decisively*	**sozialgerecht**	*socially just*
erfolgreich	*successful*	**umweltgerecht**	*environmentally sound*
führend	*leading*		
leistungsfähig	*powerful*		

Deutsche Designer machen im Ausland Karriere, deutsche Labels überzeugen mit Qualität und der Berlin-Look zieht Trendscouts an: Mode ist eine der führenden Branchen der Kreativwirtschaft in Deutschland. Die deutschen Modedesigner Karl Lagerfeld, Tomas Maier und Wolfgang Joop gehören international zur ersten Liga und prägen die Modeszene entscheidend mit.

Die Deutschen interessieren sich für Mode, und der Look auf Deutschlands Straßen hat sich in den letzten zehn Jahren komplett verändert. Mode aus Deutschland zeigt Charakter und Identität. Zentrum des neuen, individuellen Ausdrucks ist die führende deutsche Modemetropole Berlin. Zwei

Mal im Jahr findet die Fashion-Week statt. Die Modemesse Bread & Butter und viele kleine Modelabels sind Laufstege mit internationalem Format. Eine wichtige Rolle spielt Deutschland auch als zweitgrößter Modemarkt der Welt. Und es hat eine der leistungsfähigsten Industrien: Die deutsche Textil- und Bekleidungsindustrie ist die zweitgrößte Konsumgüterbranche in Deutschland. Weltweite Vorreiter sind deutsche Bekleidungsunternehmen bei der Entwicklung von umwelt- und sozialgerechter Mode. Mit grüner Mode verbinden sie Bio und Lifestyle, Ethik und Business zu einem trendigen Gesamtkonzept und erfolgreichen Geschäftsmodell.

5.1 Fragen zum Verständnis.

1. Was steht über deutsche Modedesigner im Text?

2. Warum sind deutsche Labels gut?

3. Ist die Mode in Deutschland noch genauso wie vor zehn Jahren?

4. Was sind die typischen Merkmale deutscher Mode?

5. Wofür steht die Modemetropole Berlin?

6. Warum ist die Mode in Deutschland so wichtig?

7. Welche Mode gilt in Deutschland als Vorreiter?

5.2 Richtig oder falsch? Korrigieren Sie die falsche Aussage.

1. Die Mode in Deutschland ist sehr trendbewusst. R F

2. Modisches Aussehen hat sich überhaupt nicht verändert. R F

3. Deutsche Designer sind im Ausland sehr erfolgreich. R F

4. Die Fashion-Week findet in der Modemetropole Köln statt. R F

5. Deutschland ist der zweitgrößte Modemarkt der Welt. R F

6. Deutsche Firmen sind Pioniere bei der Umweltmode. R F

5.3 Setzen Sie das passende Verb aus der Vokabelliste ein.

1. Die Qualität der Mode ______________ die Kunden in Deutschland.
2. Trends in der internationalen Mode ______________ die Mode in Deutschland _________.
3. Die grüne Mode ____________ trendiges Leben zu einem erfolgreichen Geschäftskonzept.
4. Deutsche Designer _____________ zu den international bekannten Modemachern.

5.4 Verbinden Sie die beiden Spalten.

____1. Bei der Entwicklung von umwelt- und sozialgerechter Mode	a. der Kreativwirtschaft in Deutschland.
____2. Bio und Lifestyle, Ethik und Business	b. zur ersten Liga und prägen die Modeszene entscheidend mit.
____3. Der Look auf Deutschlands Straßen hat sich in den	c. letzten zehn Jahren komplett verändert.
____4. Deutsche Modedesigner gehören international	d. zeigt Charakter und Identität.
____5. Die deutsche Textil- und Bekleidungsindustrie ist	e. ist die führende deutsche Modemetropole Berlin.
____6. Eine wichtige Rolle spielt Deutschland auch	f. Laufstege mit internationalem Format.
____7. Mode aus Deutschland	g. als zweitgrößter Modemarkt der Welt.
____8. Mode ist eine der führenden Branchen	h. die zweitgrößte Konsumgüterbranche in Deutschland.
____9. Viele kleine Modelabels sind	i. sind deutsche Bekleidungsunternehmen weltweite Vorreiter.
____10. Zentrum des neuen, individuellen Ausdrucks	j. werden zu einem trendigen Gesamtkonzept verbunden.

5.5. Zur Diskussion.

1. Ist Mode ein wichtiges Thema in Ihrem Land?
2. Interessieren Sie sich für Modetrends?
3. Sind Sie ein Trendsetter? Gehen Sie mit der Mode?
4. Ziehen Sie sich besonders an, wenn Sie mal abends ausgehen?
5. Ist die Mode in der Großstadt anders als bei Ihnen?
6. Glauben Sie, dass es in der Mode internationale Unterschiede gibt?
7. Was können Sie über die Modedesigner Karl Lagerfeld, Tomas Maier und Wolfgang Joop im Internet herausfinden? Stellen Sie sie kurz vor.
8. Wie heißen die bekanntesten deutschen Modelabels und was können Sie darüber berichten?

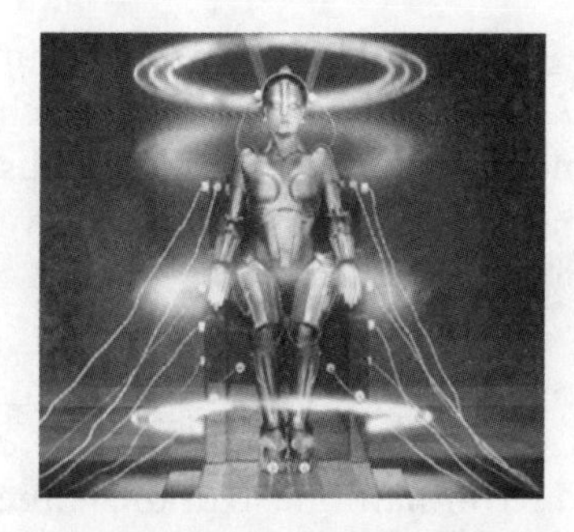

Der Deutsche Film

Nomen

Abenteuerfilm, der	*adventure film*	**Schrecken, der**	*horror*
Absatzmarkt, der	*market*	**Stummfilm, der**	*silent film*
Angst, die	*fear*	**Synchronisation, die**	*dubbing*
Entwicklung, die	*development*	**Unterhaltungsfilm, der**	*entertainment film*
Graf, der	*count*	**Veränderung, die**	*change*
Grauen, das	*horror*	**Weltdokumentenerbe, das**	*Memory of the World*
Gruselfilm, der	*horror film*	**Weltruhm, der**	*world fame*
Pionierleistung, die	*pioneering work*		

Verben

aufnehmen	*to include*	**erzielen**	*to achieve*
auswandern	*to emigrate*	**gelten als**	*to be classified as*
bedeuten	*to imply*	**schaffen**	*to create*
behaupten	*to maintain*	**verbreiten**	*to spread*
beschränken	*to restrict*	**zählen zu**	*to rank among*
erwähnen	*to mention*		

Adjektive/Adverbien

erfolgreich	*successful*	**trotzdem**	*nevertheless*
künstlerisch	*artistic*	**weiterer**	*another*

Ausdrücke

im Bereich	*in the area*	**es möglich machen**	*to make it possible*

6.1 Setzen Sie die Infinitive in die Vergangenheit.

Der deutsche Film hat eine lange Tradition. Fritz Langs „Metropolis", ein Sciencefiction Film von 1927, ________ (werden) als erster Film ins Weltdokumentenerbe der UNESCO __________ (aufnehmen). Die Geschichte des Deutschen Films ____________ (beginnen) am 1. November 1895. Die

Brüder Skladanowsky ______________ (zeigen) im Berliner Wintergartenpalais Kurzfilme. Ab 1910 ___________ (machen) die Entwicklung neuer Filmtechnik es möglich, längere Filme zu realisieren. Die Werke Paul Wegeners, Max Reinhardts und Ernst Lubitschs versteht man heute als Pionierleistungen.

Mit dem Ende des Ersten Weltkrieges _______________ (beginnen) Filmproduktionen. Es _____ (geben) kommerziell erfolgreiche Unterhaltungs-, Abenteuer- und Kriminalfilme. Nur die Filme, die künstlerisch und ästhetisch zur Avantgarde _________ (zählen), ___________ (erzielen) Weltruhm. 1919 ________ (schaffen) Robert Wiene mit seinem Film „Das Cabinet des Dr. Caligari“ ein Meisterwerk des Gruselfilms. Ein weiterer Stummfilmklassiker ist „Nosferatu – eine Symphonie des Grauens“. In diesem Spielfilm von 1922 erzählt Friedrich Wilhelm Murnau die Geschichte des Grafen Orlok, welcher von Transsylvanien ins fiktive Wisborg reist und dort als Vampir Angst und Schrecken verbreitet. Nosferatu gilt als einer der ersten Horrorfilme. Auch im Bereich des phantastischen Films _________ (geben) es Paul Wegeners Werk „Der Golem, wie er in die Welt kam“ (1920) sowie den Animationsfilm „Die Abenteuer des Prinzen Achmed“ (1926) von Lotte Reininger.

Der Tonfilm _______ (bedeuten) eine enorme Veränderung. Da Synchronisation technisch noch nicht möglich _____ (sein), _____ (müssen) man den Absatzmarkt für deutschsprachige Filme auf deutschsprachige Länder beschränken. Trotzdem _______________ (behaupten) der frühe Deutsche Tonfilm seine Position. Werke wie Josef von Sternbergs „Der blaue Engel“ (1930) oder die Verfilmung von Bertolt Brechts „Dreigroschenoper“ (1931) ______ (sein) auch international erfolgreich.

6.2 Fragen zum Verständnis.

1. Wie heißt der Regisseur von „Metropolis“?

2. Warum ist der Film „Metropolis“ historisch so wichtig?

3. Was wurde im Berliner Wintergartenpalais gezeigt?

4. Warum konnte man längere Filme produzieren?

5. Wann hatte ein Film Weltruhm?

6. Welche Meisterwerke werden im Text erwähnt?

7. Wer ist Graf Orlok?

8. Warum war der Tonfilm nur auf deutschsprachige Länder beschränkt?

9. Welche Filme waren international erfolgreich?

6.3 Richtig oder falsch? Korrigieren Sie die falsche Aussage.

1. Mehrere Filme aus dem Jahr 1927 wurden 2001 von der UNESCO adoptiert. R F

2. Der deutsche Film begann mit der neuen Filmtechnik um 1910. R F

3. Kommerzielle Filme nach dem Ersten Weltkrieg waren erfolgreich. R F

4. Weltruhm erlangten nur die künstlerischen Filme. R F

5. Gruselfilme waren beim Publikum sehr beliebt. R F

6. Der Absatzmarkt deutscher Filme war auf deutschsprachige Länder beschränkt. R F

6.4 Setzen Sie das passende Nomen aus der Vokabelliste ein.

1. In den zwanziger Jahren wurden in Hollywood viele ________________ gedreht.
2. Die ____________ der modernen Filmtechnik machte es möglich, längere Filme zu produzieren.
3. Die Filme von Wegener, Reinhardt und Lubitsch versteht man heute als ________________.
4. In Deutschland ist der _______________ immer noch beim Publikum sehr beliebt.
5. Künstlerische Filme erzielten international __________________.
6. Da es noch keine ________________ gab, konnten deutsche Filme nur in Deutschland, Österreich und der Schweiz gezeigt werden.

6.5 Setzen Sie das passende Verb aus der Vokabelliste ein.

1. Vor 1933 ________ viele deutsche Filmregisseure nach Amerika __________.
2. Man muss __________, dass der deutsche Film nur in deutschsprachigen Ländern einen Absatz hatte.
3. Die deutschen Horrorfilme ___________ zu den besten Filmen dieses Genres.
4. Mit ihren international anerkannten Filmen ___________________ deutsche Filmemacher Weltruhm.
5. Nach der Erfindung der Synchronisation ______________ der deutsche Film sich sehr schnell.

6.6 Verbinden Sie die beiden Spalten.

___1. Ab 1910 machte die Entwicklung neuer Filmtechnik es möglich,

___2. Graf Orlok reist von Transsylvanien ins fiktive Wisborg

___3. Da die Synchronisation technisch noch nicht möglich war,

___4. Nur die Filme erzielten Weltruhm,

___5. Die Geschichte des Deutschen Films begann am 1. November 1895,

a. als die Brüder Skladanowsky im Berliner Wintergartenpalais Kurzfilme zeigten.

b. die künstlerisch und ästhetisch zur Avantgarde zählten.

c. und verbreitet dort als Vampir Angst und Schrecken.

d. längere Filme zu realisieren.

e. war der Absatzmarkt für deutschsprachige Filme deutlich eingeschränkt.

6.7 Zur Diskussion.

1. Was für Filme wurden in den zwanziger Jahren in Hollywood produziert?
2. Ab wann gab es den ersten Tonfilm in Amerika?
3. Welche Filme der zwanziger Jahre erzielten Weltruhm?
4. Welche deutschen Regisseure wanderten vor 1933 nach Amerika aus?
5. Welche deutschen Regisseure haben heute Weltruhm?
6. Welche Filme kennen Sie, die von deutschen Regisseuren gedreht wurden?

6.8 Zum Schreiben.

Schreiben Sie eine kurze Zusammenfassung dieser Geschichte.

7

Eine Hand wäscht die andere

Franz-J. Wehage

Nomen

Abflugschalter, der	*check-in desk*	**Sicherheitsgurt, der**	*seat belt*
Bodenpersonal, das	*ground personnel*	**Sicherheits-vorkehrung, die**	*safety precaution*
Check-in, das	*check-in*		
Flugbegleiter(in), der/die	*flight attendant*	**Sitzreihe, die**	*seat row*
Fluggeschwindigkeit, die	*cruising speed*	**Startbahn, die**	*runway*
Flughafen, der	*airport*	**Stau, der**	*traffic jam*
Flugsteig, der	*gate*	**Triebwerk, das**	*jet engine*
Nachzügler, der	*straggler*		

Verben

abheben	*to lift off*	**erreichen**	*to reach*
sich vorwärts bewegen	*to move forward*	**bekannt geben**	*to announce*
dauern	*to last*	**verschlafen**	*to oversleep*
erklären	*to explain*	**wahrnehmen**	*to locate*

7.1 Setzen Sie die Infinitive in die Vergangenheit.

Der Medizinstudent _____ (haben) verschlafen. Sein Flug nach Frankfurt _____ (gehen) in drei Stunden. Er ______ (sein) aber immer noch in seinem Hotel in New York. Das Auschecken _______ (gehen) nur langsam voran, denn vor ihm ______ (stehen) viele Leute. Die U-Bahn zum Flughafen ______ (dauern) zu lange. Deshalb _____ (nehmen) er ein Taxi. Überall Stau auf dem Weg zum Flughafen. Er _______ (kommen) aber rechtzeitig beim Lufthansa Terminal an. Das Einchecken beim Check-in ______ (gehen) sehr schnell, weil die meisten Passagiere schon am Flugsteig _______ (sein) und er auch nur Handgepäck dabei __________ (haben). Er _______ (sein) kaum durch die Passkontrolle, als er schon ______ (hören), wie der Abflug der Lufthansa LH 20 ________________ (aufrufen)

_______ (werden): „Alle Passagiere _______ (werden) ________ (bitten), zum Abflugschalter 33 zu kommen." Kurze Zeit später ______ (geben) das Bodenpersonal die Sitzreihen A, B, C, D bekannt. Sie ______ (werden) nach und nach ________ (aufrufen), und die Passagiere _____ (können) an Bord gehen. Als bereits alle Passagiere an Bord ____ (sein), _______ (kommen) noch ein paar Nachzügler. Nachdem die Kabinentür ________ (schließen) ________ (sein), ___________ (hören) die Passagiere über die Bordlautsprecher, dass das Flugzeug startklar ____ (sein). Die Flugbegleiter __________ (erklären) die Sicherheitsvorkehrungen, während das Flugzeug langsam zur Startbahn _______________ (rollen). Die Passagiere ___________ (werden) _______ (bitten), während des Starts alle Handys und Computer auszuschalten. Der Flugkapitän _______ (geben) bekannt, dass der Tower ihnen das Startklar ________ (geben) _____ (haben). Die Triebwerke _______ (werden) lauter. Langsam _______ (bewegen) sich das gigantische Flugzeug vorwärts und _______ (werden) dann immer schneller, bis es schließlich ________ (abheben).

7.2 Fragen zum Verständnis.

1. Warum macht der Medizinstudent sich Sorgen?

2. Welche Optionen hat er, zum Flughafen zu kommen?

3. Warum kann man nicht schnell zum Flughafen kommen?

4. Warum hat er keine Probleme beim Einchecken?

5. Was hört er bei der Passkontrolle?

6. Können die Passagiere direkt an Bord gehen?

7. Ist der Medizinstudent der letzte Passagier?

8. Wann ist ein Flugzeug startklar?

9. Was machen die Flugbegleiter, während das Flugzeug startet?

10. Wann kann das Flugzeug abfliegen?

11. Was passiert, wenn das Flugzeug die Startbahn erreicht?

Nomen

Abflug, der	*departure*	**Flughöhe, die**	*altitude*
Bodenstation, die	*ground control*	**Wolkenbank, die**	*cloud bank*

Verben

anbieten	*to offer*	**schweben**	*to float*
anschließen	*to connect*	**verschwinden**	*to disappear*
auftreten	*to occur*	**wahrnehmen**	*to detect*

Adjektive/Adverbien

angeschnallt	*fastened*	**vielversprechend**	*promising*
unsichtbar	*invisible*		

7.3 Setzen Sie die Infinitive in die Vergangenheit.

Einen Moment lang __________ (glauben) man, es würde wieder hinunterfallen, aber dann ____________ (gewinnen) es sehr schnell an Flughöhe und ______________ (lassen) den Boden weit unter sich zurück. Plötzlich _______ (werden) alles grau und dunkel, und die Passagiere wurden unruhig, denn plötzlich _______ (sein) das Flugzeug in einer Wolkenbank verschwunden. Die Bodenstation _____ (können) das Flugzeug jedoch per Radar wahrnehmen. Schon nach kurzer Zeit ___________ (sehen) die Passagiere die graue Wolkenbank unter sich und überall blauen Himmel. Der Flug ______ (sehen) vielversprechend aus. Das Flugzeug _______ (schweben) jetzt über den Wolken. Es _______ (werden) immer schneller, bis es seine Fluggeschwindigkeit erreicht _________ (haben). Der Flugkapitän _______ (informieren) die Passagiere über die Bordlautsprecher, dass die Flugzeit von New York nach Frankfurt sieben Stunden dauern würde. Er __________ (bitten) die Fluggäste, im Sitzen immer angeschnallt zu sein, denn Turbulenzen __________ (können) ganz plötzlich auftreten. Die Flugbegleiter ________ (servieren) Getränke und _________ (bieten) den Passagieren diverse Zeitschriften und Zeitungen an. Einige Passagiere _________ (nehmen) ihren Kindl heraus und _____________ (beginnen) zu lesen, während andere ihren Kopfhörer an ihren Laptop ________ (anschließen), um entweder Musik zu hören oder einen Film anzuschauen. Während des Fluges _______ (können) man auch Filme auf einem Monitor auswählen, der mit einem Kopfhörer verbunden _____ (sein).

7.4 Fragen zum Verständnis.

1. Warum werden die Passagiere unruhig, als das Flugzeug in den Wolken verschwindet?
2. Warum ist das Flugzeug plötzlich unsichtbar?
3. Warum atmen die Passagiere wieder auf?
4. Worüber informiert der Flugkapitän die Passagiere?
5. Warum sollen die Passagiere immer angeschnallt sein?
6. Was ist die Aufgabe der Flugbegleiter?
7. Wie verbringen die Fluggäste ihre Zeit an Bord?

Nomen

Abreise, die	*departure*	**Hausarzt, der**	*family doctor*
Gesicht, das	*face*	**Schweißperle, die**	*bead of sweat*

Verben

sich bilden	*to form*	**sich erkundigen bei + (Dat)**	*to inquire*
durchchecken	*to have a checkup*	**vermuten**	*to suspect*

Adjektive/Adverbien

gesundheitlich	*health related*	**tatsächlich**	*indeed*
gründlich	*thoroughly*		

Ausdrücke

etwas bekommt einem nicht	*something does not agree with someone*	**etwas zu sich nehmen**	*to eat something*
		großen Hunger haben	*to be very hungry*

7.5 Setzen Sie die Infinitive in die Vergangenheit.

Es ____ (sein) schon gegen Abend. Am Horizont _________ (können) man den Sonnenuntergang erleben. Die Sonne _____ (sein) schon beinahe verschwunden, als plötzlich ein Passagier um Hilfe __________ (rufen). Er _________ (sein) ganz rot im Gesicht und auf seiner Stirn ________ (bilden) sich Schweißperlen. Er _____ (halten) sich seinen Bauch und ______ (müssen) große Schmerzen haben. Die Flugbegleiter _______________ (erkundigen) sich über die Bordlautsprecher nach einem Arzt an Bord. Zum Glück ___________ (sein) tatsächlich medizinische Hilfe an Bord. Der Medizinstudent, der gerade noch den Flug von New York nach Frankfurt ________ (schaffen) ______ (haben), ________ (studieren) im sechsten Semester Medizin. Er ____________ (finden) heraus, dass der Patient keine gesundheitlichen Probleme __________ (haben). Er _________ (sein) auch vor der Abreise bei seinem Hausarzt gewesen. Der ________ (haben) ihn gründlich ___________ (durchchecken) und nichts __________ (finden). Der Medizinstudent _______ (sehen) den Mann an. Er _________ (wollen) wissen, was er vor dem Abflug ___________ (essen) _________ (haben). Er __________ (vermuten), dass der Mann etwas zu sich ________ (nehmen) ___________ (haben), was ihm nicht bekommen __________ (sein). Er ______ (erfahren), dass der Mann großen Hunger gehabt ____ (haben) und deshalb vieles durcheinander _______ (essen) _______ (haben). Natürlich _____ (sein) ihm das nicht ______________ (bekommen).

7.6 Fragen zum Verständnis.

1. Was kann man abends erleben?

2. Warum ruft ein Passagier um Hilfe?

3. Wie sieht er aus?

4. Was wollen die Flugbegleiter über Bordlautsprecher wissen?

5. Gibt es einen Arzt an Bord?

6. Wie weiß der Medizinstudent, dass der Mann gesund ist?

7. Warum fühlt der Mann sich unwohl?

Nomen

Ankunft, die	*arrival*	**Unterstützung, die**	*support*
Aufgabe, die	*task, duty*	**Verspätung, die**	*delay*
Auswahl, die	*selection*	**Visitenkarte, die**	*business card*
Gang, der	*walkway*	**Vorfeld, das**	*tarmac*
Gepäckausgabe, die	*baggage claim*	**Zoll, der**	*customs*
Kofferkuli, der	*luggage cart*	**Zwischenfall, der**	*incident*
Rolltreppe, die	*escalator*		

Verben

empfehlen	*to recommend*	**nachlassen**	*to subside*
entlanggehen	*to go along*	**reichen**	*to hand*
lächeln	*to smile*	**schieben**	*to push*
sich melden bei + (Dat)	*to get in touch with*	**verlaufen**	*here: to pass*
		verschwinden	*to disappear*

Adjektive/Adverbien

bereits, schon	*already*	**rechtzeitig**	*in time*
erleichtert	*relieved*	**schließlich**	*finally*
heilfroh	*jolly glad*	**übermüdet**	*dead tired*
plötzlich	*suddenly*		

Ausdrücke

Eine Hand wäscht die andere.	*One good turn deserves another.*	**in leitender Stellung**	*in an executive position*
		nach und nach	*little by little*

7.7 Setzen Sie die Infinitive in die Vergangenheit.

Der Medizinstudent _______ (empfehlen) dem Mann, viel zu trinken. Nach und nach ______ (lassen) die Schmerzen nach, und er ______ (schlafen) ein. Als er Stunden später wieder ________ (aufwachen), ______ (sein) er erleichtert und er _____ (haben) ein Lächeln auf dem Gesicht. Er _________ (bedanken) sich bei den Flugbegleitern und dem Studenten. Der Rest des Fluges _______ (verlaufen) ohne weitere Zwischenfälle. Eine Stunde vor Ankunft des Fluges ________ (servieren) die Flugbegleiter ein Frühstück. Übermüdet ______ (kommen) die Passagiere am nächsten Morgen in Frankfurt an. Das Flugzeug _______ (können) pünktlich landen. Leider _______ (rollen) es nicht bis an den Flugsteig, sondern musste auf dem Vorfeld parken. Dort ___________ (warten) schon die Busse, die die Passagiere zum Terminal bringen __________ (sollen). Die Passagiere _________ (gehen) die lange Treppe hinunter und ___________ (steigen) in die Busse ein. Im Terminal _______ (fahren) sie mit einer Rolltreppe in den ersten Stock und _________ (gehen) dann einen langen Gang entlang, bis sie zur Passkontrolle __________ (kommen). Bei der Gepäckausgabe ________ (können) sie nun ihr Gepäck abholen. Zum Glück _____ (geben) es Kofferkulis. Der Medizinstudent _____ (haben) nur Handgepäck dabei.

Deshalb _______ (helfen) er dem Mann, der im Flugzeug krank gewesen ______ (sein). Der Medizinstudent ______ (schieben) den Kofferkuli durch den Zoll nach draußen. Der Mann ____________ (bedanken) sich bei dem Medizinstudenten und ___________ (reichen) ihm zum Abschied seine Visitenkarte. Er ________ (sagen) ihm, dass er sich bei ihm melden ________ (sollen). Der Mann ______________ (arbeiten) in leitender Stellung an einem deutschen Krankenhaus. Für seine Hilfe im Flugzeug __________ (versprechen) der Mann dem Medizinstudenten seine Unterstützung in seinem weiteren Studium. Eine Hand wäscht die andere.

7.8 Fragen zum Verständnis.

1. Welchen Rat bekommt er vom Medizinstudenten?

2. Wie sieht der Patient aus, als er nach Stunden aufwacht?

3. Bei wem bedankt er sich?

4. Wo muss das Flugzeug in Frankfurt parken?

5. Wie kommen die Passagiere zum Terminal?

6. Was muss man tun, bevor man in ein Land einreisen darf?

7. Was sucht man für seinen Koffer bei der Gepäckausgabe?

8. Was bekommt der Medizinstudent von dem Mann, dem er geholfen hat?

9. Warum soll der Medizinstudent sich bei ihm melden?

7.9 Richtig oder falsch? Korrigieren Sie die falsche Aussage.

1. Der Student verspürt Panik, denn sein Flug geht in drei Stunden. R F

2. Die Fahrt zum Flughafen per Taxi geht schneller als mit der U-Bahn. R F

3. Das Einchecken am Flughafen geht nur langsam voran. R F

4. Bei der Passkontrolle hört er, dass der Flug Verspätung hat. R F

5. Die Passagiere können direkt an Bord gehen. R F

6. Die geschlossene Kabinentür signalisiert, dass alles OK ist. R F

7. Das Flugzeug rollt auf die Landebahn. R F

8. Das Flugzeug steigt erst sehr langsam. R F

9. Man glaubt, es könne jeden Moment herunterfallen. R F

10. Das Radar kann das Flugzeug in der Wolkenbank nicht erkennen. R F

11. Über den Wolken ist blauer Himmel. R F

12. Die Passagiere können sich im Flugzeug frei bewegen. R F

13. Der Monitor bietet eine Auswahl an Filmen. R F

14. Die Sonne ist bereits untergegangen. R F

15. Ein Passagier hat Fieber. R F

16. Die Flugbegleiter servieren am Morgen ein Frühstück. R F

17. Bei der Ankunft können die Passagiere direkt zur Passkontrolle gehen. R F

18. Der Mann gibt dem Studenten seine Visitenkarte. R F

7.10 Wählen Sie das richtige Verb. Achten Sie auf die Zeitform.

bekannt geben, wahrnehmen, sich vorwärts bewegen, abheben, schweben, auftreten, vermuten, nachlassen, empfehlen, entlanggehen, melden, schieben, aufatmen, verschwinden

1. Der Medizinstudent ________________ dem Mann, viel zu trinken.
2. Erleichtert __________ der Mann _________, als er morgens ohne Probleme aufwacht.
3. Der Student _____________, dass der Passagier alles durcheinander gegessen hat.
4. Der Passagier __________ den Kofferkuli an den Abflugschalter.
5. Über Lautsprecher wird ____________ ____________, dass die Flugzeit sieben Stunden beträgt.
6. Während des Fluges können Turbulenzen _________________.
7. Der Student soll sich bei dem Mann ____________.
8. Vom Boden sieht es so aus, als würde das Flugzeug in der Luft ______________.
9. Das Flugzeug ________ sehr langsam vom Boden ________.
10. Die Passagiere ___________ einen langen Gang _____________.
11. Die Turbulenzen haben ______________.
12. Das Radar __________ das Flugzeug trotz der Wolkenbank __________.
13. Das Flugzeug _________ _______ nur ganz langsam ___________.
14. Das Flugzeug ist plötzlich in der Wolkenbank _________________.

7.11 Setzen Sie das passende Wort ein.

gründlich, angeschnallt, plötzlich, vielversprechend, tatsächlich, gesundheitlich, rechtzeitig, unsichtbar, erleichtert, schließlich

1. Während eines Fluges soll man immer ________________ sitzen.
2. Vor einem Flug soll man eine _________________ Untersuchung machen.
3. Es ist ____________ so, dass immer etwas passieren kann.
4. Wenn das Wetter _______________ aussieht, sollte man eine Wanderung machen.
5. Der Arzt untersucht den Patienten ____________.
6. Der Patient ist gesund und deshalb ___________.
7. Das Flugzeug verschwindet in den Wolken und ist einen Moment lang _____________.

8. Obwohl er spät vom Hotel wegfährt, kommt er doch ________ am Flughafen an.
9. Nach ein paar Minuten kann er __________ an Bord gehen.
10. __________ hört man, wie ein Passagier um Hilfe ruft.

7.12 Wählen Sie das richtige Nomen.

der Nachzügler, das Vorfeld, das Handgepäck, der Kofferkuli, der Gang, die Flughöhe, die Sicherheitsvorkehrungen, die Sitzreihen, der Abflugschalter, das Check-in, der/die Flugbegleiter(in), die Gepäckausgabe

1. Wenn man am Flughafen ankommt, muss man zuerst zum ____________ gehen.
2. Man muss den Flugschein beim ________________ vorzeigen.
3. Die ______________ werden ausgerufen und die Passagiere dürfen an Bord.
4. Es kommt immer vor, dass ein paar _______________ sehr spät an Bord kommen.
5. Wenn man an Bord Zeitschriften lesen will, muss man die ____________ fragen.
6. Bevor das Flugzeug abfliegt, werden die ________________________ erklärt.
7. Wenn das Flugzeug seine ___________ erreicht hat, darf man seinen Computer benutzen.
8. Auf einigen internationalen Flughäfen parken die Flugzeuge auf dem ______________.
9. Auf dem Weg zur Passkontrolle muss man einen langen __________ entlanggehen.
10. Das Gepäck holt man bei der ___________________ wieder ab.
11. Der _____________ macht es möglich, das Gepäck nach draußen zu schieben.
12. Es ist viel angenehmer, nur mit ___________________ zu reisen.

7.13 Verbinden Sie die beiden Spalten. Welche Wörter entsprechen einander?

___1. angeschnallt	a. endlich
___2. vielversprechend	b. heilfroh
___3. tatsächlich	c. in einem gesunden Zustand
___4. gesundheitlich	d. interessant

___5.	gründlich	e.	man kann etwas nicht mehr sehen
___6.	erleichtert	f.	pünktlich
___7.	unsichtbar	g.	schon
___8.	rechtzeitig	h.	exakt
___9.	bereits	i.	überraschend
___10.	schließlich	j.	wirklich
___11.	plötzlich	k.	der Sicherheitsgurt sitzt fest

7.14 Verbinden Sie die beiden Spalten.

___1.	Er musste noch aus dem Hotel auschecken,	a.	aber vor ihm standen noch viele Leute.
___2.	Beim Check-in Schalter hatte er Glück,	b.	bis es seine Fluggeschwindigkeit erreicht hatte.
___3.	Er hörte über Lautsprecher,	c.	als noch ein paar Nachzügler kamen.
___4.	Die Sitzreihen A, B, C, D wurden nach und nach aufgerufen,	d.	dass das Flugzeug am Abflugschalter 33 abfliegen würde.
___5.	Alle Passagiere waren schon an Bord,	e.	der mit einem Kopfhörer verbunden ist.
___6.	Die Sicherheitsvorkehrungen wurden auf einem Monitor gezeigt,	f.	so dass die Passagiere an Bord gehen konnten.
___7.	Total unerwartet flog das Flugzeug durch eine graue Wand,	g.	und er konnte schließlich einschlafen.
___8.	Über den Wolken wurde es immer schneller,	h.	und plötzlich war es verschwunden.
___9.	Während des Fluges kann man Filme auf einem Monitor auswählen,	i.	während das Flugzeug sich langsam zur Startbahn bewegte.
___10.	Nach und nach ließen die Schmerzen nach,	j.	weil die meisten Passagieren schon auf dem Weg zum Flugsteig waren.

7.15 Verbinden Sie die beiden Spalten.

1. die Visite	a. der Kuli
2. der Abflug	b. die Ausgabe
3. der Sitz	c. der Arzt
4. die Sicherheit	d. die Perle
5. der Boden	e. die Bank
6. der Flug	f. die Bahn
7. der Start	g. der Begleiter
8. die Wolke	h. die Vorkehrung
9. der Schweiß	i. das Personal
10. das Haus	j. der Gurt
11. das Gepäck	k. die Reihe
12. der Koffer	l. der Schalter
13. die Sicherheit	m. die Karte

7.16 Zur Diskussion.

1. Sind Sie schon einmal geflogen?
2. Hat es beim Flug Zwischenfälle gegeben?
3. Was mussten Sie machen, als Sie am Flughafen ankamen?
4. Hatten Sie Probleme beim Einchecken?
5. Waren Sie mit dem Service zufrieden?
6. Wie war Ihr Flug?
7. Hatten Sie Probleme bei der Ankunft?
8. Wie sind Sie in die Stadt gekommen?

7.17. Zum Schreiben.

1. Berichten Sie von einer Flugreise, die Sie in den Ferien gemacht haben.
2. Erzählen Sie von einem Zwischenfall, den Sie erlebt haben.

8

Reisen in Deutschland

8.1 Verbinden Sie die beiden Spalten.

____1. from outside	a. günstig
____2. only in the mountains	b. der Automat
____3. at the same time	c. manche
____4. during rush hour	d. von draußen
____5. many commute	e. nur in den Bergen
____6. recommended speed limit	f. klimatisiert
____7. luggage cart	g. unterwegs
____8. noise barrier	h besonders steil
____9. in advance	i. die Fahrplanauskunft
____10. to abide by	j. der Berufsverkehr
____11. rush-hour traffic	k. auf diese Weise
____12. timetable information	l. halten
____13. in this way	m. der Kofferkuli
____14. especially steep	n. die Richtgeschwindigkeit
____15. equipped with air-conditioning	o. im Voraus
____16. on the move	p. viele pendeln
____17. business people	q. zu Stoßzeiten
____18. levator	r. zur selben Zeit
____19. some	s. der Aufzug
____20. ticket vending machine	t. Lärmschutzwand
____21. inexpensive	u. Geschäftsleute

In Deutschland sind die Straßen und Autobahnen besser als in den meisten anderen Ländern. Man darf so schnell fahren wie man will. Nur in Stadtnähe und in den Bergen, wo es besonders steil ist, gibt es ein Tempolimit. Auf den Autobahnen kann es Richtgeschwindigkeiten geben, an die man sich aber nicht halten muss. Ein großes Problem sind die kilometerlangen Staus auf den Autobahnen, besonders dann, wenn die Ferienzeit beginnt, denn einige Bundesländer haben zur selben Zeit Ferien.

Mit dem Zug fahren ist in Deutschland ein wunderbares Erlebnis. Die Züge sind alle sehr modern und ganz leise. Man hört sehr wenig von draußen. Alle Wagen sind klimatisiert. Man kann erster oder zweiter Klasse fahren. Zu Stoßzeiten, d.h. der Berufsverkehr ist morgens und abends am schlimmsten, sollte man vorher einen Sitzplatz buchen.

Der IC und ICE fahren auf vielen Strecken. Der ICE ist der schnellste Zug in Deutschland. Er fährt schneller als 300 Kilometer pro Stunde. Viele Geschäftsleute pendeln zwischen den großen Industriestädten mit dem ICE. Die Fahrt von Köln nach Frankfurt/Main dauert mit dem ICE nur 50 Minuten, mit dem normalen Schnellzug (IC) dagegen 2,5 Stunden. Mit dem ICE kann man aber meistens die Natur nicht so genießen. Oft fährt der Zug zwischen Lärmschutzwänden oder im Tunnel. Wenn man pro Jahr viel mit dem Zug unterwegs ist, sollte man eine Bahncard kaufen. Die gibt es für die erste und zweite Klasse. Studenten und Schüler bekommen die Karte billiger.

Die Züge fahren oft jede halbe oder volle Stunde in alle Richtungen. Manche deutschen Bahnhöfe sind auch sehr schön. Wer viel Gepäck hat, kann einen Kofferkuli nehmen und einen Aufzug benutzen. Bahnhöfe und Flughäfen sind die einzigen Orte, wo am Sonntag und in der Nacht Geschäfte geöffnet sind. Der größte deutsche Fernbahnhof in Frankfurt/Main hat mehr als 350.000 Fahrgäste pro Tag. Die Fahrplanauskunft kann man per Internet, an zahlreichen Automaten am Bahnhof oder über ein „App“ auf dem Handy bekommen. In vielen Bahnhöfen gibt es auch Stadtinformationen.

Fliegen kann manchmal sehr billig sein. In Deutschland gibt es etwa zehn Fluglinien, die Flüge durch ganz Europa schon ab 19 Euro anbieten. Man kann solche billigen Tickets jedoch nur im Voraus und nur per Internet kaufen. Wenn man mit den Billigfliegern fliegt, muss man meistens zu einem kleineren Flughafen außerhalb der Großstadt oder zu einer Stadt, die in der Nähe liegt. Auf diese Weise kann man Europa sehr günstig kennen lernen.

8.2 Fragen zum Verständnis.

1. Warum kann das Autofahren in Deutschland richtig Spaß machen?
2. Wo muss man langsamer fahren?
3. Was ist eine Richtgeschwindigkeit?
4. Wann kann man nur sehr langsam auf den Autobahnen fahren?
5. Warum ist es so angenehm, mit dem Zug zu reisen?
6. Was sollte man unbedingt tun, wenn man abends mit dem Zug heimfährt?
7. Warum ist der ICE für den Pendlerverkehr so enorm wichtig?
8. Wann ist es gut, eine Bahncard zu haben?
9. Wer kann die Bahncard günstiger bekommen?
10. Was ist ein Kofferkuli?
11. Was machen Sie, wenn Sie sich über den Fahrplan informieren wollen?
12. Wie kann man billige Flugtickets bekommen?
13. Wo liegt meistens der Flughafen der Billigflieger?
14. Was ist der Vorteil, wenn man mit einem Billigflieger fliegt?

8.3 Richtig oder falsch? Korrigieren Sie die falsche Aussage.

1. In Deutschland gibt es kein Tempolimit. R F

2. Staus gibt es nur während der Ferienzeit. R F

3. Man findet immer einen Sitzplatz im Zug. R F

4. Der ICE fährt überall in Deutschland. R F

5. Der ICE ist besonders für Pendler interessant. R F

6. Studenten und Schüler können billiger fahren. R F

7. Man kann auch nachts im Flughafen etwas essen. R F

8. Die Billigflieger bieten die Tickets direkt am Schalter an. R F

8.4 Wie steht es im Text?

1. Mit einer Bahncard bekommt man eine Ermäßigung.

2. Wer billig fliegen will, muss mehr Zeit haben.

3. Man sollte billige Tickets lange vorher buchen.

4. Man muss das Gepäck nicht selbst tragen.

5. Man sieht im ICE nicht sehr viel von der Landschaft.

6. Wenn man um 18.00 Uhr nach Hause fährt, kann es sein, dass der Zug voll ist.

7. Zu Beginn der Ferienzeit fahren zu viele Autos auf den Autobahnen.

8. Wer gerne schnell fährt, darf das in Deutschland tun.

8.5 Verbinden Sie die beiden Spalten zu einem Wort.

1. das Tempo
2. billig
3. der Sitz
4. die Ferien
5. der Flug
6. der Koffer
7. der Pendler
8. der Flug
9. das Auto
10. der Fahrplan
11. der Beruf
12. das Geschäft
13. die Industrie
14. der Lärmschutz

a. die Zeit
b. die Wände
c. die Städte
d. die Leute
e. die Bahn
f. die Auskunft
g. der Verkehr
h. der Verkehr
i. der Platz
j. der Kuli
k. der Hafen
l. das Ticket
m. der Flieger
n. das Limit

8.6 Zur Diskussion.

1. Finden Sie ein Tempolimit gut?
2. Gibt es in Ihrem Land ein gut ausgebautes Schienennetz?
3. Welches Verkehrsmittel wird in Ihrem Land am meisten benutzt?
4. Gibt es in Ihrem Land auch Angebote von Billigfliegern?
5. Wie populär ist das Fliegen unter Studenten?

8.7 Verbinden Sie die beiden Spalten.

___1. Auf den Autobahnen kann es Richtgeschwindigkeiten geben,	a. an die man sich aber nicht halten muss.
___2. Ein großes Problem sind die kilometerlangen Staus auf den Autobahnen,	b. besonders dann, wenn die Ferienzeit beginnt, denn einige Bundesländer haben zur selben Zeit Ferien.
___3. In Deutschland gibt es etwa zehn Fluglinien,	c. besser als in den meisten anderen Ländern.
___4. In Deutschland sind die Straßen und Autobahnen	d. die Flüge durch ganz Europa schon ab 19 Euro anbieten.
___5. Wenn man mit den Billigfliegern fliegt,	e. kann einen Kofferkuli nehmen und einen Aufzug benutzen.
___6. Wenn man pro Jahr viel mit dem Zug unterwegs ist,	f. muss man meistens zu einem kleineren Flughafen außerhalb der Großstadt oder zu einer Stadt, die in der Nähe liegt.
___7. Wer viel Gepäck hat,	g. sollte man eine Bahncard kaufen.

8.8 Zum Schreiben.

1. Mit welchem Verkehrsmittel fahren Sie am liebsten? Warum?
2. Könnten Sie sich vorstellen, auf Ihr Verkehrsmittel zu verzichten und ein anderes zu nehmen?

Aller Anfang ist schwer

Nomen

Alltag, der	*everyday life*
Architekturdenkmal, das	*architectural monument*
Aufenthalt, der	*stay*
Ausstellung, die	*exhibit*
Austauschstudent, der	*exchange student*
Bild, das	*picture*
Burg, die	*castle*
Folterkammer, die	*torture chamber*
Führung, die	*guided tour*
Gebäude, das	*building*
Gedanke, der	*thought*
Geschichte, die	*history*
Geschichtsvielfalt, die	*historical variety*
Glühwein, der	*mulled wine*
Hälfte, die	*half*
Lebkuchen, der	*gingerbread*
Litfaßsäule, die	*advertising pillar*
Ordnung, die	*tidiness*
Ort, der	*location, spot, place*
Rasen, der	*lawn*
Raum, der	*room*
Reklameschild, das	*advertising sign*
Sache, die	*thing*
Schaufenster, das	*display window*
Schloss, das	*palace*
Süßigkeit, die	*sweets*
Übersetzung, die	*translation*
Vergangenheit, die	*past*
Ware, die	*ware, product*

Verben

achten auf	*to pay attention to*
ausleihen	*to borrow*
beschreiben	*to describe*
entdecken	*to discover*
klingen	*to sound*
pflegen	*to treasure*
sich verlaufen	*to get lost*
überwinden	*to overcome*
unterbringen	*to house*

Adjektive/Adverbien

aufregend	*exciting*
berühmt	*famous*
gründlich	*thorough*
hilfsbereit	*helpful*
mehrere	*several*
naturwissenschaftlich	*scientific*
sauber	*clean*
schwer	*difficult*
überhaupt	*at all*
verschieden	*different*
zahlreich	*numerous*
zurückversetzt	*moved back*

Wenn man Deutsch studiert, liest man viel über Deutschland. Wenn man als Austauschstudent längere Zeit in Deutschland studiert, muss man zuerst den Kulturschock überwinden. Vieles ist zuerst anders, aber dann akzeptiert man, dass der deutsche Alltag anders ist. Der Aufenthalt in Deutschland kann deshalb sehr aufregend sein, denn Vieles ist anders als im Heimatland.

Am Anfang ist es besonders schwer, überall nur die deutsche Sprache zu hören. Es ist eine Sache, wenn man einige Stunden an der Uni Deutsch spricht und etwas ganz Anderes, wenn man den ganzen Tag nur Deutsch sprechen muss. Und dann kann es passieren, dass man seine Gedanken mit deutschen Wörtern sagt, aber es klingt wie eine Übersetzung. Wenn man gut sprechen will, muss man auf Deutsch denken. Jeden Tag entdeckt man neue Wörter. Auf der Straße, an den Wänden von Häusern, auf Reklameschildern in den Schaufenstern und an der Litfaßsäule.

Die Deutschen sind sehr freundlich und hilfsbereit. Sie können hundertmal pro Tag „Bitte schön" und „Danke schön" sagen. Wenn man etwas im Geschäft einkauft, wünscht die Verkäuferin oder der Verkäufer „einen schönen Tag". Die Deutschen achten auch sehr auf Ordnung. Alles soll, wenn möglich, sauber, gründlich und schön sein. Immer wieder faszinierend ist der Rasen vor jedem Haus.

Die Deutschen pflegen auch ihre Geschichte. Es gibt zahlreiche Burgen und Schlösser. Sehr viele Städte haben sehr alte und schöne Stadtzentren. Geschichte ist in Deutschland sehr lebendig. Viele Gebäude, Kirchen und Dome sind mehrere Jahrhunderte alt. In Nürnberg kann man in einer Jugendherberge übernachten, die in der Kaiserburg aus dem 14. Jahrhundert untergebracht ist. Manchmal fühlt man sich in alten Städten in die Vergangenheit zurückversetzt: in diesem Haus wurde Wilhelm Conrad Röntgen geboren, in jenem Heinrich Heine, und in einem anderen arbeitete Albrecht Dürer an seinen Bildern. Im Westen Deutschlands findet man auch viele Architekturdenkmäler der alten Römer. Für die Deutschen ist das moderne Leben mit dieser Geschichtsvielfalt ganz normal.

Besonders toll sind die deutschen Museen. Da kann man sich richtig verlaufen. Das Deutsche Nationalmuseum in Nürnberg hat so viele Ausstellungen, dass man selbst in fünf Stunden nur die Hälfte sehen kann. In einigen Museen kann man Audioguides ausleihen. Wenn man damit in die Ausstellung geht, beginnt mit dem Audioguide die persönliche Führung. In naturwissenschaftlichen Museen kann man verschiedene Experimente machen oder im Deutschen Bergbau-Museum in Bochum kann man sich in einem Tunnel unter der Erde selbst ansehen, wie verschiedene Maschinen funktionieren.

Dezember ist Adventzeit, und man kann überhaupt nicht beschreiben, wie schön Deutschland dann ist. Viele Weihnachtsmärkte mit Süßigkeiten und Glühwein und tausende von Weihnachtsgeschenken und Waren in den Geschäften. Das muss man einfach selbst sehen. Besonders interessant ist der Weihnachtsmarkt in Nürnberg (mit den berühmten Lebkuchen) und auch in Köln neben dem Dom.

9.1 Fragen zum Verständnis.

1. Wie kann man sich am besten über Deutschland informieren?
2. Was kann bei einem Semester im Ausland passieren?
3. Was muss man tun, um sich heimisch zu fühlen?
4. Warum studiert man im Ausland?
5. Warum ist es am Anfang immer so schwer?
6. Wie kann man die Sprachkenntnisse außerhalb der Universität verbessern?
7. Woran erkennt man, dass die Deutschen sehr höflich sind?
8. Was erfahren wir von der Mentalität der Deutschen?
9. Was ist besonders faszinierend, wenn man aus dem Ausland nach Deutschland kommt?
10. Wo findet man Geschichte?
11. Warum ist der Ort der Jugendherberge etwas Besonderes?
12. Warum denkt man oft an die Vergangenheit?

13. Wofür sind die Audioguides?

14. Was kann man in einigen Museen erleben?

15. Was erfahren wir über die Weihnachtszeit in Deutschland?

9.2 Verbinden Sie die beiden Spalten zu einem Wort. Wählen Sie die Wörter, die zusammenpassen.

1.	das Ausland	a.	das Denkmal
2.	der Austausch	b.	das Schild
3.	der Kaiser	c.	das Semester
4.	die Architektur	d.	das Zentrum
5.	die Jugend	e.	der Schock
6.	die Kultur	f.	der Student
7.	die Reklame	g.	die Burg
8.	die Stadt	h.	die Herberge

9.3 Richtig oder falsch? Korrigieren Sie die falsche Aussage.

1. Das Leben im Ausland ist genauso wie zu Hause. R F

2. Jeder, der im Ausland studiert, erlebt einen Kulturschock. R F

3. Das Leben ist anders und deshalb faszinierend. R F

4. Am besten lernt man die Sprache an der Universität. R F

5. Überall in den Geschäften ist man sehr höflich. R F

6. Die Deutschen leben in ihrer Geschichte. R F

7. In den Museen kann man bei Experimenten mitmachen. R F

8. Die Weihnachtszeit ist besonders beeindruckend. R F

9.4 Setzen Sie das passende Verb aus der Vokabelliste ein.

1. Wenn man ein Jahr im Ausland studiert, muss man seine Angst _________ und versuchen, Deutsch zu sprechen.
2. Es ______ nicht immer alles richtig, aber mit der Zeit _____ man da immer weniger darauf.
3. Man _________ auch, dass die Deutschen viele Wörter aus dem Englischen übernommen haben.
4. Jedes Land ________ seine Kultur.
5. Hier kann man auch Audioguides ____________, die die Führung durch die Räume erleichtern.
6. Die Museen sind zum Teil so groß, dass man sich ________________ kann.
7. Man kann gar nicht _____________, wie schön es in Deutschland zur Weihnachtszeit ist.

9.5 Setzen Sie das richtige Adjektiv oder Adverb aus der Vokabelliste ein.

1. Wenn man eine Reise nach Rothenburg ob der Tauber macht, fühlt man sich in das Mittelalter ____________.
2. Es ist schon ___________, die mittelalterliche Folterkammer in Rothenburg zu erleben.
3. Die Straßen sind alle sehr __________.
4. Alles wird jeden Abend _____________ gereinigt.
5. _____________ Touristen aus aller Welt kommen das ganze Jahr über nach Rothenburg.
6. Den Weihnachtsmarkt mit den ________________ Nürnberger Lebkuchen muss man einfach mal erleben.
7. Es ist am Anfang ____________, immer nur die deutsche Sprache zu hören.
8. Wenn man etwas nicht weiß, muss man fragen. Die Deutschen sind sehr ___________.

9.6 Verbinden Sie die beiden Spalten.

___1. In Nürnberg kann man in einer Jugendherberge übernachten,	a. dass man selbst in fünf Stunden nur die Hälfte sehen kann.
___2. Wenn man etwas im Geschäft einkauft,	b. überall nur die deutsche Sprache zu hören.
___3. Das Deutsche Nationalmuseum in Nürnberg hat so viele Ausstellungen,	c. muss man auf Deutsch denken.
___4. Wenn man gut sprechen will,	d. denn Vieles ist anders als im Heimatland.
___5. Am Anfang ist es besonders schwer,	e. wie verschiedene Maschinen funktionieren.
___6. Wenn man als Austauschstudent längere Zeit in Deutschland studiert,	f. muss man zuerst den Kulturschock überwinden.
___7. Der Aufenthalt in Deutschland kann deshalb ganz aufregend sein,	g. die in der Kaiserburg aus dem 14. Jahrhundert untergebracht ist.
___8. Im Deutschen Bergbau-Museum in Bochum kann man sich in einem Tunnel unter der Erde selbst ansehen,	h. wünscht die Verkäuferin oder der Verkäufer einen schönen Tag.

9.7 Zur Diskussion.

1. Ein Jahr im Ausland ist der Traum eines jeden Studenten. Warum ist es wichtig, diesen Schritt zu tun?
2. Was stellen Sie sich unter Kulturschock vor?
3. Was ist das Wichtigste, wenn man im Ausland lebt?
4. Was wissen Sie über Deutschland und die deutsche Kultur?

9.8 Zum Schreiben.

Was erfahren Sie in diesem Text über Deutschland? Schreiben Sie eine kurze Zusammenfassung.

10

Märchen machen Mut

Nomen

Begegnung, die	*encounter*	**Mut, der**	*courage*
Erwachsenen-literatur, die	*adult literature*	**Publikum, das**	*audience*
		Roman, der	*novel*
Fantasie, die	*imagination*	**Sagenwelt, die**	*legends*
Forschung, die	*research*	**Schriftsteller, der**	*writer*
Grenze, die	*border*	**Teilung, die**	*separation, division*
Held, der	*hero*		
Kobold, der	*goblin*	**Trost, der**	*words of comfort*
Märchenerzähler, der	*storyteller*		

Verben

handeln	*to be about*	**vorlesen**	*to read aloud*
verbinden	*to connect*	**zuhören**	*to listen to*
vorkommen	*to occur*		

Adjektive/Adverbien

bekannt	*well known*	**packend**	*exciting*
breit	*broad*	**seltsam**	*strange*
dennoch	*however*	**sicherlich**	*certainly*
erfolgreich	*successful*	**tapfer**	*courageous*
mutig	*brave*	**unsicher**	*insecure*

Ausdrücke

erlebbar sein	*can be experienced*

10.1 Setzen Sie die Infinitive in die Vergangenheit.

Das ______ (sein) der Name einer Berliner Initiative, die vor über zwanzig Jahren die Teilung der deutschen Hauptstadt beenden _____ (wollen): „Märchen machen Mut" und verbinden über Grenzen. Oft erzählen sie von unsicheren, dennoch tapferen Helden, die erfolgreich für die Freiheit kämpfen. Diese Initiative ________ (bringen) die „Berliner Märchentage". Das weltweit größte Märchenfestival ist ein Ort der interkulturellen Begegnung.

Jährlich hört ein breites und internationales Publikum aus aller Welt den Märchen zu. Märchen müssen erlebbar sein und man muss sie mit viel Fantasie vorlesen oder erzählen. Jahrhundertelang _________ (geben) es diese mündliche Tradition. Das Festival verbindet über kulturelle Grenzen. Mythen und Legenden gibt es bei allen Kulturen auf der Welt. Alle Menschen können sie verstehen.

Märchen haben in Deutschland eine lange Tradition. Jacob Grimm ist sicherlich der bekannteste Märchenerzähler. Er und sein Bruder Wilhelm Grimm ____________ (konzentrieren) ihre Forschungen zuerst intensiv auf die Mythen- und Sagenwelt. Sie __________ (schreiben) im 19. Jahrhundert mündlich überlieferte Märchen aus ihrer Heimat auf. Auch Sagen aus dem Ausland __________ (übersetzen) sie in ihre Muttersprache.

Auf der „Deutsche[n] Märchenstraße", die von Hanau nach Bremen geht, findet man alle Orte, die in ihren „Kinder- und Hausmärchen" vorkommen.

Auch unter den modernen deutschen Schriftstellern gibt es wunderbare Märchenerzähler. Die Autorin Cornelia Funke schreibt fantastische Kinder- und Jugendromane wie „Drachenreiter", „Herr der Diebe" und die Trilogie „Tintenwelt". Ihre Romane ________ (werden) in 40 Sprachen übersetzt und erfolgreich verfilmt. Funkes packende Sprache führt den Leser in ihre fiktionalen Welten der Helden und Mythenfiguren, in mutige und abenteuerliche Geschichten von Kobolden, Drachen und anderen Fabelfiguren. Für dieses Talent hat sie den Jacob-Grimm-Preis bekommen.

Der fantasievolle Autor Michael Ende schreibt Kinder und Erwachsenenliteratur. In seinem weltberühmten Kinderbuch „Momo" geben märchenhafte Geschichten dem kleinen Mädchen Trost und Mut. Auch sein Bestseller „Die unendliche Geschichte", eine seltsame Collage aus mythischen Bildern, ist ein Märchenroman, der international bekannt ist.

10.2 Fragen zum Verständnis.

1. Warum begann die Initiative vor 20 Jahren?

2. Wovon handeln die meisten Märchen?

3. Was ist das Märchenfestival heute?

4. Wer sind die Zuhörer?

5. Was ist wichtig, wenn man Märchen vorliest oder sie erzählt?

6. Wie alt ist diese Tradition?

7. Was erfahren wir von Mythen und Legenden?

8. Was ist das Verdienst (*credit*) der Brüder Grimm?

9. Was haben sie mit den Sagen aus anderen Ländern gemacht?

10. Gibt es heutzutage auch noch Märchenerzähler?

11. Wovon handeln Cornelia Funkes Romane?

12. Warum kennt beinahe jeder Michael Ende?

10.3 Richtig oder falsch? Korrigieren Sie die falsche Aussage.

1. Die Berliner Initiative wollte beide Teile von Berlin vereinigen. R F

2. In der Märchenwelt ist alles möglich. R F

3. Das Märchenfestival ist ein Ort der kulturellen Begegnung. R F

4. Jährlich hört ein nationales Publikum den Märchen zu. R F

5. Wenn man Märchen erleben will, muss man sie lesen. R F

6. In Hanau beginnt die Deutsche Märchenstraße. R F

7. Märchenerzähler gab es nur im 19. Jahrhundert. R F

8. Michael Ende ist international bekannt. R F

10.4 Verbinden Sie die beiden Spalten.

___1. In seinem weltberühmten Kinderbuch „Momo" geben	a. märchenhafte Geschichten dem kleinen Mädchen Trost und Mut.
___2. Ihre Romane wurden in 40 Sprachen übersetzt	b. gibt es wunderbare Märchenerzähler.
___3. Das ist der Name einer Berliner Initiative,	c. zuerst intensiv auf die Mythen- und Sagenwelt.
___4. Oft erzählen sie von unsicheren, dennoch tapferen Helden,	d. die vor über zwanzig Jahren die Teilung der deutschen Hauptstadt beenden wollte.
___5. Auch Sagen aus dem Ausland	e. und erfolgreich verfilmt.
___6. Märchen müssen erlebbar sein, und	f. die erfolgreich für die Freiheit kämpfen.
___7. Jacob und sein Bruder Wilhelm Grimm konzentrierten ihre Forschungen	g. man muss sie mit viel Fantasie vorlesen oder erzählen.
___8. Auch unter den modernen deutschen Schriftstellern	h. übersetzten die Brüder Grimm in ihre Muttersprache.

10.5 Setzen Sie das richtige Verb aus der Vokabelliste ein.

1. Märchen ___________ Menschen aus aller Welt.
2. Wenn man Märchen erleben will, muss man ihnen ___________.
3. Sie ________ oft von einer idealen Welt.
4. Eltern ________ ihren Kindern gerne Märchen _____.
5. Viele deutsche Städte ________ in den Märchen der Brüder Grimm _____.

10.6 Zur Diskussion.

1. Haben Sie in Ihrer Kindheit viele Märchen gelesen?
2. Was für eine Welt erleben wir in den Märchen?
3. Kennen Sie Märchen von den Brüdern Grimm?

10.7 Zum Schreiben.

Schreiben Sie eine kurze Zusammenfassung Ihres Lieblingsmärchens.

11

Die Geschichte der Brezel

Franz-J. Wehage

Nomen

Backrest, der	*leftover dough*	**Kloster, das**	*monastery*
Belohnung, die	*award*	**Lehrling, der**	*apprentice*
Fastenzeit, die	*Lent*	**Mehl, das**	*flour*
Gebet, das	*prayer*	**Streifen, der**	*strip*
Gericht, das	*court*	**Teig, der**	*dough*
Gerichtsprotokoll, das	*court record*	**Verkauf, der**	*sale*
Hauptgericht, das	*main dish*		

Verben

anklagen	*to accuse*	**drehen**	*to turn*
ausgehen	*to go out*	**erfahren**	*to find out*
benutzen	*to use*	**gründen**	*to found*
bleiben	*to keep*	**schätzen**	*to appreciate*
dösen	*to slumber*		

Adjektive/Adverbien

beliebt	*popular*	**knackig**	*crispy*
böse	*angry*	**lecker**	*delicious*
gewürzt	*spicy*	**übereinander**	*on top of each other*
heutzutage	*these days*		
hin und her	*back and forth*		

11.1 Setzen Sie die Infinitive in die Vergangenheit.

Die Geschichte der Brezel kommt aus dem Jahr 600 n. Chr., als ein Mönch in der geographischen Region zwischen Frankreich und Italien mit den täglichen Backresten _______ (spielen). Er _______ (drehen) die Streifen hin und her, und plötzlich _______ (sehen) die Streifen aus wie Arme zum Gebet gekreuzt. Der Teig ______ (werden) __________ (backen) und den

Kindern als Belohnung für ihre Gebete ____________ (geben). Der gebackene Teig _______ (werden) sehr beliebt. Andere Klöster in Österreich und Deutschland _______________ (benutzen) das Rezept. Den gebackenen Teig __________ (nennen) man „Brezel". Die Brezel _______ (werden) besonders von der katholischen Kirche ____________ (schätzen). Man _________ (können) sie mit Mehl und Wasser backen. Das _______ (sein) sehr wichtig in der Fastenzeit. Man _____________ (dürfen) damals keine Milch- und Fettprodukte essen.

In Amerika ___________ (werden) die Brezel zum ersten Mal in einem Gerichtsprotokol _______ (erwähnen). Der Bäcker Carl Carmer und seine Frau ___________ (werden) 1652 _________ (anklagen), dass sie den Indianern Brezeln ________ (verkaufen) hätten. Das Gericht ______ (sein) aber nicht gegen den Verkauf. Der Bäcker ___________ (haben) für die Brezel gutes Mehl ________ (benutzen). Er _______ (sollen) eigentlich das gute Mehl für das Brot benutzen.

Die harte Brezel ________ (haben) ihren Anfang in Pennsylvania. Eine Geschichte erzählt von einem Bäckerlehrling, der oft beim Backen der Brezeln ______ (dösen). Das Feuer im Ofen war plötzlich _________ (ausgehen). Als er _______________ (aufwachen), ____________ (denken) er, dass die Brezeln nicht lange genug im Ofen gewesen ____________ (sein). Er __________ (machen) den Ofen noch einmal an und __________ (backen) sie doppelt so lang. Als der Bäckermeister das ___________ (erfahren), __________ (sein) er sehr ärgerlich über die ‚ruinierten' Brezeln. Weil er aber sehr neugierig ___________ (sein), __________ (beißen) er in eine Brezel. Er ________ (sein) sehr froh, als er ___________ (entdecken), dass sie immer noch frisch ______ (sein), knackig und lecker. Diese „neuen" Brezeln _____________ (bleiben) auch viel länger frisch.

Heute ist das Zentrum der Brezel-Geschichte in Amerika immer noch in Pennsylvania, wo im Jahre 1861 die erste kommerzielle Bäckerei in der kleinen Stadt Lititz _______ (gründen) ______ (werden). Die Brezel findet man heutzutage auf Partys zusammen mit Suppen, Salaten und Hauptgerichten. Es gibt sie in allen Formen und Größen, gewürzt und ungewürzt, gesalzen und ungesalzen. Die Brezel ist immer noch ein beliebter Snack in Amerika.

11.2 Fragen zum Verständnis.

1. Wie alt ist die Brezel?

2. Wo backte man die Brezel zuerst?

3. Wie sah die erste Brezel aus?

4. Warum gab man den Kindern Brezeln als Belohnung?

5. Warum fand die katholische Kirche die Brezel gut?

6. Warum steht die Brezel in einem amerikanischen Gerichtsprotokol?

7. Was machte der Bäckerlehrling?

8. Wie erfand man die harte Brezel?

9. Was ist die Stadt Lititz noch heute?

10. Was war sie 1861?

11. Warum ist die Brezel heutzutage so beliebt?

11.3 Wie steht das im Text?

1. Die Brezel wurde von einem Mönch erfunden.

2. Der Mönch legte die Streifen übereinander.

3. Für ihre Gebete bekamen die Kinder als Belohnung eine Brezel.

4. In ganz Europa war dieses Rezept bei den Mönchen beliebt.

5. Besonders in der Fastenzeit isst man gerne die Brezel.

6. Die Brezel war deshalb so hart, weil sie doppelt so lang im Ofen war.

7. Der Bäcker war sehr böse, weil er dachte, dass man die Brezel nicht mehr essen konnte.

11.4 Setzen Sie das richtige Wort aus der Vokabelliste ein.

1. Ohne ____________________ hätte man die Brezel nie erfunden.
2. Die katholische Kirche fand die Idee gut, denn in der ____________________ durfte man nichts essen, was mit Öl oder Butter gebacken war.
3. In den Klöstern mussten die Kinder täglich ihre _______________ sprechen und als ______________ bekamen sie dann eine Brezel.
4. Ein Bäcker musste vors ______________, weil er gutes Mehl für die Brezel benutzt hatte.
5. Die Brezel, wie wir sie heute kennen, wurde in Pennsylvania von einem __________ erfunden, der beim Backen eingeschlafen war.

11.5 Richtig oder falsch? Korrigieren Sie die falsche Aussage.

1. Die Brezel wurde von einem Küchenlehrling (*Mönch*) in einem Kloster erfunden. R F

2. Aus den Backresten machte er Streifen und backte sie. R F

3. Wenn die Kinder ihre Gebete gesprochen hatten, bekamen sie eine Brezel. R F

4. Die Brezel wurde besonders in Italien beliebt. R F

5. Man konnte sie in der Fastenzeit essen, denn sie hatte kein Fett. R F

6. Ein Bäcker wurde angeklagt, weil er das schlechte Mehl fürs Brot benutzt hatte. R F

7. Die harte Brezel wurde von einem Lehrling erfunden. R F

8. Die doppelt gebackenen Brezeln waren zu hart. R F

9. Die Brezel ist in Amerika sehr beliebt und auch heute noch auf Partys zu finden. R F

11.6 Verbinden Sie die beiden Spalten.

___1. Die Geschichte der Brezel stammt aus dem sechsten Jahrhundert n. Chr.,	a. den Kindern als Belohnung für ihre Gebete gegeben.
___2. Er drehte die Streifen hin und her,	b. war er sehr ärgerlich über die ‚ruinierten' Brezeln.
___3. Der Teig wurde gebacken und	c. denn damals durften die Mönche in der Zeit keine Milch- und Fettprodukte essen.
___4. Das war sehr wichtig in der Fastenzeit,	d. weil er aber sehr neugierig war.
___5. Der Bäcker Carl Carmer wurde 1652 angeklagt,	e. als ein Mönch nicht wusste, was er mit den täglichen Backresten tun sollte.
___6. Eine Geschichte erzählt von einem Bäckerlehrling,	f. und plötzlich sahen die Streifen aus wie Arme zum Gebet gekreuzt.
___7. Er machte den Ofen noch einmal an	g. der oft beim Backen der Brezeln döste.
___8. Als der Bäckermeister das erfuhr,	h. und backte sie doppelt so lang.
___9. Er biss in eine Brezel,	i. weil er den Indianern Brezeln verkauft hatte.

11.7 Zur Diskussion.

1. Ist die Brezel als Partysnack auch bei Ihnen sehr beliebt?
2. Mögen Sie lieber die weiche oder die harte Brezel? Warum? Warum nicht?

11.8 Zum Schreiben.

Informieren Sie sich im Internet, woher die Pizza kommt. Schreiben Sie einen kurzen Bericht.

12

Schlechte Zeiten für die Tabakindustrie

Seit 2008 darf man in Deutschland in Bussen, Straßenbahnen, S-Bahnen, U-Bahnen, Zügen, Flughäfen und allen öffentlichen Gebäuden nicht mehr rauchen. Der Rauch ist für Nichtraucher gefährlich. Auch in den deutschen Universitäten inklusive Mensa und Cafeteria darf man nicht mehr rauchen. Viele Studenten hassen jetzt den Winter. Wenn es kalt ist und man draußen eine Zigarette raucht, bekommt man kalte Füße.

Rauchen ist in Deutschland unter Jugendlichen zwischen 12 und 17 mittlerweile nicht mehr cool. Die Zahlen zeigen, dass nur noch 13 Prozent dieser Altersgruppe raucht. Im Jahre 2001 war es fast noch ein Drittel.

Alle Zigarettenschachteln haben einen Aufdruck, auf dem man lesen kann, dass das Rauchen tödlich sein kann. Dort steht, wie viel Teer, Nikotin und Kohlenmonoxyd eine Zigarette hat. Der Tabakkonsum ist seit 2011 bedeutend zurückgegangen. Bei den Jugendlichen zwischen 12 und 17 liegt der Anteil bei den Mädchen bei 12 Prozent und 14 Prozent bei den männlichen Jugendlichen. Generell kann man sagen, dass Jugendliche im Alter von 14 Jahren mit dem Rauchen beginnen. Durch das Rauchen fühlen sie sich erwachsen. Wer nicht mitraucht, gehört nicht mehr zur Gruppe. Sie rauchen, weil es einen „Cliquendruck" gibt. Leider sieht man in Kinofilmen und im Fernsehen oft, dass Rauchen zum Erwachsensein gehört. Auch in Schulen und auf den Schulhöfen gibt es überall in Deutschland ein generelles Rauchverbot, aber die Mediziner wissen, dass man mit Verboten kaum etwas erreichen kann. Sie informieren deshalb alle Eltern, Lehrer, Kinder und Jugendlichen über die langfristigen gesundheitlichen Schäden des Rauchens.

Bei einer Umfrage (*poll*) im Jahre 2011 gaben 68 Prozent der Befragten an, dass sie noch nie geraucht hätten. Vor zehn Jahren lag diese Zahl bei 41 Prozent. Der Rauchertrend unter Jugendlichen geht also zurück. Die Altersgruppe zwischen 18 und 25 ist total anders als die der Jugendlichen.

Wenn auch der Tabakkonsum in dieser Gruppe sinkt, muss man doch sagen, dass mehr als ein Drittel dieser Gruppe raucht. Es gibt hier keinen Unterschied zwischen weiblichen und männlichen Rauchern.

12.1 Fragen zum Verständnis.

1. Darf man in Deutschland immer noch überall rauchen?

2. Warum sind Studenten, die gerne rauchen, besonders bitter?

3. Wie hat sich das Rauchen unter Jugendlichen prozentual geändert?

4. Wie kann man sich darüber informieren, inwieweit Rauchen die Gesundheit gefährdet?

5. Warum rauchen Jugendliche?

6. Sind die Medien daran schuld, dass viele Jugendliche rauchen?

7. Führt das Rauchverbot dazu, dass man nicht mehr raucht?

8. Wie steht es mit dem Tabakkonsum der 18 bis 25jährigen?

12.2 Versuchen Sie, diese Sätze anders auszudrücken.

1. Man bekommt kalte Füße.

2. Man darf nicht mehr rauchen.

3. Auf Zigarettenschachteln steht, dass das Rauchen tödlich sein kann.

4. Man fühlt sich erwachsen.

5. Mit Verboten kann man kaum etwas erreichen.

6. Es gibt Informationen über langfristige gesundheitliche Schäden des Rauchens.

12.3 Richtig oder falsch? Korrigieren Sie die falsche Aussage.

1. Wenn man raucht, ist es leichter, in eine Clique zu kommen. R F

2. Der Nichtraucher leidet durch das Rauchen der anderen. R F

3. Durch das Rauchverbot ist der Tabakkonsum reduziert worden. R F

4. Im Winter rauchen Studenten gern an der frischen Luft. R F

5. Man fühlt sich erwachsen, wenn man raucht. R F

6. Im Fernsehen sieht man, dass Rauchen cool ist. R F

7. Frauen zwischen 18 und 25 rauchen mehr als Männer. R F

8. Im Durchschnitt rauchen junge Leute ab 13 Jahren. R F

12.4 Verbinden Sie die beiden Spalten zu einem Wort.

1. die Welt	a. das Kino
2. die Schachtel	b. die Bahn
3. der Druck	c. das Verbot
4. der Tabak	d. der Konsum
5. die Straße	e. der Meister
6. der Film	f. die Clique
7. der Rauch	g. die Zigaretten

12.5 Verbinden Sie die beiden Spalten.

___1. Seit 2008 darf man in öffentlichen Gebäuden	a. dass Rauchen tödlich sein kann.
___2. Auf allen Zigarettenschachteln kann man lesen,	b. dass Rauchen zum Erwachsensein gehört.
___3. In Kinofilmen sieht man sehr oft,	c. in Deutschland ein generelles Rauchverbot.
___4. In Schulen und auf den Schulhöfen gibt es	d. dass langfristig viele Probleme auftreten.
___5. Die Mediziner informieren alle Eltern,	e. nicht mehr rauchen.
___6. Viele Jugendliche rauchen,	f. weil es einfach „in" ist.
___7. Die Hälfte aller Jugendlichen zwischen 12 und 16 Jahren gehört	g. zu den besten Kunden der Zigarettenindustrie.

12.6 Zur Diskussion.

1. Dürfen Sie überall rauchen?
2. Ab welchem Alter darf man in Ihrem Land rauchen?
3. Finden Sie, dass es cool ist, wenn jemand im Fernsehen oder in einem Film raucht?
4. Gibt es bei Ihnen auch Warnungen auf Zigarettenschachteln?
5. Wie steht es mit dem Tabakkonsum in Ihrem Land?
6. Woher wissen Sie, dass das Rauchen ungesund ist?
7. Gibt es das Rauchen auch als „Cliquendruckmittel", um dazu zu gehören?
8. Was machen Raucher in Ihrem Land, wenn sie unbedingt rauchen wollen?
9. Gibt es in Ihrem Land eine Kampagne gegen Raucher?

12.7 Zum Schreiben.

1. Machen Sie eine Umfrage unter Ihren Freunden und Bekannten. Wer raucht und wer hat das Rauchen aufgegeben?
2. Ist der prozentuale Durchschnitt (*average*) in Ihrem Land ähnlich wie in diesem Text?

13

Multikulturell

Nomen

Arbeitskraft, die	*worker*	**Mittelasien**	*central Asia*
Asylbewerber, der	*asylum seeker*	**Mittelmeerraum, der**	*Mediterranean area*
Aussiedler, der	*repatriate*		
Bedingung, die	*condition*	**Regal, das**	*shelf*
Gastarbeiter, der	*migrant worker*	**Schlüssel, der**	*key*
Kiosk, der	*newsstand*	**Seltenheit, die**	*rarity*
Kopftuch, das	*headscarf*	**Volksdeutsche, der**	*ethnic German*
Lebensmittel, die (pl.)	*groceries*	**Wirtschaftswunder, das**	*economic miracle*

Verben

aufbauen	*to rebuild*	**vertreiben**	*to displace*
nachholen	*to fetch later*	**zurückkehren**	*to return*
verfolgen	*to persecute*		

Adjektive/Adverbien

fast	*almost*	**türkischstämmig**	*of Turkish descent*
sogenannt	*so-called*	**wirtschaftlich**	*economic*

Wenn man in deutschen Großstädten mit dem Bus fährt, hört man viele Sprachen, aber nur wenig Deutsch. Türkisches Kopftuch oder dunkle Hautfarbe sind hier keine Seltenheit. Es gibt auch viele Geschäfte mit asiatischen oder italienischen Spezialitäten. Auch in Supermärkten findet man immer wieder Regale, die mit Lebensmitteln aus Polen, Russland, der Ukraine, Griechenland oder der Türkei gefüllt sind. Am Kiosk kann fast jeder die Zeitung in seiner Muttersprache kaufen.

Nach dem Ende des Zweiten Weltkrieges wurden Deutsche aus Ostpreußen, der ehemaligen Tschechoslowakei, Ungarn, Polen, Rumänien und Jugoslawien vertrieben und mussten in ihre historische Heimat zurückkehren. Nach 1950 reisten viele Volksdeutsche aus Osteuropa, z.B. aus Rumänien, nach Deutschland ein. Man nennt sie Aussiedler. Nach dem Ende der

Sowjetunion kamen viele Volksdeutsche, die Spätaussiedler genannt werden, vor allem aus Kasachstan, Sibirien und Mittelasien. Viele suchten bessere wirtschaftliche Bedingungen.

Zwischen 1955 und 1973, in der Zeit des Wirtschaftswunders kamen viele sogenannte Gastarbeiter (nach 1960 Arbeitsmigranten) aus dem Mittelmeerraum nach Deutschland, um die deutsche Wirtschaft nach dem Krieg wieder aufzubauen. Viele Arbeitskräfte, vor allem Türken, blieben für immer und holten später ihre Familien nach. Heute gibt es mehrere Millionen türkischstämmige Migranten in Deutschland. Die zweitgrößte Migrantengruppe kommt aus Polen. An dritter Stelle stehen Menschen aus Russland, gefolgt von Italien und Kasachstan.

Migranten, die in Deutschland politisches Asyl suchen, weil sie in ihrem Land verfolgt werden, nennt man Asylbewerber.

Der Schlüssel zur Integration von Ausländern ist natürlich die Sprache. Heute leben über sechs Millionen Ausländer in Deutschland. Da die meisten Migranten nur schlecht oder gar nicht Deutsch sprechen, werden viele Sprachkurse angeboten, damit sie bessere Chancen bekommen, Arbeit zu finden.

13.1 Fragen zum Verständnis.

1. Wie kommt es, dass man in öffentlichen Verkehrsmitteln kaum Deutsch hört?

2. Wie kann man sich tagtäglich in seiner eigenen Sprache informieren?

3. Wo kauft man am besten Spezialitäten aus dem Ausland?

4. Warum kamen nach 1945 so viele Menschen aus dem Osten nach Deutschland?

5. Was steht im Text über das Wirtschaftswunder?

6. Was ist besonders wichtig, wenn man sich einer anderen Kultur anpassen will?

13.2 Wie steht das im Text?

1. In den Kaufhäusern kann man Waren aus der ganzen Welt kaufen.

2. Auf der Straße sieht man viele Ausländer.

3. Internationale Zeitschriften kann man überall finden.

4. Nach 1945 kamen viele Flüchtlinge aus dem Osten nach Deutschland.

5. Viele kamen nach Deutschland, weil man hier besser leben konnte.

6. Die meisten Arbeiter kamen aus den südlichen Ländern Europas.

7. Wenn man die Sprache eines Landes nicht spricht, ist die Integration schwierig.

13.3 Verbinden Sie die beiden Spalten.

___1. Am Kiosk kann fast jeder	a. hört man viele Sprachen, aber nur wenig Deutsch.
___2. Der Schlüssel zur Integration von Ausländern	b. oder italienischen Spezialitäten.
___3. Es gibt auch viele Geschäfte mit asiatischen	c. sind hier keine Seltenheit.
___4. In der Zeit des Wirtschaftswunders kamen Gastarbeiter nach Deutschland,	d. ist natürlich die Sprache.
___5. Nach 1945 wurden Deutsche aus dem Osten vertrieben	e. und holten später ihre Familien nach.
___6. Türkisches Kopftuch oder dunkle Hautfarbe	f. und mussten in ihre historische Heimat zurückkehren.
___7. Viele Arbeitskräfte blieben für immer	g. die Zeitung in seiner Muttersprache kaufen.
___8. Wenn man in deutschen Großstädten mit dem Bus fährt,	h. um die deutsche Wirtschaft wieder aufzubauen.

13.4 Zur Diskussion.

1. Was war das Wirtschaftswunder? Warum nannte man es so?
2. Warum heißt der Text ‚multikulturell'?
3. Wie hat Deutschland sich nach 1945 verändert?

13.5 Zum Schreiben.

Wie definiert der Text die folgenden Wörter? Schauen Sie auch in einem Wörterbuch nach und vergleichen Sie die Definitionen.

1. Aussiedler
2. Spätaussiedler
3. Gastarbeiter
4. Asylbewerber
5. Ausländer
6. Volksdeutscher

II. Sport

14

Faszination Fußball-Bundesliga

Nomen

Altersdurchschnitt, der	*average age*	**Nachwuchshoffnung, die**	*up-and-coming hopefuls*
Ausdruck, der	*expression*	**Schale, die**	*bowl*
Eintrittskarte, die	*ticket*	**Sieg, der**	*victory*
Erfahrung, die	*experience*	**Spielklasse, die**	*league*
Ergebnis, das	*result*	**Spielplatz, der**	*stadium*
Gesang, der	*chanting*	**Spielstätte, die**	*venue*
Konkurrenz, die	*competition*	**Stadion, das**	*stadium*
Liga, die	*league*	**Stimmung, die**	*mood*
Mangel, der	*lack*	**Vereinsfußball, der**	*soccer club*
Meisterschaft, die	*competition*	**Wandel, der**	*change*
Meistertrophäe, die	*champions' trophy*	**Zuschauer, der**	*fan*

Adjektive/Adverbien

anlässlich	*due to*	**knapp**	*barely*
ausverkauft	*sold out*	**lebendig**	*vibrant*
begeisternd	*thrilling*	**leistungstechnisch**	*in terms of performance*
beinahe	*almost*	**niedrig(er)**	*low(er)*
durchschnittlich	*on average*	**oberst**	*premier*
einzigartig	*unique*	**rückständig**	*behind its time*
früher	*formerly*	**spannend**	*exciting*
gefährdet	*in jeopardy*	**stark**	*strong*
horrend	*here: astronomical*	**teilweise**	*in part*
in puncto	*in terms of*	**vielversprechend**	*promising*
innerhalb	*within*		

Verben

anlocken	*to draw*	**gehören**	*to belong to*
bedeuten	*to mean*	**pilgern**	*to flock*
bieten	*to offer*	**verbannen**	*to ban*
erringen	*to claim*	**zunehmen**	*to increase*

Ausdrücke

an der Spitze stehen	*to be at the top*	**je mehr, desto**	*the more, the more*
auf sich aufmerksam machen	*to call attention to oneself*		

Attraktiver Fußball. Schnelles Spiel. Volle Stadien. Bunte Fankultur. Das ist die Faszination Bundesliga. Noch vor einigen Jahren war sie statisch, beinahe rückständig und im Vergleich zu den besten Europas chancenlos. Jetzt gehört sie zu den stärksten Ligen der Welt.

Es ist viel in der Eliteliga Fußballdeutschlands passiert. Im Ausland wusste man früher nicht viel über den europäischen Vereinsfußball. Heute ist Fußball ein attraktiver und hochklassiger Ballsport. Etablierte Weltklassespieler wie Arjen Robben und Franck Ribéry spielen hier. Vielversprechende Nachwuchshoffnungen wie Mario Götze, Thomas Müller oder André Schürrle machen weltweit auf sich aufmerksam. Jung, offensiv, erfolgreich. Mit einem Altersdurchschnitt von knapp unter 25 Jahren ist die Bundesliga eine der jüngsten obersten Spielklassen in ganz Europa. Dass dies keinen Mangel an Erfahrung bedeuten muss, zeigte schon der Fußballverein Borussia Dortmund, der mit einem sehr jungen Team begeisternden Offensivfußball spielt und viele Siege errungen hat.

Die höchste deutsche Spielklasse ist nicht nur finanziell, sondern auch leistungstechnisch homogener als viele andere Ligen Europas. Die Konkurrenz innerhalb der Liga nimmt zu. Die Saison wird immer spannender. In den letzten Jahren gab es immer wieder einige Überraschungen. Der FC Bayern ist immer noch das Topteam. Es gab aber auch schon vier andere Teams, die die Meistertrophäe in Form einer Schale gewannen. Underdogs wie Hannover 96 und der FSV Mainz 05 qualifizierten sich für internationale Meisterschaften. Die Bundesliga gehört heute zu den stärksten Ligen wie England und Spanien. Faszination Bundesliga. Das sind auch die Spielstätten, zu denen Fans und Besucher Woche um Woche, Spieltag um Spieltag pilgern. Die Stadien der höchsten deutschen Spielklasse gehören zu den größten und modernsten der Welt. Viele von ihnen wurden – teilweise anlässlich der FIFA Fußball Weltmeisterschaft 2006 – neu gebaut oder mussten renoviert werden.

Die Fußballstadien sind in Deutschland immer gut besucht und nur selten nicht ausverkauft. Durchschnittlich 46.000 Zuschauer kommen pro Spiel. Deutschland steht mit dem Ergebnis global an der Spitze. Eintrittskarten kosten nicht sehr viel. Die Preise für Tickets sind niedriger als bei der englischen Premier League oder der Serie A in Italien.

Trotz des kommerziellen Wandels in Europas Stadien hat der deutsche Fußball immer noch seine Identität. Je mehr Komfort die modernen Fußballtempel bieten und je mehr Zuschauer sie anlocken, desto gefährdeter sehen Fans die Identität ihres Vereins und seiner Fankultur. England ist ein Beispiel dafür, was man nicht tun sollte. Viele Vereine sind in den Händen ausländischer Investoren. Die frühere legendäre Fankultur ist durch horrende Eintrittspreise aus dem Stadion verbannt worden. Die Atmosphäre deutscher Spielplätze ist noch immer einzigartig. Die Stadionatmosphäre ist in puncto Stimmung, Choreografien und Fan-Gesängen Ausdruck einer lebendigen Fankultur.

14.1 Fragen zum Verständnis.

1. Was ist heute anders in der Bundesliga als vor ein paar Jahren?

2. War das Interesse am Fußball außerhalb von Europa früher anders?

3. Was hat sich geändert?

4. Was macht die Bundesliga besonders interessant?

5. Wofür ist Borussia Dortmund bekannt?

6. Warum ist die Bundesliga anders als andere Ligen Europas?

7. Welches Team ist das erfolgreichste in Deutschland?

8. Welche Konkurrenten hat die Bundesliga in Europa?

9. Was machen Fans und Besucher?

10. Was erfahren wir im Text über die Fußballstadien?

11. Warum sind die Spiele in Deutschland immer ausverkauft?

12. Was erfahren wir über die Fankultur in Deutschland?

14.2 Verbinden Sie die beiden Spalten.

1.	der Verein	a.	das Stadion
2.	der Nachwuchs	b.	der Fußball
3.	das Alter	c.	der Spieler
4.	das Spiel	d.	die Liga
5.	der Meister	e.	die Kultur
6.	der Eintritt	f.	das Spiel
7.	die Stätte	g.	die Karte
8.	der Fan	h.	die Trophäe
9.	die Elite	i.	die Klasse
10.	die Weltklasse	j.	der Durchschnitt
11.	der Fußball	k.	die Hoffnung
12.	der Tempel	l.	der Fußball
13.	die Atmosphäre	m.	das Stadion

14.3 Richtig oder falsch? Korrigieren Sie die falsche Aussage.

1. Die Bundesliga ist statisch, beinahe rückständig. R F

2. Das Ausland wusste immer alles über den europäischen Vereinsfußball. R F

3. Die Bundesliga ist eine der ältesten obersten Spielklassen in ganz Europa. R F

4. Borussia Dortmund spielt begeisternden Offensivfußball. R F

5. Die Bundesliga ist homogener als viele andere Ligen Europas. R F

6. Die Stadien der Bundesliga sind die größten und modernsten der Welt. R F

7. Die Fußballstadien in Deutschland sind selten ausverkauft. R F

8. Eintrittskarten kosten sehr viel. R F

9. Der deutsche Fußball hat immer noch seine eigene Identität. R F

10. Im Gegensatz zu England ist die Fankultur in Deutschland lebendig. R F

14.4 Setzen Sie das passende Verb in der richtigen Zeitform ein.

1. Die Bundesliga ____________ heute zu den besten Ligen der Welt.
2. Etablierte Weltklassespieler ____________ hier.
3. Nachwuchshoffnungen ____________ weltweit auf sich aufmerksam.
4. Der Fußballverein Borussia Dortmund ____________ schon, dass auch ein junges Team trotzdem gut sein kann.
5. In den letzten Jahren __________ es immer wieder Überraschungen.
6. Viele andere Teams __________________ schon die Meistertrophäe.
7. Deutschland ___________ mit dem Ergebnis der Zuschauerzahl an der Spitze in Europa.
8. Je mehr Komfort die modernen Fußballtempel __________ und je mehr Zuschauer sie _________, desto gefährdeter _____________ Fans die Identität ihres Vereins und seiner Fankultur.
9. Underdogs wie Hannover 96 und der FSV Mainz 05 _________________ sich für internationale Meisterschaften.
10. Durchschnittlich 46.000 Zuschauer ____________ pro Spiel.

14.5 Setzen Sie das richtige Nomen ein.

1. Jetzt gehört die Bundesliga zu den stärksten ___________ der Welt.
2. Die ________________ deutscher Spielplätze ist noch immer einzigartig.
3. Die ______________ sind in Deutschland immer gut besucht.
4. Die ____________ für Tickets sind niedriger als bei der englischen Premier League.
5. In den letzten Jahren gab es immer wieder einige ________________.
6. Die ________________ innerhalb der Liga nimmt zu.

7. Dass dies keinen Mangel an ________________ bedeuten muss, zeigte schon der Fußballverein Borussia Dortmund.

8. Die ____________ der höchsten deutschen Spielklasse gehören zu den größten und modernsten der Welt.

9. Die frühere legendäre ____________ ist durch horrende ________________ aus dem Stadion verbannt worden.

10. Mit einem ________________________ von knapp unter 25 Jahren ist die Bundesliga eine der jüngsten obersten Spielklassen in ganz Europa.

14.6 Verbinden Sie die beiden Spalten.

___1. Das sind auch die Spielstätten,	a. als bei den Konkurrenten.
___2. Dass dies keinen Mangel an Erfahrung bedeuten muss,	b. die die Meistertrophäe in Form einer Schale gewannen.
___3. Die Fußballstadien sind in Deutschland immer gut besucht	c. gehören zu den größten und modernsten der Welt.
___4. Die höchste deutsche Spielklasse ist nicht nur finanziell,	d. ist die Bundesliga eine der jüngsten obersten Spielklassen in ganz Europa.
___5. Die Preise für Tickets sind niedriger	e. und hat viele Siege errungen.
___6. Die Saison wird immer spannender,	f. viel über den europäischen Vereinsfußball.
___7. Die Stadien der höchsten deutschen Spielklasse	g. zu denen Fans und Besucher pilgern.
___8. Ein sehr junges Team spielt begeisternden Offensivfußball	h. sondern auch leistungstechnisch homogener als viele andere Ligen Europas.
___9. Es gab aber auch schon vier andere Teams,	i. weil die Konkurrenz innerhalb der Liga zunimmt.
___10. Im Ausland wusste man früher nicht	j. und nur selten nicht ausverkauft.
___11. Mit einem Altersdurchschnitt von knapp unter 25 Jahren	k. zeigte schon der Fußballverein Borussia Dortmund.

14.7 Setzen Sie die richtigen Adjektive/Adverbien ein.

1. ________________ Fußball.
2. ________________ Spiel.
3. ________________ Stadien.
4. ________________ Fankultur.
5. Jetzt gehört sie zu den ______________ Ligen der Welt.
6. Die Bundesliga ist eine der ___________ obersten Spielklassen in ganz Europa.
7. Die Atmosphäre ____________ Spielplätze ist noch immer einzigartig.
8. Ein sehr ______________ Team spielt __________________ Offensivfußball.
9. Viele Vereine sind in den Händen ___________________ Investoren.
10. Heute ist Fußball ein _______________ und _____________ Ballsport.

14.8 Zur Diskussion.

1. Ist die Fußball-Kultur mit der „Football" Kultur vergleichbar?
2. Was ist der Unterschied zwischen den beiden Sportarten?
3. Gehen Sie als Fan gerne zu den Spielen?
4. Haben Sie eine Lieblingsmannschaft?
5. Gibt es in Ihrem Land so etwas wie eine Bundesliga?

14.9 Zum Schreiben.

1. Informieren Sie sich im Internet über die Bundesliga.
2. Wann ist die Spielsaison? Wann werden die Spiele ausgetragen?
3. Wie viele Vereine gibt es in Deutschland?
4. Über welche Mannschaft schreibt die deutsche Presse am meisten? Geben Sie Beispiele.

15

Golf in Deutschland

Nomen

Abschlag, der	*stroke, tee-off*	**Meinungsbild, das**	*opinion*
Baustelle, die	*construction site*	**Mitgliedsbeitrag, der**	*membership dues*
Bewegung, die	*action*	**Regel, die**	*rule*
Durststrecke, die	*dry spell*	**Schlag, der**	*swing*
Einstellung, die	*disposition*	**Schläger, der**	*golf club*
Galionsfigur, die	*figurehead*	**Streben, das**	*pursuit*
Gesellschaft, die	*society*	**Verbreitung, die**	*spread*
Golfverband, der	*golf association*	**Wandlung, die**	*transformation*
Industriefläche, die	*industrial area*	**Ziel, das**	*target*
Kleidervorschrift, die	*dress code*	**Zugänglichkeit, die**	*accessibility*
Konzentration, die	*concentration*	**Zuwachs, der**	*growth*
Landschaft, die	*landscape*		

Verben

abstreifen	*to shed*	**entsagen**	*to renounce*
abtun	*to dismiss*	**erobern**	*to conquer*
ändern	*to change*	**greifen**	*to reach*
ansehen	*to view*	**verfallen**	*to become addicted*
begeistern	*to inspire*		
beitreten	*to join*	**wachsen**	*to grow*
beweisen	*to prove*	**wandeln**	*to transform*
einladen	*to invite*		

Adjektive/Adverbien

außerdem	*furthermore*	**erfolgreich**	*successful*
beliebt	*popular*	**ewig**	*eternal*
brachliegend	*idle*	**fest**	*set, fixed*
ehemalig	*former*	**ganz**	*entirely*
einfach	*simply*	**irgendwohin**	*somewhere*
einst	*once*	**mittlerweile**	*by now*
elitär	*elitist*	**reizvoll**	*attractive*
entscheidend	*decisive*	**stadtnah**	*close to the city*

verlassen	*abandoned*	**zunehmend**	*increasingly*
vorrangig	*primarily*		

Ausdrücke

auch wenn	*even if*	**trotz allem**	*in spite of everything*
das liegt daran	*that is because*		
die breite Masse	*mainstream*	**vor nicht allzu langer Zeit**	*not too long ago*
drauf und dran	*on the verge*		

Auch wenn Golf sein elitäres Image noch nicht ganz abstreifen konnte: Der Sport der Schönen und Reichen ist drauf und dran, in Deutschland die Massen zu erobern. Immer mehr verfallen dem reizvollen Mix aus Konzentrations- und Bewegungssport und dem ewigen Streben nach dem perfekten Schlag.

„Das ist doch kein Sport", „Ist doch nur für alte Leute", „Viel zu teuer". So hätten vor nicht allzu langer Zeit viele Deutsche Golf als uncooles Elitespiel abgetan. Doch das Meinungsbild hat sich geändert, denn der Golfsport hat in Deutschland in den letzten Jahren eine immense Wandlung unternommen und die Mitte der Gesellschaft interessiert sich jetzt auch für Golf. Das beweisen auch die Zahlen des Deutschen Golfverbands: Nach enormen Zuwächsen in den letzten Jahrzehnten gibt es mittlerweile in Deutschland rund 610.000 organisierte Golfer – damit hat Golf in Deutschland mehr Aktive als z.B. der Skisport.

Alte und neue Golfclubs haben begonnen, sich den breiten Massen zu öffnen. Immer mehr stadtnahe Driving Ranges laden dazu ein, nach der Arbeit oder dem Seminar noch den Abschlag zu trainieren.

Mit der größeren Zugänglichkeit wächst zunehmend die Akzeptanz des Golfsports in der deutschen Gesellschaft. Was einst uncool war, ist auf dem besten Wege cool zu werden. Das liegt auch daran, dass immer mehr Jugendliche Golf spielen. Außerdem hat Deutschland mit dem erfolgreichen Profigolfer Martin Kaymer nach langer Durststrecke endlich wieder eine Golf-Galionsfigur. Dass auch dies ein entscheidender Faktor für die Verbreitung eines Sports sein kann, zeigt das Beispiel Tennis. Als damals Boris Becker und Steffi Graf die Tenniswelt eroberten, wandelte sich auch der „Weiße Sport" zum Massensport, der Jung und Alt begeistern konnte.

Für diejenigen, die Golf trotz allem noch als „uncool" und elitär ansehen, aber dem Spaß des Spiels nicht entsagen wollen, gibt es den zunehmend beliebten Szenesport „Cross Golf". Hier wird Golf in die urbane Landschaft deutscher Großstädte transportiert, denn Cross Golfer machen die Stadt selbst zum Golfplatz. Auf verlassenen Baustellen oder brachliegenden Industrieflächen sucht man sich ein Ziel, nimmt den Schläger in die Hand und los geht's. Es gibt keine festen Regeln, Kleidervorschriften oder gar Mitgliedsbeiträge. Beim Cross Golf wird Golf auf das reduziert, was es sein sollte: Spaß.

15.1 Fragen zum Verständnis.

1. Wer spielte früher Golf in Deutschland?

2. Was hat sich da geändert?

3. Warum interessieren sich viele für diesen Sport?

4. Warum sah man Golf früher als „uncool" an?

5. Wie weiß man, dass der Golfsport sich geändert hat?

6. Was machen viele nach der Arbeit?

7. Wer spielt heutzutage Golf?

8. Was braucht ein Sport, um populär zu werden?

9. Was braucht man beim „Cross Golf"?

10. Was ist beim Cross Golf anders als beim normalen Golf?

15.2 Richtig oder falsch? Korrigieren Sie die falsche Aussage.

1. Golf ist in Deutschland ein Sport für die Reichen. R F

2. Man spielt Golf, weil man sich bewegen will. R F

3. Der perfekte Schlag ist eine Illusion. R F

4. Golf ist in Deutschland Elitesport. R F

5. Die Zahl der organisierten Golfer ist höher als beim Skisport. R F

6. Driving Ranges sind weit von der Stadt entfernt. R F

7. Jeder Sport braucht eine Galionsfigur. R F

8. Für den Cross Golfer ist der Golf „uncool". R F

9. Der Cross Golf hat feste Regeln und Kleidervorschriften. R F

15.3 Setzen Sie das richtige Nomen ein.

1. Beim Golf spielen gibt es auch viele ____________.
2. Boris Becker und Steffi Graf waren für den Tennis ____________________.
3. Cross Golf spielt man auf _____________ und ______________.
4. Das _____________________ über Golf als elitärer Sport hat sich geändert.
5. Die meisten Golfspieler suchen den perfekten ______________.
6. Die Mitte der _______________ interessiert sich heutzutage für Sport.
7. Es gibt keine ________. Man schlägt den Ball irgendwohin.
8. Golf spielen bedeutet für viele ____________ und ______________.
9. Golf wird immer beliebter und das beweisen auch die ___________ in den Statistiken.
10. Golfplätze sind stadtnah und die _______________ hat den Sport bei der breiten Masse beliebt gemacht.
11. Ohne einen Boris Becker erlebt jeder Sport eine ____________.
12. Viele junge Leute greifen zum __________ und gehen auf den Golfplatz.
13. Wenn man Mitglied werden will, muss man einen __________________ bezahlen.

15.4 Verbinden Sie die beiden Spalten.

___1.	Als damals Boris Becker und Steffi Graf die Tenniswelt eroberten,	a.	denn Cross Golfer machen die Stadt selbst zum Golfplatz.
___2.	Alte und neue Golfclubs haben begonnen,	b.	denn der Golfsport hat eine immense Wandlung unternommen.
___3.	Das liegt auch daran,	c.	als uncooles Elitespiel abgetan.
___4.	Das Meinungsbild hat sich geändert,	d.	dass immer mehr Jugendliche Golf spielen.
___5.	Der Sport der Schönen und Reichen ist drauf und dran,	e.	die Akzeptanz des Golfsports in der deutschen Gesellschaft.
___6.	Deutschland hat mit dem erfolgreichen Profigolfer Martin Kaymer	f.	wandelte sich auch der „Weiße Sport" zum Massensport.
___7.	Golf ist ein reizvoller Mix aus Konzentrations- und Bewegungssport	g.	ist auf dem besten Wege cool zu werden.
___8.	Hier wird Golf in die urbane Landschaft deutscher Großstädte transportiert,	h.	nach der Arbeit oder dem Seminar noch den Abschlag zu trainieren.
___9.	Immer mehr stadtnahe Driving Ranges laden dazu ein,	i.	nach langer Durststrecke endlich wieder eine Golf-Galionsfigur.
__10.	Mit der größeren Zugänglichkeit wächst zunehmend	j.	sich den breiten Massen zu öffnen.
__11.	Vor nicht allzu langer Zeit hätten viele Deutsche Golf	k.	und dem ewigen Streben nach dem perfekten Schlag.
__12.	Was einst uncool war,	l.	in Deutschland die Massen zu erobern.

15.5 Setzen Sie das richtige Adjektiv oder Adverb aus der Vokabelliste ein.

1. Die Akzeptanz des Golfsports in der deutschen Gesellschaft wächst ______________.
2. Driving Ranges sind meistens __________.
3. Der Golfsport war früher ein __________ Sport für die Reichen.
4. Heute ist er auch bei der breiten Masse sehr ___________.
5. Jeder Golfer sucht ________ nach dem perfekten Schlag.

6. Was _______ uncool war, ist heute bei den jungen Leuten cool.
7. Eine Galionsfigur ist ein ____________ Faktor für die Beliebtheit des Sports.
8. Profigolfer werden nach einigen Jahren sehr _________.
9. Cross Golf spielt man auf ________________ Industrieflächen und ___________ Baustellen.
10. Beim Cross Golf schlägt man den Ball ____________.

15.6 Setzen Sie das richtige Verb aus der Vokabelliste ein.

1. Sein elitäres Image konnte der Golf noch nicht ganz ______________.
2. Golf spielen hat jetzt die breite Masse _____________.
3. Viele __________ dem Golf und spielen mehrmals pro Woche. Golf ist wie eine Droge.
4. Viele Deutsche haben Golf als uncooles Elitespiel _________.
5. Die Statistiken ___________, dass Golf immer beliebter wird.
6. Die Driving Ranges in der Nähe der Stadt ________ die Golfer zum Spielen _____.
7. Es ist heute nicht mehr schwer, einem Golfclub beizutreten. Deshalb _________ auch die Akzeptanz des Golfsports in der deutschen Gesellschaft.
8. Früher war Golf Elitesport. Heute hat sich diese Meinung ____________.
9. Viele junge Leute __________ sich für den Golf.
10. Wenn man Golf als zu elitär ___________, kann man auch Cross Golf spielen.

15.7 Verbinden Sie die beiden Spalten.

1. die Industrie	a. die Figur
2. das Galion	b. das Bild
3. die Meinung	c. die Vorschrift
4. die Bewegung	d. der Verband
5. der Golf	e. der Beitrag
6. das Mitglied	f. die Stelle
7. der Bau	g. der Golf
8. der Durst	h. die Welt
9. die Kleider	i. der Sport
10. der Club	j. die Strecke

11. die Elite
12. der Profi
13. die Masse
14. der Sport
15. die Konzentration
16. der Platz
17. der Spieler
18. das Tennis

k. der Golf
l. die Fläche
m. der Golf
n. das Spiel
o. der Sport
p. die Szene
q. der Sport
r. der Golf

15.8 Zur Diskussion.

1. Interessieren Sie sich für Golf?
2. Gibt es in Ihrem Land Galionsfiguren, die den Sport populär gemacht haben?
3. Ist der Sport vorrangig ein Elitesport?
4. Wo finden internationale Golfturniere statt?
5. Welchen Rang hat Golf als Sport in Ihrem Land?
6. Ist der Sport sehr beliebt?
7. Welche Altersklasse spielt Golf?

15.9 Zum Schreiben.

Schreiben Sie eine kurze Zusammenfassung dieses Berichts.

III. Impressionen von Berlin

16

Freizeit und Entspannung in Berlin

Nomen

Anhänger, der	*fan*	**Gesang, der**	*chant, singing*
Anziehungspunkt, der	*center of attraction*	**Gleichgewichts-gefühl, das**	*sense of balance*
Areal, das	*vast open space*	**Laie, der**	*amateur*
Band, das	*tightrope*	**Liegewiese, die**	*lawn*
Bio-Eis, das	*organic ice cream*	**Mauerpark, der**	*„Wall Park"*
Bühne, die	*stage*	**Mauerweg, der**	*„Wall Trail"*
Ecke, die	*corner*	**Möglichkeit, die**	*possibility*
Eisdiele, die	*ice cream parlor*	**Spielplatz, der**	*playground*
Entspannung, die	*relaxation*	**Schatz, der**	*trinket*
Fahrradweg, der	*cycle path*	**Sonnenanbeter, der**	*sun lover*
Gebiet, das	*location*	**Todesstreifen, der**	*death strip*
Gelegenheit, die	*opportunity*	**Verpflegung, die**	*food*

Adjektive/Adverbien

bestimmt	*designated*	**mutig**	*courageous, brave*
bunt	*colorful*	**neugierig**	*curious*
ehemalig	*former*	**selbsternannt**	*self-proclaimed*
einige	*some*	**sogar**	*even*
fernab	*away from*	**sogenannt**	*so-called*
ganz	*entire, quite*	**überall**	*everywhere*
insbesondere	*particularly*	**unzählig**	*countless*
inzwischen	*meanwhile*	**verwinkelt**	*winding*

Verben

abtrainieren	*to work off*	**entspannen**	*to relax*
anbieten	*to offer*	**erkunden**	*to explore*
animieren	*to encourage*	**flanieren**	*to go for a stroll*
beklatschen	*to applaud*	**genießen**	*to enjoy*
beobachten	*to watch*	**sorgen für**	*to take care of*
sich eignen	*to be suitable*	**spannen**	*to stretch*

stöbern	*to poke around*	**üben**	*to practice*
treffen	*to meet*	**versammeln**	*to get together*

Ausdrücke

sich die Zeit vertreiben	*to while away the time*	**einen Spaziergang abrunden**	*to complete a walk*
fernab von	*away from*	**auf den Spuren**	*on the tracks*
die Sonne genießen	*to soak up the sun*	**sich lohnen**	*to be worthwhile*
		Sport treiben	*to do sports*

Berlin bietet unzählige Möglichkeiten, sich die Zeit zu vertreiben und zu entspannen. Der Mauerpark ist wie ein großer Spielplatz, nicht nur für Kinder. Für viele junge Leute und Erwachsene ist der Mauerpark, der auf dem ehemaligen Todesstreifen zwischen Ost- und Westberlin liegt, ein Anziehungspunkt am Sonntagvormittag. Denn hier trifft sich eine ganz bunte Mischung von Besuchern: Kreative, selbsternannte Künstler, Sänger, Sportler, neugierige Berliner und Touristen. Mütter mit ihren Kindern machen ein Picknick auf der Liegewiese und beobachten Fußballspieler beim Training. Am Sonntagnachmittag versammeln sich viele Besucher rund um die Bühne, um mutige Laien bei ihrem Karaoke-Gesang zu beklatschen. Andere stöbern auf dem Flohmarkt nach kleinen Schätzen, auf dem insbesondere Relikte aus DDR-Zeiten sehr beliebt sind.

Auch der Große Tiergarten lädt zum Entspannen und Flanieren ein. In der grünen Lunge Berlins kann man auf einem riesigen Areal Sport treiben. Der verwinkelte Park bietet auch die Gelegenheit, in einer stillen Ecke fernab von der Hektik der Metropole ein Picknick zu machen oder einfach die Sonne zu genießen. Auch die Königliche Gartenakademie in Dahlem lädt zum Spaziergang ein. Auf der Wiese vor dem Reichstag treffen sich auch viele Sonnenanbeter und Sportbegeisterte.

In bestimmten Gebieten der Stadt darf man auch grillen, wie in dem Großen Tiergarten, dem Monbijoupark oder dem Volkspark Friedrichshain. Zum Picknicken eignen sich auch der Tempelhofer Park, die Stralauer Halbinsel oder der Lustgarten vor dem Berliner Dom. Wer nicht selbst für die Verpflegung sorgen will, kann auch auf einem Restaurantschiff essen gehen, wie auf der MS Hoppetosse oder dem Patio bei der S-Bahn-Station Bellevue.

Auch Eisdielen laden überall zu einer kühlen Erfrischung ein. Viele Eisverkäufer bieten inzwischen auch exotische Sorten wie „Schoko-Chili" oder „Grüne[n] Tee" an. Besonders ein Spaziergang durch Prenzlauer Berg am Kollwitzplatz vorbei lässt sich durch eine Waffel Eis abrunden. Bio-Eis ist in einigen Bezirken sogar schon fast Standard.

Um das Eis wieder abzutrainieren, bietet Berlin Fahrradwege an, die dazu animieren, die Stadt per Fahrrad zu erkunden. Auf den Spuren des

Mauerwegs kann sich der Besucher auch noch historisch informieren. Wer einen schönen Blick genießen will, kann die Wege entlang des Wannsees mit dem Fahrrad erkunden.

Man kann auch im Park Sport treiben, wie zum Beispiel Frisbee, Tischtennis, Klettern oder Skaten. Läufer werden eine Tour entlang des Regierungsviertels bis zum Schloss Bellevue genießen. Aber auch das sogenannte Slacklining, bei dem ein Band zwischen zwei Bäumen gespannt wird und der Sportler dann darüber balanciert, wird immer beliebter unter jungen Sportlern. Man kann sie in vielen Parks beobachten. Es ist eine gute Möglichkeit, Gleichgewichtsgefühl und Koordination zu üben.

16.1 Fragen zum Verständnis.

1. Warum geht man in den Mauerpark?

2. Wo liegt der Mauerpark?

3. Warum ist er am Sonntagvormittag so beliebt?

4. Warum sind Liegewiesen so populär?

5. Warum schauen Besucher auf die Bühne?

6. Was kann man auf dem Flohmarkt erleben?

7. Wo kann man spazieren gehen?

8. Welcher Teil Berlin lädt zum Sport ein?

9. Wo lohnt es sich, ein Picknick zu machen?

10. Warum kann man viele Leute vor dem Reichstag sehen?

11. Wo kann man grillen?

12. Warum geht man in eine Eisdiele?

13. Warum gibt es so viele Fahrradwege?

14. Wie können die Besucher sich historisch informieren?

15. Was kann man mit dem Fahrrad am Wannsee erleben?

16. Wie erklärt der Text Slacklining?

17. Was will man mit Slacklining üben?

16.2 Setzen Sie das passende Nomen aus der Vokabelliste ein.

1. Weil sich hier am Sonntagvormittag die ganze Welt trifft, ist er ein besonderer ________________.
2. Man hat den Mauerpark um den ______________ herum gebaut, denn für die Ost- und West-Berliner hat der Park eine historische Bedeutung.
3. Kinder können auf ______________ spielen.
4. In den Parks gibt es große ____________, wo man Sport treiben kann.
5. In Berlin gibt es viele _______________, um sich zu entspannen.
6. Wenn man gerne in der Sonne liegt, ist eine _____________ ideal für den ______________.
7. Im Sommer sind die __________ sehr beliebt, denn wenn es heiß ist, kann man sich hier bei einem Eis abkühlen.
8. Beim Slacklining übt man vor allem das ______________________.
9. Auf den Flohmärkten kann man nach ______________ stöbern.
10. Wenn man Naturliebhaber ist, kann man auf den ___________________ viel erleben.

16.3 Setzen Sie das passende Verb aus der Vokabelliste ein.

1. Wenn man in der Eisdiele zu viel Eis gegessen hat, kann man es auch ____________.
2. Vor der Bühne ____________ sich viele Leute, um die Schauspieler zu ____________.
3. Sonnenanbeter ____________ sich auf der Wiese vor dem Reichstag.
4. Obwohl Berlin eine Großstadt ist, kann man sich hier in vielen Parks ____________.
5. Man geht auf den Flohmarkt, um hier nach Schätzen zu ____________.
6. In den Parks kann man Sportler beim Training ____________.
7. Gut ausgebaute Fahrradwege ____________ den Besucher, die Stadt per Fahrrad kennenzulernen.
8. Am Sonntagnachmittag ____________ die Berliner durch den großen Tiergarten.

16.4 Setzen Sie das richtige Adjektiv oder Adverb aus der Vokabelliste ein.

1. In Berlin gibt es ____________ Plätze, wo man sich erholen kann.
2. Im Mauerpark kann man ____________ Künstler erleben.
3. Eine kühle Erfrischung kann man ____________ in Eisdielen bekommen.
4. Die Berliner und Touristen schauen den Künstlern ____________ zu.
5. Die ____________ Mauer und der frühere Todesstreifen laufen durch den Mauerpark.
6. Da der Park sehr ____________ ist, kann man in totaler Stille ein Picknick machen.
7. An ____________ Stellen in Berlin kann man auch im Freien grillen.
8. _______ von der Hektik der Metropole kann man sich in dem Park erholen.

16.5 Verbinden Sie die beiden Spalten.

____1. Andere stöbern auf dem Flohmarkt nach kleinen Schätzen,	a. auf dem insbesondere Relikte aus DDR-Zeiten sehr beliebt sind.
____2. Auf der Wiese vor dem Reichstag treffen	b. in einer stillen Ecke ein Picknick zu machen.
____3. Berlin bietet gut ausgebaute Fahrradwege an,	c. der Mauerpark am Sonntagvormittag ein Anziehungspunkt.
____4. Berlin bietet unzählige Möglichkeiten,	d. die dazu animieren, die Stadt per Fahrrad zu erkunden.
____5. Der Mauerpark ist wie ein großer Spielplatz,	e. Gleichgewichtsgefühl und Koordination zu üben.
____6. Der verwinkelte Park bietet auch die Gelegenheit,	f. kann die Wege entlang des Wannsees mit dem Fahrrad erkunden.
____7. Es ist eine gute Möglichkeit,	g. nicht nur für Kinder.
____8. Für viele junge Leute und Erwachsene ist	h. sich auch viele Sonnenanbeter und Sportbegeisterte.
____9. Mütter mit ihren Kindern machen ein Picknick auf der Liegewiese	i. sich die Zeit zu vertreiben und zu entspannen.
____10. Viele Besucher versammeln sich rund um die Bühne,	j. um mutige Laien bei ihrem Karaoke-Gesang zu beklatschen.
____11. Wer einen schönen Blick genießen will,	k. und beobachten Fußballspieler beim Training.

16.6 Zur Diskussion.

1. Wie vertreiben Sie sich die Zeit?
2. Gibt es in Ihrer Stadt Anziehungspunkte, wo man Freunde und Bekannte trifft?
3. Was machen Sie am Wochenende?
4. Ist das Picknick in Ihrem Land genauso populär wie in Deutschland?
5. Gibt es in Großstädten Fahrradwege?
6. Wie kann man am besten eine Stadt kennenlernen?
7. Was können Naturliebhaber in Ihrem Land machen?

16.7 Zum Schreiben.

Schreiben Sie einen kurzen Bericht (*report*), was in diesem Text kulturell anders ist als in Ihrem Land.

17

Baden und Planschen in Berlin

Nomen

Angebot, das	*offer*	**Liegestuhl, der**	*lounge chair*
Badesee, der	*bathing lake*	**Möglichkeit, die**	*opportunity*
Bootsverleih, der	*boats for rent*	**Schwimmbecken, das**	*swimming pool*
Decke, die	*blanket*	**Sprungturm, der**	*diving platform*
Freibad, das	*outdoor swimming pool*	**Strandkorb, der**	*wicker beach chair*
		Taucherbrille, die	*diving goggles*
Grünanlage, die	*green spaces*	**Trubel, der**	*hustle and bustle*
Hängematte, die	*hammock*	**Umgebung, die**	*surroundings*
Liegefläche, die	*sunbathing area*	**Wasserrutsche, die**	*water slide*

Verben

sich abkühlen	*to cool off*	**erreichen**	*to reach*
abschalten	*to unwind*	**genießen**	*to relish, enjoy*
aufsuchen	*to visit*	**planschen**	*to splash*
ausbreiten	*to spread*	**tauchen**	*to dive*
baden	*to swim*	**wagen**	*to venture*
erleben	*to experience*	**wippen**	*to swing*

Adjektive

angrenzend	*neighboring*	**stilecht**	*true to the original style*
echt	*real*		
entfernt	*away*	**unberührt**	*unspoiled*
entspannt	*relaxed*	**verschieden**	*different*
gemütlich	*leisurely*	**zahlreich**	*numerous*
insgesamt	*in total*	**ziemlich**	*rather*
sorglos	*carefree*		

Ausdrücke

auf seine Kosten kommen	*to get one's money's worth*	**Sport treiben**	*to work out*

Wer glaubt, er muss dem heißen Wetter in der Stadt entkommen, um sich abzukühlen, wird in Berlin und Umgebung zahlreiche Möglichkeiten zum Schwimmen, Baden, Tauchen und Planschen finden. In Berlin gibt es viele Freibäder. Unter den Bäumen kann man hier Picknick-Decken ausbreiten und dann den Sprung ins Wasser wagen. Man kann die Wasserrutsche nehmen oder vom Sprungturm springen. Im Sand oder auf der Wiese ist es gemütlich. Jeder kann das Richtige in Berlin finden.

Wer sich in einem Pool erfrischen will, entspannt in der Hängematte wippen möchte oder gern in einem Liegestuhl bequem liegt, sollte in das Treptower Badeschiff an der Arena gehen. Das Schwimmbecken bietet noch ein besonderes Highlight: Es ist mitten in der Spree und bietet einen tollen Panoramablick auf die Oberbaumbrücke.

Wer etwas von Berlins multikulturellem Charme erleben will, sucht am besten das kühle Nass im Prinzenbad in Kreuzberg auf. Das Strandbad Wannsee dagegen ist ein Klassiker unter den öffentlichen Bädern: Seit mehr als 100 Jahren suchen die Berliner hier Erfrischung. Der Sandstrand ist länger als ein Kilometer. Es gibt Strandkörbe, eine Rutsche sowie Liegeflächen am Strand. Insgesamt können hier bis zu 30.000 Gäste den Sommer genießen. Wer nicht nur im Sand liegen will, kann auch sportlich aktiv werden: Man kann Beachvolleyball oder Fußball spielen. Es gibt auch einen Bootsverleih sowie verschiedene Angebote, auch kulinarisch auf seine Kosten zu kommen: stilecht natürlich mit Currywurst und Pommes.

Aber auch Naturliebhaber finden von der Hauptstadt ziemlich schnell einen Weg ins Grüne. Wälder, Parks und Grünanlagen sind nie weit entfernt. Wer sich lieber in einem echten See statt im Schwimmbecken erfrischen will, kann in wenigen Minuten einen Badesee erreichen. Der Müggelsee, der Zeuthener See, der Tegeler See und der Schlachtensee bieten Bademöglichkeiten im Freien an. Hier kann man in grüner Idylle vom Großstadttrubel abschalten. Wer wirklich allein in der Natur sein möchte, findet im angrenzenden Brandenburg zahlreiche unberührte und stille Seen, die dazu einladen, die Natur zu genießen.

17.1 Fragen zum Verständnis.

1. Was kann man in Berlin machen, wenn man sich abkühlen will?

2. Wohin legt man die Decken?

3. Welche Möglichkeiten gibt es, um ins Wasser zu kommen?

4. Wo kann man es sich gemütlich machen?

5. Warum ist das Treptower Badeschiff besonders attraktiv?

6. Warum sollte man in das Prinzenbad in Kreuzberg gehen?

7. Warum ist das Strandbad Wannsee ein Klassiker?

8. Was kann man hier machen, wenn man gerne Sport treibt?

9. Was essen die Leute gern, wenn sie Hunger haben?

10. Was kann man tun, wenn man die Natur liebt?

11. Gibt es außer den Freibädern auch andere Bademöglichkeiten?

12. Was kann man in der Natur tun?

17.2 Setzen Sie das richtige Nomen aus der Vokabelliste ein.

1. Auf den Wiesen kann man auf einer ___________ in der Sonne liegen.
2. Viele wollen den _________________ hinter sich lassen und einfach abschalten.
3. Es gibt viele __________________ in Berlin, wie man den Sommer genießen kann.
4. Wenn man mit einem Boot fahren will, muss man zum _________________.
5. Die Berliner gehen gern in die __________, wo sie sich entspannen können.
6. Außerhalb der Großstadt gibt es keine Swimming Pools, sondern ___________.
7. An einem langen Strand sitzen die Berliner in ______________.
8. Wenn man ins Wasser will, kann man entweder mit einer ____________ ins Wasser oder vom ____________ springen.

17.3 Setzen Sie das richtige Verb aus der Vokabelliste ein.

1. Wenn es zu heiß ist, __________ sich der eine oder andere in das kühle Nass.
2. Unter den Bäumen kann man seine Decke _______________.
3. Mit einer Taucherbrille __________ viele gerne unter dem Wasser.
4. Wenn man in Berlin ___________ gehen will, gibt es viele verschiedene Möglichkeiten.
5. In der freien Natur, weit entfernt von der Stadt, kann man ___________.
6. Im Wasser kann man sich sehr schnell ___________.
7. Den Sommer kann man im Stadtzentrum, in den Parks oder auch an Badeseen ___________.
8. Wenn es sehr heiß ist, ________ viele Berliner die Freibäder _____.
9. Die kleinen Kinder können auch einfach nur _____________.

17.4 Setzen Sie das richtige Adjektiv oder Adverb aus der Vokabelliste ein.

1. In einer Hängematte kann man ____________ wippen.
2. Am Strand kann man ____________ in der Sonne liegen.
3. Beim Bootsverleih kann man ____________ eine Curry-Wurst essen.
4. Die Badeseen sind relativ weit von der Stadt ___________.
5. In Berlin gibt es ______________ Freibäder.
6. In dem ________________ Brandenburg gibt es auch noch _______________ Seen.
7. Im Sommer ist es in Berlin _______________ heiß.

17.5 Richtig oder falsch? Korrigieren Sie die falsche Aussage.

1. In Berlin gibt es viele Möglichkeiten, um sich abzukühlen. R F

2. Auf den Wiesen breitet man die Picknick-Decke aus. R F

3. Das Freibad liegt mitten in der Spree. R F

4. Das Strandbad Wannsee hat einen multikulturellen Charme. R F

5. Im Prinzenbad kann man Beachvolleyball oder Fußball spielen. R F

6. Außerhalb von Berlin gibt es keine Bademöglichkeiten. R F

17.6 Verbinden Sie die beiden Spalten.

___1. Aber auch Naturliebhaber finden von der Hauptstadt	a. bietet einen tollen Panoramablick auf die Oberbaumbrücke.
___2. Es ist mitten in der Spree und	b. entspannt in der Hängematte wippen.
___3. Man kann die Wasserrutsche	c. kann auch sportlich aktiv werden.
___4. Man kann sich in einem Pool erfrischen oder	d. gibt es zahlreiche Möglichkeiten zum Schwimmen und Baden im Freien.
___5. Unter den Bäumen kann man hier Picknick-Decken ausbreiten	e. nehmen oder vom Sprungturm springen.
___6. Wenn man dem heißen Wetter in der Stadt entkommen will,	f. sucht am besten das kühle Nass im Prinzenbad in Kreuzberg auf.
___7. Wer etwas von Berlins multikulturellem Charme erleben will,	g. und dann den Sprung ins Wasser wagen.
___8. Wer nicht nur im Sand liegen will,	h. ziemlich schnell einen Weg ins Grüne.

17.7 Zur Diskussion.

1. Gibt es in Ihrer Stadt Freibäder, wo man schwimmen und sich erholen kann?
2. Ist das Interesse groß, im Freien schwimmen zu gehen?
3. Gibt es in Ihrer Stadt Grünanlagen, wo die Menschen spazieren gehen können?
4. Was macht man in Ihrer Stadt, wenn man Sport treiben will?
5. Sind die Freizeitmöglichkeiten in Berlin anders als in Ihrer Stadt?
6. Welches Freibad in Berlin finden Sie am besten?
7. Warum kann man in Deutschland sorglos in Badeseen schwimmen gehen?

17.8 Zum Schreiben.

1. Suchen Sie im Internet die Freibäder, die in diesem Text aufgeführt sind. Machen Sie eine Liste der Freibäder und stellen Sie sie individuell vor.
2. Machen Sie auch eine Liste von allen Grünanlagen in Berlin, wo man abschalten kann.
3. Wo kann man außerhalb von Berlin baden oder abschalten?

18

Sommer in der deutschen Metropole

Nomen

Aktionsfläche, die	*promotion area*	**Gegensatz, der**	*opposite, contrast*
Anschluss, der	*connection*	**Hinterhof, der**	*backyard*
Aufzählung, die	*list*	**Lagerhalle, die**	*warehouse*
Ausflugsdampfer, der	*tour boat*	**Pilgerziel, das**	*pilgrimage site*
Ausspruch, der	*statement*	**Umbruch, der**	*radical change*
Ausstellung, die	*exhibition*	**Unikat, das**	*unique prints*
Eigenschaft, die	*characteristic*	**Weltenbummler, der**	*globetrotter*
Freibad, das	*public swimming pool*	**Zusammenstellung, die**	*compilation*
		Zustrom, der	*influx*

Verben

abreißen	***here**: to ebb or let up*	**genießen**	*to enjoy*
		reichen	*to be enough*
sich abspielen	*to take place*	**schippern**	*to sail*
anlocken	*to attract*	**gestalten**	*to give an identity*
aufdrehen	*to crank up*	**stöbern**	*to rummage*
bezeichnen	*to describe*	**stürzen**	*to plunge*
entstehen	*to emerge*	**verkünden**	*to proclaim*
erkunden	*to explore*	**verschwinden**	*to disappear*
fungieren	*to function*	**zutrauen**	*to trust*
gelten	*to be considered*		

Adjektive/Adverbien

angesagt	*hip*	**verfallen**	*derelict*
fast	*almost*	**vorrangig**	*primarily*
geeignet	*suitable*	**weitläufig**	*spread out*
getrost	*safely*	**wie geschaffen**	*ideal, perfect*
horrend	*astronomical*	**zahlreich**	*numerous*
inzwischen	*meanwhile*	**zerfallen**	*dilapidated*
preiswert	*inexpensive*	**ziemlich**	*rather*
umgebaut	*converted*		

Ausdrücke

man macht es schwerer	*one makes it more difficult*	**die Zeit verbringen**	*to spend time*
		es lohnt sich	*it is worthwhile*
es empfiehlt sich	*it is recommended*	**von heute auf morgen**	*overnight*

Lange galt Deutschland als solide, gemütlich, provinziell. Cool und angesagt zu sein, war nicht die erste Eigenschaft, die man den Deutschen zutraute. Anders ist das in Berlin: Schon seit Jahren reißt der Zustrom an Kreativen, Künstlern und Wissenschaftlern aus aller Welt in die Metropole an der Spree nicht ab. Besonders im Sommer ist Berlin Pilgerziel vieler junger Leute aus der ganzen Welt.

Während es einem in London, New York und Amsterdam Weltenbummlern mit horrenden Lebenskosten immer schwerer gemacht wird, reicht es in Berlin, arm, aber sexy zu sein – wie ein inzwischen legendär gewordener Ausspruch des Bürgermeisters der Hauptstadt verkündet. Seitdem das amerikanische *Time Magazine* Berlin als „Europe's Capital of Cool" bezeichnete, kann man getrost die Eigenschaft „hip" in die Aufzählung der Attribute Berlins aufnehmen.

Berlin ist in fast allem das Gegenteil von anderen Metropolen der Welt: diese Großstadt ist preiswert, ziemlich direkt und unprätentiös. Vor allem ist sie aber unfertig. Und damit perfekt geeignet für junge Leute, die sich in die Kreativszene und das Nachtleben Berlins stürzen wollen. Die Stadt ist im permanenten Umbruch und kann noch gestaltet werden. Party-Locations entstehen und verschwinden wieder. Ein zerfallenes Haus fungiert als Aktionsfläche für eine Ausstellung und ist kurze Zeit später wieder nur eine verfallene Ruine.

Die jungen Berliner sagen, ihre Stadt sei nicht schön, aber cool. Im Gegensatz zu anderen Metropolen spielt sich das kulturelle Leben nicht vorrangig in repräsentativen Galerien, sondern in umgebauten Lagerhallen und improvisierten Hinterhöfen ab. Berlin hat auch kein richtiges Zentrum, in dem das Herz der Stadt schlägt. Jeder Bezirk hat seine eigene Identität mit einem eigenen Zentrum. Berlin ist die Zusammenstellung vieler kleiner Welten. Deshalb empfiehlt es sich, die Stadt per Fahrrad zu erkunden, da Berlin sehr weitläufig ist.

Besonders im Sommer lockt Berlin junge Leute und Party-Pilgerer an. Auch wenn Berlin keinen Anschluss ans Meer hat, bekommt man in den zahlreichen Strandbars und Freibädern sommerliche Gefühle. Ob man im Berliner Tiergarten grillt, auf dem Flohmarkt im Mauerpark nach Unikaten stöbert oder die Zeit am Spreeufer verbringt, Berlin ist für junge Leute wie geschaffen. Erst wenn hinter dem Regierungsviertel die Sonne untergegangen ist, drehen die DJs in den Berliner Clubs auf, und das Nachtleben erwacht.

Ob Sightseeing im Herzen der Metropole am Alexanderplatz, Kaffee trinken mit Blick auf die Museumsinsel oder schippern mit dem Ausflugsdampfer auf der Spree: Berlin hält im Sommer vielerlei Optionen für Besucher offen. Wer aktiv sein will, kann Beachvolleyball spielen oder die einzigartige Atmosphäre in einem der Freiluftkinos genießen. Ein Trip nach Berlin lohnt sich.

18.1 Fragen zum Verständnis.

1. Welchen Eindruck von Berlin hatten die Touristen früher?

2. Was traute man den Leuten früher nicht zu?

3. Was passiert seit Jahren in Berlin?

4. Warum ist Berlin besonders im Sommer so ein internationaler Magnet?

5. Was wird in den Metropolen der Welt immer teurer?

6. Warum ist es heute „hip“, in Berlin zu leben?

7. Warum ist die Stadt perfekt für junge Leute geeignet?

8. Wie schnell verändert sich das Gesicht der Stadt?

9. Wo findet das kulturelle Leben in anderen Metropolen statt?

10. Wie ist das in Berlin?

11. Wo ist das Zentrum von Berlin?

12. Wie kann man Berlin am besten kennenlernen?

13. Wo kann man den Sommer am besten erleben?

14. Warum ist Berlin ideal für junge Leute?

15. Was passiert nach Sonnenuntergang?

16. Welche Optionen hat der Besucher in Berlin?

18.2 Setzen Sie das richtige Nomen aus der Vokabelliste ein.

1. Jede Stadt hat ihre eigenen ________________, die die Touristen fasziniert.
2. Im Sommer gibt es einen großen ____________, denn Berlin ist eine Weltstadt.
3. Für junge Leute ist Berlin ein ___________.
4. Die ________________ verlassen New York und London und ziehen nach Berlin.
5. Berlin hat keinen _____________ an das Meer.
6. In Berlin gibt es kein Zentrum. Die Stadt ist eine ___________________ von Zentren.
7. Im Sommer kann man sich in den _______________ erfrischen.
8. Auf Flohmärkten kann man nach ____________ stöbern.
9. Für die Besucher gibt es _______________, mit denen man Berlin vom Wasser kennenlernen kann.

18.3 Setzen Sie das richtige Verb aus der Vokabelliste ein.

1. Der Zustrom an Besuchern ___________ im Sommer nicht ________.
2. Der Bürgermeister von Berlin hat ___________, dass es reicht, in Berlin arm, aber sexy zu sein.
3. Die jungen Leute ____________ sich nach dem Sonnenuntergang in das Nachtleben von Berlin.
4. Die Szene ändert sich schnell und dadurch __________ man das Gesicht der Stadt.
5. Party-Locations _________ und ________ von heute auf morgen.
6. Eine Ruine _________ manchmal als Ausstellungsfläche.
7. Das kulturelle Leben kann sich auch in Lagerhallen und Hinterhöfen ________.

8. Man sollte Berlin am besten mit dem Fahrrad ____________.
9. Wie ein Magnet _________ Berlin im Sommer junge Leute ______.
10. Auf den Flohmärkten ____________ viele Leute nach wertvollen Dingen.
11. Auf der Spree _________ die Ausflugsdampfer mit den Besuchern.
12. Den Sommer kann man auch an den Strandbars _____________.

18.4 Setzen Sie das richtige Adjektiv oder Adverb aus der Vokabelliste ein.

1. Heutzutage sind die Lebenskosten in den Weltmetropolen ______________.
2. Berlin ist unter jungen Leuten cool und ____________.
3. Der Ausspruch des Bürgermeisters der Hauptstadt ist ___________ legendär.
4. In Berlin kann man heute noch ___________ leben.
5. Die Stadt ist _____________ für junge Leute.
6. Partys können in ____________ Ruinen stattfinden.
7. Berlin erkundet man am besten mit dem Fahrrad, da die Stadt sehr ________________ ist.
8. Es gibt auch ____________ Strandbars.

18.5 Verbinden Sie die beiden Spalten.

___1. Auf dem Flohmarkt im Mauerpark sucht man danach,	a. aber dafür hat jeder Stadtteil seine eigene Identität.
___2. Berlin hat auch kein richtiges Zentrum,	b. erwacht das Nachtleben.
___3. Berlin ist preiswert und unprätentiös	c. kann Beachvolleyball spielen.
___4. Im Sommer gibt es viele junge Leute	d. kommen immer wieder nach Berlin.
___5. Im Sommer ist die Stadt das Reiseziel	e. was man gerne hätte.
___6. Internationale Künstler und Wissenschaftler	f. und deshalb ideal für junge Leute.
___7. Wenn hinter dem Regierungsviertel die Sonne untergeht,	g. und Party-Pilgerer in Berlin.
___8. Wer aktiv sein will,	h. vieler Touristen und junger Leute.

18.6 Zur Diskussion.

1. Ist das Leben in einer Metropole anders?
2. Was können Sie in Ihrer Stadt tun?
3. Warum möchten Sie eine Stadt wie Berlin besuchen?
4. Warum hat *Time Magazine* Berlin als „Europe's Capital of Cool" bezeichnet?

18.7 Zum Schreiben.

Besuchen Sie einen Stadtteil von Berlin ‚online'. Was können Sie dem Besucher hier empfehlen?

19

Party und Ausgehen in Berlin

Nomen

Anziehungskraft, die	*magnetism*	**Gegend, die**	*area*
Aussichtsterrasse, die	*observation deck*	**Künstler, der**	*artist*
Beliebtheit, die	*popularity*	**Siedepunkt, der**	*boiling point, peak*
Dachterrasse, die	*deck on top of the roof*	**Stimmung, die**	*atmosphere, mood*

Verben

anlocken	*to attract*	**erhellen**	*to brighten*
aufreihen	*to line up*	**erreichen**	*to reach*
beobachten	*to observe*	**verbringen**	*to spend*
entwickeln	*to develop*		

Adjektive/Adverbien

anders	*different*	**ganz**	*quite*
angesagt	*hip*	**gemütlich**	*cozy, relaxing*
atemberaubend	*breathtaking*	**üblich**	*customary*
beliebt	*popular*	**unzählige**	*countless*
bestimmt	*certain*	**verglast**	*made of glass*
durchzecht	*boozy*	**vor allem**	*above all*
erst	*only*		

Ausdrücke

zählen zu	*to be counted among*	**es hängt davon ab**	*it depends*
		auf den Beinen sein	*to be on one's feet*
die Stimmung erreicht den Siedepunkt	*the atmosphere reaches its peak or boiling point*	**unter freiem Himmel**	*under an open sky*

Berlin ist nicht nur die Hauptstadt der deutschen Politik, sondern auch das pulsierende Herz der Partyszene. Mehr als 200 Clubs bieten das Richtige für jeden Partygänger, ob Indie-, Rock-, Pop-, Dance-, Minimal- oder Electro-Liebhaber. Unzählige Kneipen und Cafés laden dazu ein, einen gemütlichen Sommerabend unter freiem Himmel zu verbringen. Das Berliner Nachtleben beginnt erst spät. Den Siedepunkt erreicht die Stimmung in vielen Berliner Clubs erst bei Sonnenaufgang; erst nach Mitternacht sollte man in die Clubszene gehen. Es gehört zum Berliner Partystil, bis weit in den Morgen zu tanzen und dann vor dem Schlafenlegen noch frühstücken zu gehen.

Angesagte Clubs gibt es vor allem in den Stadtteilen Mitte, Kreuzberg, Friedrichshain und Prenzlauer Berg. Mehrere Clubs sind legendär und werden von internationalen Medien zu den angesagtesten Clubs der Welt gezählt. Diese Clubs sind das ganze Jahr lang sehr beliebt. Bestimmte Clubs entwickeln im Sommer aber eine ganz besondere Anziehungskraft. Clubs, die direkt am Wasser liegen, sind besonders im Sommer attraktiv. Zahlreiche Clubs haben auch Aussichtsterrassen, von denen man einen tollen Blick über die erwachende Stadt hat. Man kann nach einer durchtanzten Nacht beobachten, wie die ersten Sonnenstrahlen das Stadtbild erhellen.

Beliebte Clubs sind vor allem solche, die durch ihren originellen Charme viele Besucher anlocken. Bei einigen können Partygänger durch eine komplett verglaste Front nach draußen schauen oder im Sommer auf eine atemberaubende Dachterrasse gehen.

Bei jungen Partytouristen ist auch besonders die Gegend um die Warschauer Straße und vor allem die Simon-Dach-Straße beliebt, wo sich unzählige Bars aufreihen. Nach einer durchzechten Nacht ist es in Berlin üblich, am folgenden Tag bis in die Abendstunden das Frühstück in einem Café einzunehmen. Wer gerne in der Atmosphäre von Künstlern und jungen Kreativen isst, wird die Gegend um den Kollwitzplatz in Prenzlauer Berg ganz toll finden.

19.1 Fragen zum Verständnis.

1. Woran denkt man, wenn man an Berlin denkt?

2. Was bietet Berlin Besuchern, die gerne abends ausgehen?

3. Was ist im Sommer besonders attraktiv?

4. Wann erreicht das Nachtleben seinen Höhepunkt?

5. Was ist der Berliner Partystil?

6. Wo kann man die coolsten Clubs finden?

7. Sind diese Clubs nur in der Sommersaison geöffnet?

8. Was ist so anders in einigen Clubs?

9. Was kann man machen, wenn man die ganze Nacht auf den Beinen war?

19.2 Setzen Sie das richtige Nomen aus der Vokabelliste ein.

1. Wenn gewisse Lokale viele Leute anlocken, dann haben sie eine große ________________.
2. Die ____________ in den Kneipen, Bars und Clubs ist in der Großstadt anders.
3. Das Nachtleben beginnt erst spät und deshalb ist der ______________ erst in den frühen Morgenstunden.
4. Einige Clubs sind ganz oben auf Hochhäusern und dort gibt es eine _______________, von der man ganz Berlin erleben kann.
5. Die __________ einiger Lokalitäten hängt davon ab, wie „hip" sie bei den jungen Leuten sind.

19.3 Setzen Sie das richtige Adjektiv oder Adverb aus der Vokabelliste ein.

1. Von den Aussichtsterrassen hat man einen ________________ Blick auf Berlin.
2. In einigen Straßen reihen sich __________ Kneipen nebeneinander.
3. ______ am frühen Morgen ist der Siedepunkt erreicht.
4. Viele Leute haben ______________ Clubs, wo sie gerne hingehen.
5. Nach einer _________________ Nacht geht man in die Cafés, um zu frühstücken.
6. Nicht alle Clubs sind bei der Klientele __________.

19.4 Verbinden Sie die beiden Spalten.

___1. Beliebte Clubs sind vor allem solche,	a. einen gemütlichen Sommerabend unter freiem Himmel zu verbringen.
___2. Berlin ist nicht nur die Hauptstadt der deutschen Politik,	b. die durch ihren originellen Charme viele Besucher anlocken.
___3. Clubs, die am Wasser liegen,	c. geht man am folgenden Tag zum Frühstück in ein Café.
___4. Es gehört zum Berliner Partystil bis weit in den Morgen zu tanzen	d. sind besonders im Sommer attraktiv.
___5. Man kann nach einer durchtanzten Nacht beobachten,	e. sondern auch das pulsierende Herz der Partyszene.
___6. Mehrere Clubs sind legendär	f. und dann vor dem Schlafenlegen noch frühstücken zu gehen.
___7. Nach einer durchzechten Nacht	g. und werden von internationalen Medien zu den angesagtesten Clubs der Welt gezählt.
___8. Unzählige Kneipen und Cafés laden dazu ein,	h. von denen man einen tollen Blick über die erwachende Stadt hat.
___9. Zahlreiche Clubs haben auch Dachterrassen,	i. wie die ersten Sonnenstrahlen das Stadtbild erhellen.

19.5 Setzen Sie das richtige Verb aus der Vokabelliste ein.

1. Viele Besucher ___________ die Sommerabende in Clubs, die direkt am Wasser liegen.
2. Früh am Morgen kann man _____________, wie die Großstadt langsam erwacht.
3. Bestimmte Clubs ___________ für ihre Besucher eine besondere Anziehungskraft.
4. Wenn die Sonne in den frühen Morgenstunden aufgeht, __________ sie die Stadt.
5. Das pulsierende Herz der Partyszene ________ jeden Abend viele Partygänger ________.
6. Die Stimmung ___________ den Siedepunkt des Nachtlebens erst in den frühen Morgenstunden.

19.6 Zur Diskussion.

1. Wann beginnt das Nachtleben in Ihrer Stadt?
2. Waren Sie schon einmal in einer Großstadt?
3. Wie kann man das pulsierende Herz einer Stadt erleben?
4. Wie wichtig ist Ihnen das Nachtleben?

19.7 Zum Schreiben.

1. Suchen Sie im Internet die Berliner Stadtteile Mitte, Kreuzberg, Friedrichshain und Prenzlauer Berg. Welche Clubs sind hier sehr cool?
2. Schauen Sie sich auch die Warschauer Straße und die Simon-Dach-Straße an. Welche Informationen können Sie über das Nachtleben herausfinden?

IV. Fabeln

20

Der Fuchs und die Katze

Jacob Grimm (1785–1863) & Wilhelm Grimm (1786–1859)

Nomen

Ast, der	*branch*	**Kunst, die**	*skill*
Bartputzer, der	*whisker cleaner*	**List, die**	*trick*
Blatt, das	*leaf*	**Mäusejäger, der**	*mouse hunter*
Hochmut, der	*pride*	**Narr, der**	*fool*
Hungerleider, der	*starveling*	**Wipfel, der**	*treetop*

Verben

angeben	*to show off*	**in Schach halten**	*to keep in check*
aufbinden	*to untie*	**lehren**	*to teach*
begegnen	*to encounter*	**packen**	*to grab or seize*
betrachten	*to look at*	**springen**	*to leap, jump*
entgehen	*to escape, outsmart*	**steckenbleiben**	*to be stuck*
		sich unterstehen	*to dare*
festhalten	*to cling*	**sich verstecken**	*to hide*
geschehen	*to be done*	**zurechtkommen**	*to manage*

Adjektive/Adverbien

angeberisch	*pretentious*	**geschickt**	*skilled*
armselig	*pitiful*	**geschmeichelt**	*flattered*
außerdem	*furthermore*	**hochmütig**	*arrogant*
bescheiden	*modest*	**klug**	*smart*
bunt	*colorful*	**welterfahren**	*worldly-wise*
eigentlich	*actually*		

Ausdrücke

sich lustig machen über jemanden *to make fun of somebody*
hinter jemandem her sein *to be after somebody*
jemandem leid tun *to feel sorry for somebody*

20.1 Setzen Sie die Infinitive in die Vergangenheit.

Eine Katze ________ (begegnen) im Wald dem Herrn Fuchs und weil sie ______ (denken): „*Er ist so klug und welterfahren, und andere halten so viel von ihm*“, so ________ (sprechen) sie freundlich zu ihm: „*Guten Tag, lieber Herr Fuchs, wie geht es Ihnen? Wie kommt Ihr zurecht in dieser schweren Zeit?*“ Der Fuchs ____________ (betrachten) die Katze voller Hochmut vom Kopf bis zu den Füßen. Er _________ (wissen) lange nicht, ob er eine Antwort geben ________ (sollen). Endlich _______ (sprechen) er: „*O Du armseliger Bartputzer, Du bunter Narr, Du Hungerleider und Mäusejäger, was glaubst du, wer du bist? Du unterstehst Dich zu fragen, wie es mir geht? Was hast Du gelernt? Wie viele Künste verstehst Du?*“ „*Ich verstehe nur eine einzige*“, ______________ (antworten) bescheiden die Katze. „*Was ist das für eine Kunst?*“, ___________ (fragen) der Fuchs. „*Wenn die Hunde hinter mir her sind, so kann ich auf einen Baum springen und mich retten*“. „*Ist das alles?*“, __________ (sagen) der Fuchs. „*Ich bin Herr über hundert Künste und habe außerdem noch einen ganzen Sack voller Listen. Du tust mir leid, komm mit mir; ich will Dich lehren, wie man Hunden entgeht*“. Als er noch so __________ (sprechen), da ____________ (kommen) ein Jäger mit vier Hunden daher. Die Katze _________ (springen) geschickt auf einen Baum und _________ (setzen) sich in den Wipfel, wo man sie vor lauter Ästen und Blättern nicht sehen ___________ (können). „*Bindet den Sack auf, Herr Fuchs, bindet den Sack auf*“, __________ (rufen) ihm die Katze zu, aber die Hunde ________ (haben) ihn schon gepackt und ___________ (halten) ihn fest. „*Ei, Herr Fuchs*“, _______ (rufen) die Katze, „*Ihr bleibt mit Euren hundert Künsten stecken. Hättet Ihr heraufspringen können wie ich, so wäre es nicht um Euer Leben geschehen*“.

20.2 Fragen zum Verständnis.

1. Wo trifft die Katze den Fuchs?

2. Warum will sie mit ihm sprechen?

3. Wie reagiert der Fuchs auf ihre Frage?

4. Wie präsentiert der Fuchs sich?

5. Warum glaubt der Fuchs klüger zu sein?

6. Wohin springt die Katze?

7. Wo versteckt sich die Katze?

8. Was ruft die Katze dem Fuchs zu?

9. Was wäre passiert, wenn der Fuchs auf den Baum gesprungen wäre?

20.3 Richtig oder falsch? Korrigieren Sie die falsche Aussage.

1. Die Katze will mit dem Fuchs sprechen, weil er alles weiß. R F

2. Der Fuchs fühlt sich geschmeichelt. R F

3. Die Katze mag den Fuchs, weil er so nett zu ihr spricht. R F

4. Die Katze gibt nicht an, sondern sagt, was sie kann. R F

5. Der Fuchs ist sehr hochmütig und angeberisch. R F

6. Die Katze klettert auf einen Ast und versteckt sich. R F

7. Die Katze macht sich über den Fuchs lustig. R F

20.4 Setzen Sie das passende Verb aus der Vokabelliste ein.

1. Eine Katze __________ einem Fuchs im Wald.
2. Sie will wissen, wie der Fuchs ____________.
3. Der Fuchs ________ gerne an und will die Katze etwas _______.
4. Der Fuchs ist ein listiges Tier und sagt, dass er nur seinen Sack ____________ muss, um seine Tricks zu zeigen.
5. Als der Jäger mit seinen Hunden kommt, _________ die Katze ganz schnell auf einen Baum.
6. Die Hunde _________ den Fuchs in Schach, während die Katze alles vom Wipfel des Baumes ____________.
7. Die hundert Künste helfen dem Fuchs schließlich doch nicht, denn er _______ mit ihnen _______.
8. Der Fuchs reagiert voller Hochmut, weil die Katze sich ________, ihn zu fragen, wie es ihm gehe.
9. Die Katze __________ sich im Wipfel eines Baumes.
10. Wäre der Fuchs auf den Baum ______________, wäre er den Hunden ____________.

20.5 Setzen Sie das passende Adjektive/Adverb aus der Vokabelliste ein.

1. Der Fuchs hat eine sehr hohe Meinung von sich und deshalb reagiert er so __________.
2. Der Fuchs fühlt sich sehr ___________.
3. Die Katze reagiert sehr ______________ auf die hundert Künste des Fuchses.
4. Die Katze will mit dem Fuchs sprechen, weil alle Welt weiß, dass er ______ und ______________ ist.
5. Es gibt nicht nur einfarbige Katzen, sondern auch ________.
6. Wenn die Hunde hinter ihr her sind, springt sie ____________ auf einen Baum.

20.6 Setzen Sie das passende Nomen aus der Vokabelliste ein.

1. Der Fuchs glaubt, dass die Katze nicht so klug sein kann wie er und deshalb denkt er, sie sei ein ________.
2. Der Fuchs hat eine sehr hohe Meinung von sich und reagiert voller ________ auf die Frage der Katze.

3. Der Fuchs hat einen Sack voller _______, um in der Natur zu überleben.
4. Der Fuchs nennt die Katze einen ____________, weil sie so abgemagert aussieht.
5. Die Katze kennt nur eine ________, um sich zu retten.
6. In den Bäumen verstecken sich Katzen gerne im ____________ des Baumes.
7. Katzen fangen gern Mäuse, und deshalb nennt der Fuchs die Katze einen ____________.
8. Katzen sind sehr geschickt und springen gern auf einen ________.
9. Katzen sind sehr sauber und putzen sich dauernd. Der Fuchs spricht deshalb von einem ___________.

20.7 Verbinden Sie die beiden Spalten.

___ 1.	Wenn du heraufspringst so wie ich,	a.	kommen schon die Jäger mit den Hunden.
___ 2.	Als er noch so spricht,	b.	ob er eine Antwort geben soll.
___ 3.	Die Katze springt auf einen Baum	c.	so springe ich auf einen Baum.
___ 4.	Wenn die Hunde hinter mir her sind,	d.	und halten ihn fest.
___ 5.	Ich bin Herr über hundert Künste	e.	und habe einen ganzen Sack voller Listen.
___ 6.	Die Hunde packen ihn	f.	und setzt sich in den Wipfel.
___ 7.	Du unterstehst Dich zu fragen,	g.	voller Hochmut vom Kopf bis zu den Füßen.
___ 8.	Er weiß lange nicht,	h.	wie es mir geht?
___ 9.	Der Fuchs betrachtet die Katze	i.	musst du dir keine Gedanken um dein Leben machen.

20.8 Zur Diskussion.

1. Warum hat der Fuchs keine Lust, sich mit der Katze zu unterhalten?
2. Was hat das deutsche Sprichwort ‚Hochmut kommt vor dem Fall‘ mit der Geschichte zu tun?

20.9 Zum Schreiben.

Schreiben Sie eine Zusammenfassung der Geschichte.

21

Von der Stadtmaus und der Feldmaus

Martin Luther (1483–1546)

Nomen

Armut, die	*poverty*	**Mäusefalle, die**	*mousetrap*
Augenblick, der	*moment*	**Nuss, die**	*nut*
Eichel, die	*acorn*	**Sorge, die**	*worry*
Gerste, die	*barley*	**Speise, die**	*food, meal*
Kammer, die	*room*		

Verben

besorgen	*to take care of*	**rumpeln**	*to make noise*
davonlaufen	*to run away*	**teilen**	*to share*
entscheiden	*to decide*	**vorschlagen**	*to suggest*
erschrecken	*to take fright*	**ziehen**	*to move*

Adjektive/Adverbien

allerlei	*all sorts of*	**gefährlich**	*dangerous*
auf und ab	*back and forth*	**schon**	*already*
bald	*soon*	**sicher**	*safe*
einfach	*easy*	**sorglos**	*without worry*
froh	*glad*		

Ausdrücke

vor Angst sterben	*to be frightened to death*	**keine Not haben**	*to have no worry*
		froh sein	*to be glad*
verloren geben	*to believe (something) to be lost*	**sich sicher fühlen**	*to feel safe*
		ist mir feind	*is my enemy*

21.1 Setzen Sie die Infinitive in die Vergangenheit.

Eine Stadtmaus __________ (geht) spazieren und ________ (kommen) zu einer Feldmaus. Die _______ (essen) Eicheln, Gerste, Nüsse und alles, was sie __________ (können). Aber die Stadtmaus ____________ (sprechen): *„Was willst du hier in Armut leben. Komm mit mir, ich will dir und mir allerlei köstliche Speise besorgen“.* Die Feldmaus _________ (ziehen) mit ihr hin in ein schönes Haus, worin die Stadtmaus __________ (wohnen), und sie _________ (gehen) in die Kammern, die voll von Fleisch, Speck, Würsten, Brot und Käse ________ (sein). Da ________ (sprechen) die Stadtmaus: *„Nun iss und sei froh. Solche Speisen kann ich jeden Tag essen“.* Da _________ (kommen) der Kellner und ________ (rumpeln) mit den Schlüsseln an der Tür. Die Mäuse _______ (erschrecken) und ______ (laufen) davon. Die Stadtmaus _____ (finden) bald ihr Loch, aber die Feldmaus _________ (wissen) nicht wohin. Sie _____ (laufen) die Wand auf und ab und _______ (geben) ihr Leben schon verloren. Als der Kellner wieder hinaus _____ (sein), _______ (sprechen) die Stadtmaus: *„Es hat nun keine Not, lass uns wieder froh sein“.* Die Feldmaus _______ (antworten): *„Für dich ist es einfach. Du weißt, wo dein Loch ist. Ich bin fast vor Angst gestorben. Ich will dir sagen, was meine Meinung ist: bleib du eine Stadtmaus und friss Würste und Speck, ich will ein armes Feldmäuslein bleiben und meine Eicheln essen. Du bist keinen Augenblick sicher vor dem Kellner, vor den Katzen, vor so vielen Mäusefallen, und das ganze Haus ist dir feind. Von alldem bin ich frei und bin sicher in meinem armen Feldlöchlein“.* Wer reich ist, hat viele Sorgen.

21.2 Fragen zum Verständnis.

1. Wen trifft die Stadtmaus auf ihrem Spaziergang?

2. Was schlägt die Stadtmaus der Feldmaus vor?

3. Wo wohnt die Stadtmaus?

4. Wo finden sie den Speck und das Brot?

5. Was sagt die Stadtmaus zu der Feldmaus?

6. Warum erschrecken die Mäuse?

7. Was macht die Feldmaus?

8. Warum will die Feldmaus nicht mehr in dem Haus bleiben?

21.3 Richtig oder falsch? Korrigieren Sie die falsche Aussage.

1. Die Stadtmaus trifft auf ihrem Spaziergang eine Feldmaus. R F

2. Die Stadtmaus will ihr Leben mit der Feldmaus teilen. R F

3. In den Kammern können sie sorglos allerlei essen. R F

4. Die Feldmaus macht sich Sorgen um ihr Leben. R F

5. Das Leben in der Stadt ist wie ein Leben im Paradies. R F

21.4 Setzen Sie das richtige Adjektiv oder Adverb aus der Vokabelliste ein.

1. In der Kammer gibt es ___________ Speisen zu essen.
2. Als der Kellner kommt, läuft die Feldmaus _____________.
3. Sie ist ______, als der Kellner den Raum wieder verlässt.
4. Für die Stadtmaus ist das Leben in dem Haus _________, weil sie es kennt.
5. Auf dem Feld fühlt sich die Feldmaus ________.
6. Die Feldmaus findet das Leben in dem Stadthaus __________.

21.5 Setzen Sie den richtigen Ausdruck aus der Vokabelliste ein.

1. Als der Kellner plötzlich das Zimmer betritt, glaubt die Feldmaus _____ Angst _______ zu müssen.
2. Sie gibt ihr Leben _________.
3. Wenn sie auf dem Feld lebt, muss sie ______ _________ haben.
4. Sie ist _______, als sie wieder auf ihrem Feld ist, weil sie die Gegend kennt.
5. Hier ________ sie sich _________.

21.6 Verbinden Sie die beiden Spalten.

___1. Sie gehen in die Kammern,	a. aber die Feldmaus weiß nicht wohin.
___2. Da kommt der Kellner	b. die voll von Fleisch, Speck, Würsten, Brot und Käse sind.
___3. Die Mäuse erschrecken	c. und begegnet einer Feldmaus.
___4. Die Stadtmaus findet bald ihr Loch,	d. und gibt ihr Leben schon verloren.
___5. Sie läuft die Wand auf und ab	e. und rumpelt mit den Schlüsseln an der Tür.
___6. Eine Stadtmaus geht spazieren	f. und sie laufen davon.
___7. Sie isst Eicheln, Gerste, Nüsse und alles,	g. vor den Katzen, vor so vielen Mäusefallen, und das ganze Haus ist dir feind.
___8. Die Feldmaus zieht mit ihr in ein schönes Haus,	h. was sie kann.
___9. Du bist keinen Augenblick sicher vor dem Kellner,	i. worin die Stadtmaus wohnt.

21.7 Zur Diskussion.

1. Warum folgt die Feldmaus der Stadtmaus?
2. Kann die Feldmaus jetzt ein sorgloses Leben führen?
3. Warum entscheidet die Feldmaus, dass ihr Leben auf dem Feld sicherer ist?
4. Was kann passieren, wenn man sein Leben verändern will?
5. Was ist die Moral von der Geschichte?

21.8 Zum Schreiben.

Was ist die Bedeutung des folgenden Idioms, und was hat es mit der Geschichte zu tun?

„Nachbars Kirschen sind immer süßer". (*The grass is always greener on the other side.*)

22

Man kann es nicht allen Leuten recht machen

Johann Peter Hebel (1760–1826)

Nomen

Esel, der	*donkey*	**Stock, der**	*stick*
Stange, die	*rod*	**Tierquäler, der**	*animal abuser*
Steinwurf, der	*stone's throw*	**Torheit, die**	*folly*

Verben

absteigen	*to get off*	**schimpfen**	*to scold*
befehlen	*to order*	**übrigbleiben**	*to remain behind*
herunterschlagen	*to beat down*	**verhöhnen**	*to mock*
hinausjagen	*to chase away*		

Adjektive/Adverbien

kräftig	*strong*	**unsinnig**	*nitwitted*
töricht	*dumb*		

Ausdrücke

Pfui	*ugh*

22.1 Setzen Sie die Infinitive in die Vergangenheit.

Ein Vater _________ (sprechen) zu seinem Sohne: *„Komm, lieber Sohn, ich will dir die Torheit der Welt zeigen"*. Damit _______ (ziehen) er seinen Esel aus dem Stall und sie ___________ (gehen) miteinander übers Feld, __________ (führen) den Esel an der Hand und ______________ (kommen) in ein Dorf. Da ______________ (laufen) die Bauern zusammen und _______ (rufen): *„Seht doch, welche Narren das sind. Führen den Esel an der Hand und keiner sitzt drauf"*.

Als sie nun das Dorf hinter sich _______ (haben), ________ (setzen) sich der Vater auf den Esel und der Sohn __________ (führen) das Tier an der Hand. Nach einer Weile ________ (kommen) sie in ein anderes Dorf. Da ________ (sprechen) die Bauern: „*Seht nur, der Alte reitet und der arme Junge muss zu Fuße nebenher laufen*".

Sie _________________ (ziehen) weiter und als sie vor das dritte Dorf _____________ (kommen), _____________ (absteigen) der Vater ________, _______ (lassen) den Sohn aufsitzen und _______ (führen) den Esel. Kaum _____ (sein) sie ins Dorf gekommen, da _______ (kommen) die Bauern herzu und ______ (rufen): „*Ei, der kräftige Junge reitet und lässt den armen alten Vater zu Fuß gehen*".

Wie sie nun ______________ (weiterreiten) und an das vierte Dorf __________ (kommen), ____________ (befehlen) der Vater seinem Sohne, dass er sich hinten auf den Esel setze und er _________ (nehmen) vor ihm Platz. So ____________ (reiten) sie beide ins Dorf. Da ___________ (kommen) aber die Bauern zusammengelaufen, ____________ (schimpfen) und ________ (schreien): „*Pfui über die Tierquäler. Sie sitzen alle beide auf dem Esel und wollen das arme Tier zu Tode reiten. Sollte man nicht einen Stock nehmen und beide herunterschlagen?*"

Als sie nun zum fünften Dorf _______ (kommen), ________ (sprechen) der Vater: „*Lieber Sohn, es bleibt uns nur noch eins übrig, nämlich dass wir dem Esel die Beine zusammenbinden, ihn über eine Stange hängen und ihn so tragen*". Und so _________ (tun) sie. Aber wie sie nun zum fünften Dorf ____________ (kommen), da ____________ (verhöhnen) die Leute sie, ________ (nennen) sie unsinnige Narren und ________ (hinausjagen) sie mit Steinwürfen zum Dorfe __________.

Da ________ (sprechen) der Vater zu dem Sohne: „*Siehst du nun, lieber Sohn, die Torheit der Welt? Wie wir es auch gemacht haben, so ist es niemand recht. Es ist eben unmöglich, es jedem recht zu machen. Darum tu du immer nur das, was du für recht hältst – und lass die Leute reden*".

22.2 Fragen zum Verständnis.

1. Was will der Vater seinem Sohn zeigen?

2. Wohin gehen sie mit dem Esel?

3. Warum machen die Bauern sich über die beiden lustig?

4. Wie reagieren die Bauern im zweiten Dorf?

5. Was macht der Vater im dritten Dorf?

6. Was machen die beiden in der vierten Version?

7. Was für eine Idee haben Vater und Sohn in der fünften Version?

8. Warum werden sie aus dem Dorf gejagt?

9. Welchen Rat gibt der Vater seinem Sohn?

22.3 Richtig oder falsch? Korrigieren Sie die falsche Aussage.

1. Der Esel geht vor ihnen in das Dorf. R F

2. Der Vater lässt seinen Sohn nebenher gehen. R F

3. Der Sohn sitzt auf dem Esel. R F

4. Sie wollen das arme Tier zu Tode reiten. R F

5. Vater und Sohn sind unsinnige Narren. R F

6. Es ist eben möglich, es jedem recht zu machen. R F

7. Man soll sich nicht um andere Leute kümmern. R F

22.4 Verbinden Sie die beiden Spalten.

___1.	Sie sitzen alle beide auf dem Esel	a.	verhöhnen die Leute sie.
___2.	Als sie nun das Dorf hinter sich haben,	b.	und er lässt den armen alten Vater zu Fuß gehen.
___3.	Beide führen den Esel an der Hand	c.	dass er sich hinten auf den Esel setze.
___4.	Vor dem dritten Dorf steigt der Vater ab,	d.	setzt sich der Vater auf den Esel.
___5.	Kaum sind sie ins Dorf gekommen,	e.	und jagen sie mit Steinwürfen zum Dorfe hinaus.
___6.	Als sie nun zum fünften Dorf kommen,	f.	und kommen in ein Dorf.
___7.	Tu du immer nur das,	g.	und lässt den Sohn aufsitzen.
___8.	Der kräftige Junge sitzt auf dem Esel	h.	und wollen das arme Tier zu Tode reiten.
___9.	Sie nennen die beiden unsinnige Narren	i.	was du für recht hältst.
___10.	Der Vater befiehlt seinem Sohn,	j.	als die Bauern anfangen zu schimpfen und zu schreien.

22.5 Zur Diskussion.

1. Warum geht der Vater mit seinem Sohn von Dorf zu Dorf?
2. Welche Erfahrung machen sie in jedem Dorf?
3. Was soll der Sohn aus der Reaktion der Bauern lernen?

22.6 Zum Schreiben.

Schreiben Sie eine kurze Zusammenfassung der Geschichte.

V. Märchen

23

Hans im Glück

Nomen

Braten, der	*roast*	**Lohn, der**	*wage*
Brunnen, der	*well*	**Metzger, der**	*butcher*
Bürgermeister, der	*mayor*	**Rand, der**	*edge*
Dieb, der	*thief*	**Scherenschleifer, der**	*scissors grinder*
Eimer, der	*bucket*	**Schlag, der**	*blow*
Goldstück, das	*piece of gold*	**Schleifer, der**	*grinder*
Graben, der	*ditch*	**Schleifstein, der**	*grindstone*
Karren, der	*cart*	**Schmerz, der**	*pain*
Klumpen, der	*lump*	**Stimme, die**	*voice*
Last, die	*burden*	**Wetzstein, der**	*whetstone*

Verben

anhalten	*to stop*	**eintauschen**	*to swap*
sich bemühen	*to try*	**einwilligen**	*to agree*
betrügen	*to dupe*	**erschrecken**	*to get scared*
binden	*to tie*	**erwischen**	*to catch*
daherkommen	*to come along*	**hinabbeugen**	*to bend down*
davongehen	*to walk away*	**tauschen**	*to switch*
davonziehen	*to go on one's way*	**vorwärtskommen**	*to make progress*
dienen	*to serve*	**wickeln**	*to wrap*
drücken	*to push*		

Adjektive/Adverbien

bedenklich	*apprehensive*	**saftig**	*succulent*
befreit	*relieved*	**schadhaft**	*damaged*
betäubt	*numbed*	**treu**	*faithful*
ernst	*serious*	**ungeschickt**	*clumsy*
fleißig	*diligent*	**vorteilhaft**	*favorable*
glücklicherweise	*luckily*	**zwar**	*admittedly*
prächtig	*magnificent*		

Ausdrücke

auf die Beine helfen	*to get back on one's feet*
den Kopf schütteln	*to shake one's head*
dir zuliebe	*to please you*
Gefallen haben	*to really like*
in die Arme fallen	*to embrace*
Rast machen	*to take a break*
von Herzen gern	*with pleasure*
vor sich hertreiben	*to drive before someone*
zu Boden stürzen	*to fall to the ground*

23.1 Setzen Sie die Infinitive in die Vergangenheit.

Hans _______ (haben) sieben Jahre bei seinem Herrn _______ (dienen), da ____________ (sagen) er eines Tages zu ihm: *„Herr, meine Zeit ist um, gebt mir meinen Lohn, ich möchte nach Hause zu meiner Mutter zurückkehren"*. Der Herr ____________ (antworten): *„Du hast treu und fleißig _________ (arbeiten). Wie deine Arbeit war, so soll dein Lohn sein"*. Und er _________ (geben) Hans ein großes Goldstück. Hans ___________ (wickeln) das Goldstück in ein Tuch und ____________ (legen) es sich auf die Schulter und ________________ (machen) sich auf den Heimweg. Da ________ (kommen) ihm ein Reiter entgegen. *„Ach"*, ___________ (sprechen) Hans ganz laut, *„was ist Reiten doch so schön. Da sitzt man hoch oben und kommt schnell vorwärts"*. Der Reiter ___________ (halten) sein Pferd an und _________ (rufen): *„Hallo Hans, warum gehst du zu Fuß und hast doch so schwer zu tragen?" „Ich muss ja wohl"*, _____________ (antworten) Hans. *„Ich muss einen schweren Klumpen Gold heimtragen". „Weißt du was"*, ________ (sagen) der Reiter, *„wir wollen tauschen. Ich gebe dir mein Pferd, und du gibst mir deinen Goldklumpen". „Von Herzen gern"*, ___________ (antworten) Hans. Der Reiter ________ (nehmen) das Gold, _________ (helfen) Hans auf das Pferd, und dieser _______ (reiten) – hopp, hopp – davon. Aber bald ________ (laufen) das Pferd so schnell, dass Hans sich nicht mehr im Sattel halten konnte und in einen Graben _________ (fallen).

Da _______ (kommen) ein Bauer daher, der eine Kuh vor sich her ___________ (treiben). Der Bauer ________ (helfen) Hans wieder auf die Beine. Hans ____________ (bedanken) sich und sagte: *„Das Reiten macht keinen Spaß, da finde ich Eure Kuh besser, die so schön langsam läuft. Und von einer Kuh hat man jeden Tag Milch, Butter und Käse". „Nun"*, ________ (sprechen) der Bauer, *„wenn du so großen Gefallen an meiner Kuh hast, so will ich sie dir gern für dein Pferd geben"*. Hans ______ (sagen) froh ja. Wenn ich ein Stück Brot habe, so kann ich nun immer Butter und Käse dazu essen, hab ich Durst, so melke ich meine Kuh und trinke Milch. Herz, was willst du mehr, _______ (denken) Hans und _______ (ziehen) mit der Kuh davon. Gegen Mittag _________ (brennen) die Sonne immer heißer, und Hans _____ (werden) sehr durstig. Also ________ (binden) er seine Kuh an einen Baum und _________ (bemühen) sich, die Kuh zu melken. Da er keinen Eimer _____ (haben), ______ (legen) er seine Ledermütze unter. Aber so sehr er sich auch _______ (bemühen), es _________ (kommen) kein Tropfen Milch. Und weil er so ungeschickt ______ (sein), ______ (geben) die Kuh ihm mit einem der Hinterfüße einen solchen Schlag vor den Kopf, dass er zu Boden _________ (stürzen) und vor Schmerz fast wie betäubt _____ (sein).

Glücklicherweise ___________ (kommen) gerade ein Metzger vorbei, der auf einem Karren ein junges Schwein ______________ (transportieren). *„Ach"*, ______________ (sagen) Hans, *„wer so ein Schwein hat, dem geht's wirklich gut. Wenn man es schlachtet, bekommt man einen saftigen Braten und viel gute Wurst"*. *„Einverstanden"*, _______ (sagen) der Metzger. *„Dir zuliebe will ich mein Schwein gegen deine Kuh tauschen"*. Hans ________ (ziehen) ganz glücklich weiter, weil alles nach seinen Wünschen ______ (gehen). Bald ___________ (begegnen) er einem Jungen, der eine große, schöne Gans unter dem Arm ___________ (tragen). Sie ___________ (machen) gemeinsam Rast, und Hans ________ (erzählen), wie er immer so vorteilhaft ______________ (tauschen) hatte. Aber der Junge _________ (schütteln) bedenklich den Kopf. *„Mit deinem Schwein ist wohl etwas nicht ganz richtig"*, _______ (sagen) er mit ernster Stimme.

„Im Dorf ist dem Bürgermeister ein Schwein aus dem Stall ________________ (stehlen) worden. Ich fürchte, du hast dieses Schwein ________ (eintauschen). Die Dorfleute suchen schon nach dem Dieb, und es wäre schrecklich für dich, wenn sie dich mit dem Schwein ___________ (erwischen)". Da _______ (erschrecken) Hans sehr. *„Hilf mir doch, nimm das Schwein und gib mir die Gans"*, _____________ (betteln) er. Der Junge __________ (einwilligen) _________ und ________ (gehen) rasch davon. Hans ______ (freuen) sich und _________ (denken): wie wird meine Mutter staunen, wenn sie die prächtige Gans sieht. Als er in das nächste Dorf ____________ (kommen), _______ (stehen) da ein Scherenschleifer mit seinem Karren, der ___________ (fragen) Hans: *„Wo hast du die schöne Gans __________ (kaufen)?"* Hans ____________ (antworten): *„Die habe ich nicht _______ (kaufen), sondern für ein Schwein ________ (eintauschen)". „Und das Schwein?" „Das habe ich für eine Kuh _______ (bekommen)". „Und die Kuh?" „Die habe ich für ein Pferd ________ (kriegen)". „Und das Pferd?" „Dafür habe ich einen großen Klumpen Gold ________ (geben)". „Und das Gold?" „Das _______ (sein) mein Lohn für sieben Jahre Arbeit"*.

„Wenn du deine Taschen immer voll Geld haben willst, so musst du dir einen Schleifstein kaufen und ein Schleifer werden. Da habe ich einen Wetzstein für dich, der ist zwar ein wenig schadhaft, aber ich will auch nicht mehr dafür als deine Gans". Hans ___________ (denken) nach: Habe ich immer Geld in der Tasche, so bin ich der glücklichste Mensch in der Welt. Er _____ (geben) dem Schleifer die Gans und _______ (nehmen) den Wetzstein. Weil Hans seit dem frühen Morgen weit ____________ (wandern) war, _______ (werden) er müde. Er ________ (setzen) sich an den Rand eines Brunnens, um auszuruhen und zu trinken. Den Wetzstein

________ (legen) er neben sich auf den Brunnenrand. Er____________ (beugen) sich ein wenig hinab, um zu trinken. Da _________ (fallen) der Wetzstein plötzlich in den Brunnen. Hans ____________ (springen) vor Freude auf. Er _____ (sein) so froh, dass er den schweren Stein nicht mehr schleppen _______ (müssen). „*Jetzt bin ich der glücklichste Mensch in der Welt, befreit von aller Last*", _________ (rufen) er erleichtert. Mit frohem Herzen __________ (laufen) er ganz schnell weiter, _________ (erreichen) bald sein Heimatdorf und _______ (fallen) seiner Mutter in die Arme.

23.2 Fragen zum Verständnis.

1. Warum will Hans zurück nach Hause?

2. Was ist sein Lohn für all die Jahre?

3. Was macht er mit dem Goldstück?

4. Warum findet er das Reiten so toll?

5. Was tauschen die beiden?

6. Warum fällt er von dem Pferd?

7. Warum ist eine Kuh besser als ein Pferd?

8. Warum tritt die Kuh ihn?

9. Warum tauscht er die Kuh gegen das Schwein?

10. Was sagt der Junge mit der Gans?

11. Warum setzt er sich an den Brunnen?

12. Was passiert, als er sich über den Brunnen beugt?

13. Warum ist er froh?

23.3 Richtig oder falsch? Korrigieren Sie die falsche Aussage.

1. Er erhält ein Stück Gold für seine harte Arbeit. R F

2. Er steckt das Goldstück in die Tasche. R F

3. Hans sieht nicht, dass der Reiter ihn betrügt. R F

4. Die Kuh gibt ihm Butter und Käse. R F

5. Der Metzger weiß, dass die Kuh mehr wert ist. R F

6. Nicht das Schwein ist gestohlen, sondern die Gans. R F

7. Der Wetzstein ist mehr wert als die Gans. R F

8. Hans ist ohne die Last wieder sehr glücklich. R F

23.4 Setzen Sie das richtige Nomen aus der Vokabelliste ein.

1. Hans arbeitet sieben lange Jahre und dann bekommt er seinen __________.
2. Er bekommt ein ___________ von seinem Herrn.
3. Das Pferd reitet so schnell, dass er in einen _______________ fällt.
4. Da er keinen _________ hat, nimmt er seine Ledermütze.
5. Die Kuh gibt ihm einen __________ auf den Kopf.
6. Der Mann, der Schweine schlachtet, ist ein ____________.

7. Der Bürgermeister sucht nach dem __________, der das Schwein gestohlen hat.
8. Der Scherenschleifer schleift Scheren an einem ____________________.
9. Am Brunnen verliert Hans seine ______________.

23.5 Setzen Sie das richtige Adjektiv oder Adverb aus der Vokabelliste ein.

1. Hans dient seinem Herrn immer _________ und ____________.
2. Er kann die Kuh nicht melken, weil er sehr ________________ ist.
3. Er ist von dem Schlag der Kuh wie __________.
4. Wenn man ein junges Schwein schlachtet, dann ist der Braten sehr ____________.
5. Hans glaubt, dass der Tausch sehr __________________ ist und gibt ihm die Kuh.
6. Der Junge mit der Gans ist sehr _________, denn er sagt, dass das Schwein gestohlen worden ist.
7. Der Scherenschleifer hat einen ___________________ Wetzstein, den er Hans gibt.
8. Hans ist jetzt glücklich und __________, denn er hat keine Last mehr.

23.6 Verbinden Sie die beiden Spalten.

___1. Hans arbeitet all die Jahre treu und fleißig	a. dass er den schweren Stein nicht mehr schleppen muss.
___2. Hans wickelt das Goldstück in ein Tuch	b. dass Hans sich nicht im Sattel halten kann.
___3. Der Reiter gibt ihm sein Pferd	c. will ich sie dir gern für dein Pferd geben.
___4. Das Pferd läuft aber so schnell,	d. der eine Kuh vor sich her treibt.
___5. Da kommt ein Bauer daher,	e. kann ich immer Butter und Käse dazu essen.
___6. Wenn du so großen Gefallen an meiner Kuh hast,	f. der auf einem Karren ein junges Schwein transportiert.
___7. Wenn ich ein Stück Brot habe,	g. legt er seine Ledermütze unter die Kuh.
___8. Gegen Mittag brennt die Sonne immer heißer,	h. tritt ihn die Kuh mit einem ihrer Hinterfüße vor den Kopf.

____9. Da er keinen Eimer hat,	i. um auszuruhen und zu trinken.
___10. Weil er so ungeschickt ist,	j. und deshalb bekommt er jetzt seinen Lohn.
___11. Glücklicherweise kommt gerade ein Metzger vorbei,	k. und Hans gibt dem Reiter seinen Goldklumpen.
___12. Hans zieht glücklich weiter,	l. und Hans wird sehr durstig.
___13. Bald begegnet er einem Jungen,	m. und legt es sich auf die Schulter.
___14. Wie wird meine Mutter staunen,	n. weil alles nach seinen Wünschen geht.
___15. Er ist so froh,	o. wenn sie die prächtige Gans sieht.
___16. Er setzt sich an den Rand eines Brunnens,	p. der eine große, schöne Gans unter dem Arm trägt.

23.7 Zur Diskussion.

1. Warum will Hans immer alles tauschen?
2. Warum sieht er den Wert (*value*) des Goldes nicht?
4. Warum ist alles, was er besitzt, eine Last für ihn?
5. Warum ist er am Ende glücklich?
6. Wie passt das Ende der Geschichte zum Titel?

23.8 Zum Schreiben.

Beschreiben Sie, was Hans auf dem Weg nach Hause alles erlebt.

24

Die Seejungfrauen

Nomen

Aufschlagen, das	*splash*	**Nebelschleier, der**	*veil of mist*
Besitz, der	*property*	**Röhricht, das**	*reeds*
Fang, der	*catch*	**Schilfrohr, das**	*reed*
Fischreichtum, der	*fish population*	**See, der**	*lake*
Fläche, die	*surface*	**Seegrund, der**	*bottom of the lake*
Fluch, der	*curse*	**Spur, die**	*trace*
Gabel, die	*trident*	**Stange, die**	*staff, rod*
Gier, die	*greed*	**Strand, der**	*beach*
Hausgesinde, das	*servants*	**Tat, die**	*deed*
Kahn, der	*small boat*	**Übeltäter, der**	*culprit*
Klagelied, das	*dirge*	**Ufer, das**	*bank*
Knirschen, das	*grinding*	**Wasserfee, die**	*water nymph*
Leib, der	*body*	**Wasserspiegel, der**	*water surface*
Natter, die	*viper*	**Wels, der**	*catfish*

Verben

abheben	*to stand out*	**greifen**	*to reach*
aufteilen	*to split up*	**klagen**	*to worry*
auslachen	*to laugh at*	**lenken**	*to steer*
beschuldigen	*to accuse*	**reißen**	*to rip*
emportauchen	*to emerge*	**vermuten**	*to surmise*
entkommen	*to escape*	**versinken**	*to bog down*
entstehen	*to result*	**vertreiben**	*to chase away*
erbeben	*to shake*	**zerreißen**	*to rip apart*
erklingen	*to resound*	**zurückkehren**	*to return*
fangen	*to catch*	**zustoßen**	*to stab out*
die Schuld geben	*to blame somebody*		

Adjektive/Adverbien

anmutig	*charming*	**höhnisch**	*mocking*
beschuppt	*scaled*	**ruchlos**	*heinous*
blank	*smooth*	**schmackhaft**	*tasty*
blindlings	*at random*	**taub**	*deaf*
erschöpft	*exhausted*	**unersättlich**	*insatiable*
flehentlich	*pleadingly*	**unerschöpflich**	*inexhaustible*
flüsternd	*whispering*	**versumpft**	*marshy*
freigebig	*generous*	**verwaist**	*orphaned*
geheimnisvoll	*mysterious*	**wohlhabend**	*prosperous*
geizig	*stingy*	**wütend**	*furious*
habgierig	*greedy*	**zahlreich**	*numerous*
heulend	*howling*	**zerrissen**	*ripped*

24.1 Setzen Sie die Infinitive in die Vergangenheit.

Die Seejungfrauen am Neusiedler See _________ (sein) schöne Wasserfeen. Sie __________ (haben) ihr Zuhause in den zahlreichen geheimnisvollen Schilfrohrinseln, deren Grün sich überall von dem blanken Wasserspiegel __________ (abheben).

Vor langer Zeit ____________ (leben) in einem Seedorf ein reicher, doch geiziger Fischer. Täglich kehrte er mit seinem schmackhaften Fang ans Ufer zurück. Doch der Fang __________ (sein) ihm einfach zu klein. Er ____________ (legen) also mehr Netze aus und selbst die kleinsten Fische __________ (können) ihm nicht entkommen.

Da er jeden Tag _____________ (ausfahren), hatte er den Fischreichtum des Sees bald erschöpft. Der habgierige Fischer ______________ (suchen) die Schuld jedoch nicht bei sich, sondern er ________________ (beschuldigen) die Wasserfeen. „Wehe den Seejungfrauen! Sie haben mir die Fische ____________ (vertreiben)".

Als er eines Tages den Strand entlang _______________ (fahren), ____________ (sehen) er ein zerrissenes Netz. Voll Zorn ________ (greifen) er nach seiner Fischgabel, um sie dem Übeltäter, einem Wels, wie er ____________ (vermuten), in den beschuppten Leib zu stoßen. Aber plötzlich ________ (tauchen) aus den Wellen eine anmutige Wasserfee empor: „Lass mich frei, Fischer", ______ (bitten) sie flehentlich. „Sieben Tage und Nächte schon bin ich im Netz gefangen. Ich bin die Seefrau, meine Kinder weinen nach mir". Höhnisch __________ (lachen) der Fischer. „Freilassen? Das kannst du dir aus dem Kopf schlagen! Zuerst die Fische verjagen und dann noch das Netz zerreißen! Da hast du, Fischräuberin!" Blindlings __________ (zustoßen) er mit der Fischgabel ___.

Sterbend ________ (heben) die Seefrau ihre weiche Hand. „Sei verdammt für deine ruchlose Tat! Nie mehr sollst du die Deinen wiedersehen!" Ihre weiße Gestalt __________ (sinken) unter und auf der Wasserfläche

__________ (ringeln) sich ihre Haarflechten wie goldgelbe Nattern. Der Seegrund _________ (erbeben), eine rabenschwarze Nacht ______ (bringen) herein, und ein Sturmwind _________ (reißen) den Fischer und seinen Kahn in das offene Wasser hinaus.

Vergeblich ____________ (warten) das Hausgesinde auf die Rückkehr seines Herrn. Als sich auch nach Monaten keine Spur des Vermissten ___________ (zeigen), __________ (aufteilen) es seinen Besitz unter sich ___________ und ______________ (verlassen) sein Haus. Mit der Zeit _________ (werden) das Dach des Hauses morsch und die Mauern des Hauses _____________ (versinken) im versumpften Uferboden.

Wenn an stillen Abenden feine Nebelschleier über das flüsternde Röhricht gleiten, hört man vom See her das Aufschlagen und Knirschen einer Fischerstange. Es ist der verdammte Fischer, der mit müder Hand seinen Kahn lenkt und nicht von der Stelle kommt. Und immer wieder erklingt das Klagelied der verwaisten Seejungfrauen.

24.2 Fragen zum Verständnis.

1. Aus welchem Land kommt diese Geschichte? Wo ist der Neusiedler See?

2. Wo wohnt der Fischer?

3. Was macht er täglich?

4. Warum ist er ein wohlhabender Mann?

5. Warum gibt es eines Tages immer weniger Fische im See?

6. Wem gibt er die Schuld?

7. Was sieht er eines Tages in der Nähe des Strandes?

8. Worum bittet sie den Fischer?

9. Warum stößt er die Seefrau nieder?

10. Was sagt die Seefrau, bevor es stirbt?

11. Wie reagiert die Natur auf diese ruchlose Tat?

12. Was passiert mit dem Fischer?

13. Was kann man an stillen Abenden hören?

24.3 Richtig oder falsch? Korrigieren Sie die falsche Aussage.

1. Wasserfeen und Fischer lebten vor langer Zeit am Neusiedler See. R F

2. Der Fischer ist sehr freigebig mit seinem Geld. R F

3. Der Fischreichtum im See ist unerschöpflich. R F

4. Eines Tages wirft er sein Netz aus und fängt eine Wasserfee. R F

5. Ein starker Wind versinkt den Fischer und sein Boot. R F

6. Wenn es neblig ist, hört man, wie der Fischer an Land kommt. R F

24.4 Setzen Sie das passende Nomen aus der Vokabelliste ein.

1. Der Fischer wohnt am ______ des Sees.
2. Jedes Mal, wenn er ausfährt, kommt er mit reichem ________ zurück.
3. Der ____________ im See erschöpft sich mit der Zeit.
4. Leider ist die ________ nach Geld so groß, dass es immer weniger Fische gibt.
5. Eines Tages findet er eine Wasserfee in einem seiner __________.

6. Die Wasserfee spricht einen ______ aus, als er sie mit der Fischgabel tötet.
7. Plötzlich wird es dunkel und der _________ erbebt.
8. Im Nebel glaubt man, man könne eine ________________ hören.

24.5 Setzen Sie das richtige Adjektiv oder Adverb aus der Vokabelliste ein.

1. Wenn man viel Geld hat und keinem Menschen etwas gibt, dann ist man __________.
2. Wenn man viel im Leben arbeitet und immer gut verdient, dann ist man ____________.
3. Wenn man nie genug hat und immer etwas haben will, ist man _______________.
4. Wenn man nicht hören will, was andere sagen, hat man ___________ Ohren.
5. Wenn man sich über einen anderen Menschen sehr ärgert, ist man _____________.
6. Wenn der Wind sehr stark wird, hört man einen ____________________ Wind.
7. Wenn man sich über jemand lustig macht, ist man __________________.
8. Wenn es windstill ist, sieht der See ________ wie ein Spiegel (*mirror*) aus.

24.6 Setzen Sie das passende Verb aus der Vokabelliste ein.

1. Die Wasserfee ___________ flehentlich, dass der Fischer sie nach Hause lässt.
2. Der Sturmwind __________ den Fischer und seinen Kahn aufs offene Wasser hinaus.
3. Der Fischer glaubt, dass die Wasserfeen seine Fische _____________.
4. Eines Tages ____________ eine Wasserfee aus einem seiner Netze ____________.
5. Höhnisch ___________ der Fischer die Wasserfee ___________.
6. Er __________ mit der Fischgabel ___ und tötet sie.
7. Nach seiner ruchlosen Tat _________ der Seegrund.
8. Zu Hause _________ das Hausgesinde vergeblich auf den Fischer.

24.7 Verbinden Sie die beiden Spalten.

___1. Da er jeden Tag ausfährt,	a. in den zahlreichen geheimnisvollen Schilfrohrinseln.
___2. Der Seegrund erbebt,	b. und seinen Kahn in das offene Wasser hinaus.
___3. Er legt also mehr Netze aus,	c. Seedorf ein reicher, doch geiziger Fischer.
___4. Es ist der verdammte Fischer,	d. hört man vom See her das Knirschen einer Fischerstange.
___5. Ihre weiße Gestalt sinkt unter,	e. sondern bei den Wasserfeen.
___6. Sie haben überall ihr Zuhause	f. hat er den Fischreichtum des Sees bald erschöpft.
___7. Ein Sturmwind reißt den Fischer	g. das Klagelied der verwaisten Seejungfrauen.
___8. Vor langer Zeit lebte in einem	h. der mit müder Hand seinen Kahn lenkt.
___9. Wenn an stillen Abenden feine Nebelschleier über das flüsternde Röhricht gleiten	i. und eine rabenschwarze Nacht bricht herein.
___10. Der habgierige Fischer sucht die Schuld nicht bei sich,	j. und auf der Wasseroberfläche ringeln sich ihre Haarflechten.
___11. Und immer wieder erklingt	k. und selbst die kleinsten Fische können ihm nicht entkommen.
___12. Das Hausgesinde teilt seinen Besitz unter sich auf	l. und verlässt sein Haus.

24.8 Zur Diskussion.

1. Was für ein Mann ist der Fischer?
2. Ist materieller Reichtum (riches) wichtig im Leben?
3. Wie verstehen wir den Fluch der Wasserfee?

24.9 Zum Schreiben.

Schreiben Sie eine Zusammenfassung.

25

Undank ist der Welt Lohn

Nomen

Drache, der	*dragon*	**Maul, das**	*mouth*
Erlöser, der	*redeemer*	**Rat, der**	*advice*
Fels, der	*rock*	**Richter, der**	*judge*
Hühnerhof, der	*henhouse*	**Stange, die**	*rod, pole*
Lärm, der	*noise*	**Steinlawine, die**	*rock avalanche*
Loch, das	*hole*	**Undank, der**	*ingratitude*
Lohn, der	*reward*		

Verben

begegnen	*to encounter*	**heben**	*to lift*
behandeln	*to treat*	**hinauskriechen**	*to crawl out*
beklagen	*to complain*	**jammern**	*to wail*
bitten	*to beg*	**meinen**	*to say*
dienen	*to serve*	**schlagen**	*to hit*
entscheiden	*to decide*	**spalten**	*to split*
erwidern	*to reply*	**stören**	*to bother*
flüstern	*to whisper*	**treffen**	*to meet*
fortkommen	*to get away*	**überlisten**	*to trick*

Adjektive/Adverbien

ehrlich	*honest*	**lahm**	*crippled*
erstaunt	*surprised*	**schlau**	*sly*
gerechtfertigt	*justified*	**überallhin**	*all over*
inbrünstig	*fervently*	**wiederum**	*again*

Ausdrücke

Undank ist der Welt Lohn.	*Ingratitude is the world's reward.*	**Aller guten Dinge sind drei.**	*All good things come in threes.*
		bei Seite nehmen	*to take aside*

25.1 Setzen Sie die Infinitive in die Vergangenheit.

Ein Mann ________ (gehen) einmal in den Wald, um Holz zu spalten. Er _______ (spalten) lange und _______ (kommen) immer weiter in den Wald hinein. Endlich ________ (kommen) er an einen Platz, wo er einen großen Lärm ________ (hören). *„Was ist das?"* _______ (sagen) der Mann erstaunt. *„Ich höre einen großen Lärm. Was ist da los?"* Er ______ (suchen) überall und ______ (finden) bald einen großen Drachen, der unter einem großen Felsen _______ (liegen) und der nicht fortkommen ________ (können). *„Ach, lieber Mann"*, _______ (sagen) der Drache, *„hilf mir, bitte, bitte. Ich bin hier schon hundert lange Jahre"*. Der Mann _____________ (antworten): *„Es ist schade, dass du da unter dem Felsen liegen musst. Ich will dir helfen"*. Der Mann ___________ (nehmen) eine lange Stange und mit viel Mühe ________ (können) er den großen Stein heben, und der arme Drache ______ (kriechen) hinaus. Da ______ (sein) der arme Drache glücklich, wieder frei zu sein, aber da er seit hundert Jahren nichts ________ (fressen) hatte, _______ (haben) er einen sehr großen Hunger. Er _________ (sehen) überallhin, aber er ________ (können) nichts als seinen Erlöser sehen. Er _______ (sein) dankbar, aber auch sehr hungrig. Endlich ______ (meinen) der hungrige Drache: *„Da ich nichts anderes zu fressen finde, so werde ich dich fressen müssen, obwohl du mich befreit hast"*. *„Ach"*, _____ (bitten) der Mann, *„das ist doch nicht recht, Drache, ich habe dich ja befreit. Ich habe dir viel Gutes getan. Du kannst doch nicht so undankbar sein"*. *„Ach"*, ______ (erwidern) der Drache, *„Undank ist der Welt Lohn"*, und er ______ (machen) sein großes Maul auf, um den Mann zu fressen. Der Mann ______ (bitten) aber so inbrünstig um sein Leben, dass der Drache endlich ______ (sagen): *„Nun, guter Mann, wir wollen zusammen durch den Wald gehen. Wir werden bald jemandem begegnen, der soll entscheiden, ob ich dich fressen kann oder ob ich dich frei gehen lassen soll"*.

Der Mann und der Drache ________ (gehen) zusammen durch den Wald. Bald _________ (begegnen) sie einem Hund. *„Da ist ein Hund. Der soll entscheiden"*, ______ (sagen) sie beide. Sie _______ (kommen) zu dem Hund und ______ (fragen): *„Ist es recht, dass der Drache seinen Erlöser frisst oder soll er vor Hunger sterben?"* *„Das weiß ich nicht"*, ________ (antworten) der alte Hund traurig. *„Ich habe meinem Herrn ehrlich gedient, seitdem ich ein sehr kleiner Hund war. Nachts habe ich immer gewacht, so dass niemand seine Ruhe _____ (stören); aber jetzt, da ich alt bin und schlecht hören und nicht gut sehen kann, will er mich töten. Deshalb bin ich fortgelaufen. Er ist sehr undankbar, aber Undank ist der Welt Lohn"*. *„Ja, das ist der Welt Lohn. Niemand ist dankbar, so brauche ich auch nicht dankbar zu sein"*, ________ (sagen) der Drache zu dem Manne. *„Ich habe Recht und werde dich sofort fressen"*. Der Drache ________ (springen) nach dem Mann und ________ (wollen) ihn fressen, aber der Mann ________ (bitten) wieder so inbrünstig, dass der Drache wiederum _______ (sagen): *„Nun, wir wollen weitergehen. Der Hund ___________ (können) kaum sehen. Vielleicht kann ein alter Hund nicht gut entscheiden. Wir wollen durch den Wald gehen. Wir begegnen sicher jemandem, der besser entscheiden kann"*.

Sie _______ (gehen) beide weiter und bald ________ (begegnen) sie einem alten, lahmen Pferd. „*Pferd*“, _______ (rufen) der Drache, „*Pferd, komm hierher und entscheide, ob ich meinen Erlöser fressen soll oder ob ich vor Hunger sterben soll?*“ Das lahme Pferd _________ (antworten): „*Nun, ich kann nicht entscheiden. Ich habe meinem Herrn ehrlich jahrelang gedient. Ich habe den ganzen Tag gearbeitet und jetzt, da ich alt und lahm bin, sagt der Herr, dass ich nichts mehr wert bin und dass ich sterben soll. Er ist sehr undankbar, aber Undank ist der Welt Lohn*“. „*Ja, alle Leute sind undankbar, und darum kann ich auch undankbar sein. Das ist der Welt Lohn,*“ ______ (erwidern) der Drache und wiederum ______ (wollen) er den Mann fressen. Aber der Mann _______ (bitten) so inbrünstig um sein Leben, dass der Drache endlich _____ (sagen): „*Nun, vielleicht kann ein lahmes Pferd nicht viel besser entscheiden als ein alter Hund. Wir wollen weitergehen und einen anderen Richter suchen*“.

Sie _______ (gehen) beide durch den Wald und _________ (treffen) bald einem schlauen Fuchs. „*Aller guten Dinge sind drei*“, ______ (sagen) der Mann. „*Wir wollen den Fuchs fragen. Er wird uns sagen können, ob du nicht dankbar sein solltest*“. Der schlaue Fuchs ______ (hören) alles, was sie beide _____ (sagen). Der Fuchs _____ (sagen) langsam: „*Ja, ich verstehe. Ich verstehe, aber ich muss noch mit dem Manne allein sprechen*“. Er ________ (nehmen) den Mann bei Seite und _____ (sagen) ihm leise: „*Nun, guter Mann, was gibst du mir, wenn ich dich von dem Drachen erlöse?*“ „*Ach, lieber Fuchs*“, ________ (antworten) der Mann. „*Du kannst jeden Donnerstag kommen und das Beste in meinem Hühnerhof haben*“. „*Gut*“, _________ (erwidern) der Fuchs. „*Das ist mir recht, ich will dich erlösen*“. Der schlaue Fuchs _____ (gehen) wieder zu dem Drachen und _______ (sagen) langsam: „*Ich kann nicht gut entscheiden, bis ich weiß, wie es kommt, dass du, ein so großes Tier, hundert Jahre unter einem Felsen bleiben musstest. Wie bist du unter den Felsen gekommen?*“ „*Nun*“, _______ (antworten) der Drache, „*das kann ich in einem Augenblick klar machen. Ich war auf dem Berge eingeschlafen. Da* _____ (kommen) *eine Steinlawine, und der große Stein ist auf mich gefallen, so dass ich hundert Jahre still bleiben musste und nicht frei werden konnte*“. „*Das kann ich noch nicht gut verstehen. Ich muss den Platz sehen, wo du so lange unter dem Steine gelegen hast*“, ________ (sagen) der schlaue Fuchs. „*Nun, dann komm*“, _____ (sagen) der Drache und er ______ (gehen), von dem Fuchs und dem Manne gefolgt, zu dem Platz, wo er so lange gefangen war. „*Ach*“, ______ (sagen) der Fuchs, „*es ist unmöglich, dass du, ein großes Tier, da unter dem Felsen warst*“. „*Ach ja. Da war ich hundert Jahre. Sieh, lieber Fuchs, ich* ____ (liegen) *so*“, und der Drache _______ (legen) sich wieder in das Loch. Der Mann und der schlaue Fuchs _______ (lassen) den Stein wieder fallen, und der Drache ____ (sein) wieder fest gefangen. Der Drache ________ (jammern) bitterlich, aber der Fuchs ______ (sagen): „*Jammer nicht so sehr, lieber Drache, du bist gefangen und du hast Hunger, aber Undank ist der Welt Lohn*“.

Und der schlaue Fuchs _______ (gehen) mit dem Mann fort. Der Mann ______ (danken) dem Fuchs tausendmal und _______ (gehen) glücklich nach Hause. Am Donnerstag _____ (kommen) der schlaue Fuchs. Er ______ (gehen) in den Hühnerhof und ________ (fressen) so viele Hühner, dass er nicht mehr laufen ________ (können). Dann _______ (legen) er sich im Hühnerhof nieder und ______ (sagen): *„Der Mann ist mein Freund, hier kann ich gut schlafen"*. Aber früh am Morgen _______ (kommen) das Hühnermädchen. Sie ______ (sehen) den schlafenden Fuchs. Das Mädchen und der Mann __________ (nehmen) einen Stock und beide _________ (schlagen) den armen Fuchs so sehr, dass sie ihn fast ________ (töten). Der Fuchs _________ (springen) endlich aus dem Hühnerhof und _______ (sagen) traurig: *„Ja, ja, es ist wahr, alle Menschen sind undankbar, Undank ist der Welt Lohn"*.

25.2 Fragen zum Verständnis.

1. Warum geht der Mann in den Wald?

2. Was hört er tiefer im Wald?

3. Wo findet er den Drachen?

4. Worum bittet der Drache den Mann?

5. Warum sagt der Mann, dass der Drache undankbar ist?

6. Wie befreit der Mann den Drachen?

7. Was will der Drache machen, obwohl er sehr dankbar ist?

8. Worüber beklagt der Hund sich?

9. Was erzählt das lahme Pferd?

10. Warum ist der Drache bereit, einen dritten Versuch zu machen?

11. Was muss der Mann dem schlauen Fuchs versprechen?

12. Was kann der Fuchs nicht verstehen?

13. Warum soll der Drache sich wieder in das Loch legen?

14. Was passiert am Donnerstag?

15. Warum legt er sich im Hof schlafen?

16. Warum ist der Fuchs traurig?

25.3 Richtig oder falsch? Korrigieren Sie die falsche Aussage.

1. Ein Mann geht in den Wald, weil er einen großen Lärm hört. R F

2. Der Drache ist sehr dankbar, dass der Mann ihn befreit. R F

3. Der Drache verspricht, den Mann nicht zu fressen. R F

4. Der Hund ist undankbar und einfach weggelaufen. R F

5. Das Pferd ist alt und lahm. R F

6. Der Fuchs weiß nicht, wie er den Drachen überlisten kann. R F

7. Der Fuchs bittet den Mann um Rat. R F

8. Der Fuchs denkt, dass er im Hof sicher schlafen kann. R F

9. Am nächsten Morgen schlagen sie den Fuchs tot. R F

25.4 Setzen Sie das richtige Nomen aus der Vokabelliste ein.

1. Das Pferd, der Hund und der Drache beklagen sich über den ________ in der Welt.
2. Hundert Jahre lang liegt der Drache unter einem __________.
3. Mit einer __________ kann der Mann den Drachen befreien.
4. Der Drache hat großen Hunger und kann seinem ____________ nicht danken.
5. Sie gehen durch den Wald, um einen __________ zu finden.
6. Der Fuchs kommt am Donnerstag zu dem __________.
7. Der Drache wird unter einer ______________ begraben.
8. Der Fuchs bittet den Drachen, ihm das ________ zu zeigen.
9. Der Drache und der Mann bitten den Fuchs um seinen __________.
10. Der Mann hört einen großen _________ im Wald.

25.5 Setzen Sie das richtige Verb aus der Vokabelliste ein.

1. Der Mann geht in den Wald, um Holz zu ________.
2. Er weiß nicht, ob er schnell ___________ kann, wenn er den Drachen befreit.
3. Mit einer Stange _________ er den Felsen, sodass der Drache _____________ kann.
4. Er __________ den Drachen um sein Leben, weil er ihn gerettet hat.
5. Im Wald ___________ sie einem Pferd und einem Hund.
6. Beide können sich nicht ______________, ob der Drache den Mann fressen soll.
7. Der Hund und das Pferd ______________ sich, weil ihre Herren undankbar sind.
8. Der Fuchs will den Drachen ______________.
9. Der Mann und seine Magd _______ den Fuchs am nächsten Morgen halbtot.
10. Der Fuchs ___________ dem Mann ins Ohr.

25.6 Zur Diskussion.

1. Wie sollte man ein altes, lahmes Pferd behandeln?
2. Warum ist das Jammern des Hundes gerechtfertigt?
3. Warum gibt es einen Fuchs in der Geschichte?
4. Finden Sie es richtig, dass der Drache wieder gefangen ist?
5. Was ist die Moral von der Geschichte?

25.7 Verbinden Sie die beiden Spalten.

___1.	Als der Mann und der Drache zusammen durch den Wald gehen,	a.	aber Undank ist der Welt Lohn.
___2.	Da er nichts anderes zu fressen findet,	b.	begegnen sie einem Hund.
___3.	Da kam eine Steinlawine,	c.	der besser entscheiden kann.
___4.	Das Pferd ist nichts mehr wert,	d.	der unter einem großen Felsen liegt.
___5.	Der Drache ist sehr hungrig,	e.	seitdem er ein sehr kleiner Hund war.
___6.	Der Fuchs kann jeden Donnerstag kommen	f.	um Holz zu spalten.
___7.	Der Herr will den Hund töten,	g.	und mit viel Mühe kann er den großen Stein heben.
___8.	Der Hund hat seinem Herrn ehrlich gedient,	h.	und der große Stein ist auf ihn gefallen.
___9.	Der Mann nimmt eine lange Stange	i.	und flüstert ihm etwas ins Ohr.
___10.	Der schlaue Fuchs hört alles,	j.	was die beiden sagen.
___11.	Ein Mann geht einmal in den Wald,	k.	weil er jetzt alt und beinahe blind ist.
___12.	Endlich kommt er an einen Platz,	l.	weil es alt und lahm ist.
___13.	Er findet einen großen Drachen,	m.	will er den Mann fressen.
___14.	Er ist sehr undankbar,	o.	wo er einen großen Lärm hört.
___15.	Er nimmt den Mann bei Seite	p.	und das Beste in dem Hühnerhof haben.
___16.	Sie werden sicherlich jemanden treffen,	q.	weil er seit hundert Jahren nichts gefressen hat.

25.8 Zum Schreiben.

Was passiert in dieser Geschichte? Schreiben Sie eine kurze Zusammenfassung von jedem Abschnitt.

VI. Literarische Geschichten

26

Die Geschichte der Schildbürger

Nomen

Bote, der	*messenger*	**Narr, der**	*fool*
Dorf, das	*village*	**Ratschlag, der**	*advice*
Drohung, die	*threat*	**Torheit, die**	*tomfoolery*
Feld, das	*field*	**Ursache, die**	*cause*
Heimweh, das	*homesickness*	**Verstand, der**	*wit*
Hof, der	*court*	**Vieh, das**	*cattle*
Knecht, der	*farmhand*	**Vorschlag, der**	*proposal*
Königreich, das	*kingdom*	**Zukunft, die**	*future*
Magd, die	*maidservant*		

Verben

belohnen	*to reward*	**sich kümmern um**	*to take care of*
beraten	*to consult*	**schicken**	*to send*
beschließen	*to decide*	**verfallen**	*to deteriorate*
bestimmen	*to determine*	**verlassen**	*to leave*
einsehen	*to realize*	**sich vorstellen**	*to imagine*
ernähren	*to support*	**wachsen**	*to grow*
folgen	*to follow*	**weiterleben**	*to continue to live*
gelten als	*to be considered*		

Adjektive/Adverbien

ausgenommen	*excluded*	**liebevoll**	*lovingly*
bekannt	*well-known*	**mager**	*lean*
berühmt	*famous*	**überallher**	*from all over*
dankbar	*grateful*	**ungehorsam**	*disobedient*
klug	*smart*		

Ausdrücke

einen Rat suchen	*to seek advice*	**egal sein**	*to make no difference*
einen Rat holen	*to get advice*		
einen Rat geben	*to give advice*		

26.1 Setzen Sie die Infinitive in die Vergangenheit.

In dem großen Königreich Utopien _______ (liegen) ein Dorf namens Schilda. Die Leute in diesem Dorf ____________ (gelten) als weise und klug. Sie ________ (sein) in der ganzen Welt bekannt und berühmt. So ________ (kommen) es, dass Könige von überallher Boten zu den Schildbürgern ______ (schicken), um von ihnen Rat zu holen. Sie _______ (belohnen) die Schildbürger mit Silber und Gold. Aber jeder König _____ (wollen) bald einen Schildbürger an seinem Hof haben, um immer sofort einen weisen Rat hören zu können. Täglich ________ (verlassen) also ein Schildbürger die Stadt Schilda. In kurzer Zeit ________ (haben) alle Männer das Dorf ________ (verlassen). Die Frauen ________ (müssen) die Arbeit der Männer machen. Es _____ (sein) egal, wie viel die Frauen auch _______ (arbeiten), sie ______ (können) die schwere Arbeit der Männer nicht machen. Das Vieh _______ (werden) mager, auf den Feldern _______ (wachsen) weniger und die Häuser _______ (verfallen). Die Kinder, Knechte und Mägde ________ (werden) ungehorsam und _______ (wollen) nicht mehr arbeiten.

Die Frauen _______ (einsehen) ______, dass sie so nicht mehr weiterleben _________ (können). Darum ___________ (kommen) sie zusammen und ___________ (beraten), was sie tun _______ (sollen). Sie ________ (beschließen), ihre Männer wieder nach Hause zu bringen. Um das zu tun, _____ (lassen) sie einen Brief schreiben und überall hinschicken, wo ihre Männer ______ (sein). Sie _______ (enden) den Brief mit einer Drohung: „Wir hoffen, dass ihr sofort nach Hause kommt. Wenn nicht, dann werden wir uns andere Männer suchen, die für uns arbeiten und uns ernähren". Sobald die Männer die Briefe ____________ (lesen) _______ (haben), _________ (bekommen) sie Heimweh und _______ (wissen), dass sie sofort nach Schilda zurückkehren _______ (müssen). Sie __________ (versprechen) den Königen, ihnen auch weiterhin Ratschläge zu geben. Nach langen Jahren ________ (zurückkehren) sie in die Heimat _______. Sie ________ (sein) von der großen Unordnung schockiert. Die Frauen ___________ (aufnehmen) ihre Männer freundlich und liebevoll ______. Sie ______ (bitten) ihre Männer, in Zukunft zu Hause zu bleiben und sich um die Familie zu kümmern.

Die Schildbürger ______ (zusammenkommen) am nächsten Morgen ________ und hielten Rat. Sie _______ (wollen) nicht mehr, dass Könige über sie bestimmen ______ (können). Sie ____ (wollen) bei ihrer Familie und in Frieden leben. Da __________ (haben) einer von ihnen eine Idee: „Unsere hohe Weisheit und großer Verstand sind die Ursache, warum man unseren Rat sucht. Deshalb müssen wir uns dumm stellen, damit kein König uns mehr um Rat fragt. Wenn unsere Dummheit bekannt wird, können wir zu Hause bleiben. Jeder von uns, niemand ausgenommen, muss die dümmsten Dinge tun, die er sich vorstellen kann. Es ist nicht leicht, dumm zu sein". Den Schildbürgern _________ (gefallen) dieser Vorschlag und sie _________ (beschließen), ihm zu folgen. Einige _______ (sein) traurig, dass sie erst in ihren alten Tagen Narren werden ______ (sollen), nachdem sie so viele Jahre voll Weisheit _____ _____ (sein). Sie ________ (einsehen) ____, dass es für die Familien und die Stadt das Beste ____ (sein), wenn sie ihre Weisheit _________ (aufgeben). Die Weisheit der Schildbürger ________ (haben) nun ein Ende und die Geschichten über ihre große Torheit _______ (beginnen).

26.2 Fragen zum Verständnis.

1. Wo liegt das Dorf Schilda?

2. Warum sind die Schildbürger interessante Leute?

3. Warum kommen Boten von überallher?

4. Warum müssen so viele Schildbürger aus der Heimat weggehen?

5. Was müssen die Frauen machen, als die Männer nicht mehr da sind?

6. Warum wollen die Könige die Schildbürger an ihrem Hofe haben?

7. Warum kehren die Schildbürger nach langen Jahren wieder heim?

8. Warum sind sie schockiert, als sie nach Schilda zurückkommen?

9. Was können sie tun, um zu Hause zu bleiben?

26.3 Richtig oder falsch? Korrigieren Sie die falsche Aussage.

1. Im Mittelalter gibt es eine Stadt namens Schilda. R F

2. Die Einwohner sind kluge Leute. R F

3. Der König von Utopien sucht ihren Rat. R F

4. Die Frauen können alles so gut wie die Männer. R F

5. Als die Männer zurückkehren, sehen sie ein ruiniertes Dorf. R F

6. Ein weiser Mann kann nicht von heute auf morgen dumm werden. R F

7. Die Kinder sind immer gehorsam. R F

8. Die Schildbürger wollen nicht mehr von zu Hause weggehen. R F

9. Sie wollen lieber weise als närrisch sein. R F

26.4 Setzen Sie das richtige Nomen aus der Vokabelliste ein.

1. Das Dorf Schilda liegt in einem großen ____________.
2. Könige schicken ______ von überallher nach Schilda.
3. Die Schildbürger verlassen ihre Heimat, um am ________ der Könige Ratschläge zu geben.
4. Zu Hause werden die Kinder, ________ und _________ ungehorsam.
5. Die Frauen schicken ihren Männern einen Brief mit einer ___________.
6. Die Könige suchen den Rat der Schildbürger wegen ihres ___________.

26.5 Setzen Sie das richtige Verb aus der Vokabelliste ein.

1. In der ganzen Welt ________ die Schildbürger als weise und klug.
2. Für ihre Dienste und Ratschläge werden sie von den Königen ____________.
3. Sie müssen ihre Familien ________, weil die Könige sie am Hof haben wollen.
4. Auf den Feldern _________ immer weniger. Die Arbeit ist zu schwer für die Frauen.
5. Die Häuser können nicht repariert werden. Sie ________ immer mehr.
6. Die Frauen __________, wie sie ihre Männer in die Heimat zurückholen können.
7. Wenn die Männer bei den Königen bleiben, werden andere Männer die Frauen _______.

26.6 Verbinden Sie die beiden Spalten.

___1.	Als sie in die Heimat zurückkehren,	a.	damit ihre Männer zurückkehren.
___2.	Auf den Feldern wächst immer weniger,	b.	die Weisheit aufzugeben.
___3.	Den Schildbürgern gefällt dieser Vorschlag	c.	die Frauen müssen die Arbeit der Männer machen.
___4.	Die Frauen schreiben einen Brief,	d.	die für sie arbeiten und sie ernähren.
___5.	Die Leute in diesem Dorf gelten als weise und klug,	e.	die schwere Arbeit der Männer können sie nicht machen.
___6.	Die Männer versprechen den Königen,	f.	um von ihnen Rat zu holen.
___7.	Die Weisheit der Schildbürger hat nun ein Ende,	g.	ihnen von zu Haus aus Ratschläge zu geben.
___8.	Es ist ganz egal, wie viel die Frauen auch arbeiten,	h.	sind sie von der Unordnung im Dorf schockiert.
___9.	Für ihre Familien ist es das Beste,	i.	und sie beschließen, ihm zu folgen.
___10.	In kurzer Zeit verlassen alle Männer das Dorf, und	j.	sodass sie in der ganzen Welt bekannt und berühmt sind.
___11.	Könige von überallher schicken Boten zu den Schildbürgern,	k.	und die Geschichten über ihre große Torheit beginnen.
___12.	Sie werden sich andere Männer suchen,	l.	weil die Arbeit zu schwer für die Frauen ist.

26.7 Setzen Sie das richtige Adjectiv oder Adverb aus der Vokabelliste ein.

1. Schilda ist ein berühmtes Dorf. Boten von __________ suchen in Schilda Rat.
2. Auf den Feldern wird das Vieh immer ___________.
3. Weil die Männer nicht mehr da sind, werden die Kinder ___________.
4. Die Könige sind ___________ und sie geben den Schildbürgern Gold als Belohnung.
5. Nach ihrer Rückkehr sind die Frauen sehr __________.

26.8 Wie sagt man das auf Deutsch?

1. This village lies in a large kingdom.

2. Many wise people live in this little village.

3. The people of Schilda can always give you good advice, since they are very clever.

4. Everybody knows about the wisdom of these people.

5. If all the men go away from home, the women must do all the work.

6. The children do not know their fathers, because they have not seen them for many years.

7. The men had to promise their wives that they would never leave again.

26.9 Zur Diskussion.

1. Könnte es so eine Situation geben?
2. Kann man dumm werden, wenn man sich dumm stellt?
3. Wie weiß man, dass jemand sich verstellt?

26.10 Zum Schreiben.

Schreiben Sie für jeden Abschnitt eine kurze Zusammenfassung.

27

Wie die Schildbürger ihr Rathaus bauten

Nomen

Dachstuhl, der	*roof truss*	**Mauer, die**	*wall*
Eifer, der	*enthusiasm*	**Rat, der**	*advice*
Ernst, der	*sternness*	**Reihe, die**	*row*
Glockengeläut, das	*pealing of the bell*	**Stein, der**	*rock*
Holz, das	*lumber*	**Wirtshaus, das**	*pub*
Kalk, der	*limestone*	**Ziegelhaufen, der**	*tile heap*
Leiter, die	*ladder*		

Verben

läuten	*to ring a bell*	**vorbereiten**	*to prepare*
überarbeiten	*to overwork*		

Ausdrücke

das Dach decken	*to tile a roof*

Adjektive/Adverbien

dreieckig	*triangular*	**gewinnbringend**	*lucrative*
etwas Besonderes	*something special*		

27.1 Setzen Sie die Infinitive in die Vergangenheit.

Holz, Stein, Sand und Kalk _________ (sein) schon __________ (vorbereiten). Die Schildbürger _________ (fangen) nun an, mit großem Eifer ihr Rathaus zu bauen. Nach wenigen Tagen ______ (haben) sie drei Mauern fertig. Sie __________ (planen) etwas Besonderes, nämlich ein dreieckiges Haus. Auf der einen Seite _______ (lassen) sie ein großes Tor offen, um das Heu, das der Gemeinde gehörte, hineinzubringen. Dieses _____ (wollen) sie später gewinnbringend verkaufen. Danach _________ (beginnen) sie mit dem Bau des Daches und ______ (setzen) den Dachstuhl auf die drei Mauern. Am folgenden Tag _________ (warten) sie morgens auf das Glockengeläut. Niemand ______ (dürfen) vorher arbeiten. Sie _______ (kommen) wieder alle zusammen, _______ (steigen) auf den Dachstuhl und _______ (fangen) an, das Rathaus zu decken. Sie _______ (stehen) in einer Reihe hintereinander. Einige oben auf dem Dach, andere auf den Leitern und einige auf der Erde bis zum Ziegelhaufen, der nicht weit vom Rathaus ______ (liegen). Jeder Ziegel ______ (gehen) durch alle Schildbürgerhände. Die Schildbürger ___________ (wollen) sich aber nicht überarbeiten. Deshalb ________ (haben) sie ein Gesetz __________ (machen), dass zu einer gewissen Stunde die Schildbürgerglocke __________ (läuten) wurde. Dann _______ (hören) sie auf zu arbeiten und ______ (gehen) ins Wirtshaus.

27.2 Fragen zum Verständnis.

1. Warum können sie sofort mit dem Bau des Rathauses beginnen?

2. Was ist das Besondere an diesem Rathaus?

3. Warum bauen sie ein großes Tor?

4. Können sie am folgenden Tag direkt mit der Arbeit anfangen?

5. Wie decken sie das Dach des Rathauses?

6. Warum läutet die Schildbürgerglocke zu einer gewissen Zeit?

Nomen

Eimer, der	*bucket*	**Kunst, die**	*art*
Erfinder, der	*inventor*	**Lichtspan, der**	*chip, piece of wood*
Gefäß, das	*container, vessel*		
Heutor, das	*hay gate*	**Lob, das**	*praise*
Hut, der	*hat*	**Not, die**	*need*
Kessel, der	*pot*	**Zuber, der**	*tub*

Verben

abreißen	*to tear down*	**einweihen**	*to inaugurate, to officially open*
ausschütten	*to pour out*		
beschließen	*to decide*	**stecken**	*to stick, to put*
		zuknüpfen	*to tie up*

Adjektive/Adverbien

brennend	*lighted*	**erschrocken**	*frightened*

Ausdrücke

wenn es gelingt *if it succeeds*

27.3 Setzen Sie die Infinitive in die Vergangenheit.

Nachdem das Rathaus fertig _____ (sein), _____ (gehen) die Schildbürger in ihr Rathaus, um es einzuweihen. Als sie in das Rathaus _________ (hineingehen), ____ (sein) das Gebäude total dunkel und sie ________ (können) einander nicht sehen. Sie ___________ (sein) sehr erschrocken. Sie _________ (denken), dass sie beim Bauen einen Fehler _______ (machen) _______ (haben), denn das Licht _______ (fehlen). Also _______ (gehen) sie wieder durch das Heutor hinaus, um den Grund herauszufinden. Die drei Mauern _______ (stehen) sicher und das Dach _____ (sein) auch ordentlich _______ (bauen). Und draußen, wo es genug Licht ______ (geben), _______ (sehen) alles richtig aus. Sie _________ (gehen) dann wieder hinein, um zu sehen, was im Innern _____________ (fehlen). Aber hier _________ (können) sie gar nichts sehen. Da ______ (stehen) sie in großer Not und Angst. Sie _____ (wissen) nicht, was sie tun ___________ (sollen). Sie ________ (beschließen), einen Ratstag zu halten, um die Sache zu besprechen. Zum Ratstag ________ (kommen) dann auch alle Schildbürger. Jeder ______ (bringen) einen brennenden Lichtspan mit, den er, nachdem er sich ____________ (hinsetzen) ____________ (haben), auf seinen Hut _________ (stecken). Das Rathaus _______ (sein) jetzt hell genug und sie ____________ (können) einander sehen. Bei der Diskussion des Problems __________ (haben) jeder von ihnen eine andere Meinung. Die Mehrheit _______ (wollen) den ganzen Bau wieder abreißen und neu bauen. Der Dümmste unter ihnen ______ (sprechen): *„Wer weiß, ob wir das Licht nicht in einem Sack tragen können, wie das Wasser in einem Eimer getragen wird. Keiner von uns hat es jemals versucht. Gelingt es, dann haben wir Licht im Rathaus und werden alle als Erfinder dieser Kunst großes Lob bekommen"*. Dieser Rat _______ (gefallen) allen sehr. Sie ______ (kommen) daher nach Mittag, als die Sonne am besten ______ (scheinen), alle wieder vor das neue Rathaus. Sobald nun die Glocke ein Uhr ______ (schlagen) ______ (haben), _______ (fangen) sie alle an zu arbeiten. Einige hatten lange Säcke und ________ (lassen) die Sonne hineinscheinen. Dann _______ (knüpfen) sie diese schnell zu und _______ (laufen) damit ins Rathaus, um das Licht auszuschütten. Andere ______ (tun) es mit Gefäßen, Kesseln und Zubern. So ________ (arbeiten) sie den ganzen Tag, solange die Sonne _______ (scheinen), mit Eifer und Ernst. Aber ihre Arbeit _______ (helfen) ihnen nichts. Im Rathaus _______ (bleiben) es dunkel.

27.4 Fragen zum Verständnis.

1. Was passiert, als sie das Rathaus einweihen wollen?

2. Warum sind sie so erschrocken?

3. Wissen sie, ob sie beim Bauen einen Fehler gemacht haben?

4. Was wollen sie am nächsten Tag machen?

5. Warum ist es am folgenden Tag hell im Rathaus?

6. Was ist die Meinung der Mehrheit?

7. Was haben sie mit der Sonne vor?

Nomen

Erde, die	*soil*	**Riss, der**	*crack*
Erfolg, der	*success*	**Streich, der**	*prank*
Fremde, der	*stranger*	**Tageslicht, das**	*daylight*
Fundament, das	*foundation*	**Unverstand, der**	*lack of sense, folly*
Gauner, der	*crook*	**Versuch, der**	*attempt*
Gemeinde, die	*locals, township*	**Wandersmann, der**	*wayfarer*
Grund, der	*reason*		

Verben

abdecken	*to remove tiles*	**sich freuen über + Akk**	*to be glad about*
abreißen	*to tear down*	**gelingen**	*to succeed*
bauen	*to build*	**sich schämen**	*to be ashamed*
beschließen	*to decide*	**sich umschauen**	*to turn around*
durchbrechen	*to break through*	**versprechen**	*to promise*
erfinden	*to invent*	**vorbereiten**	*to prepare*
erklären	*to explain*	**vorschlagen**	*to suggest*
erlöschen	*to go out (fire)*	**zurückfordern**	*to demand back*
fehlen	*to be missing*		

Adjektive/Adverbien

aber	*however*	**vollendet**	*completed*
draußen	*outside*	**vorher**	*prior*
gemeinsam	*together*	**zufrieden**	*content*
oben	*above*		

Ausdrücke

Angst haben	*to be afraid*	**Rat halten**	*to hold council meetings*
einen Streich spielen	*to play a prank*	**zu einer gewissen Stunde**	*at a certain time*
Erfolg haben	*to have success*		
mit Kopfschütteln	*shaking one's head*		

27.5 Setzen Sie die Infinitive in die Vergangenheit.

Am Abend _______ (kommen) ein fremder Wandersmann in ihre Stadt. Die Schildbürger, die um ihn ____________ (herumstehen), ________ (erklären) ihm, dass sie den Versuch ________ (machen) hätten, das Licht des Tages in ihr neugebautes Rathaus zu tragen. Natürlich ______ (sein) der Fremde ein Gauner, der den Schildbürgern einen Streich spielen _____ (wollen). Die Schildbürger _______ (freuen) sich über die Hilfe des Fremden. Er ______ (fragen) sie, ob ihre Arbeit erfolgreich wäre. Sie __________ (antworten) mit Kopfschütteln. Da ______ (sagen) der Gauner: *„Das kommt daher, dass ihr die Sache nicht so angefangen habt, wie ich es tun würde"*. Als sie das ____________ (hören), ____________ (freuen) sie sich sehr und _________ (versprechen) ihm viel Geld, wenn er ihnen einen Rat geben würde. Am nächsten Tag _______ (gehen) sie mit ihm vor das Rathaus. Er ________ (schauen) es von oben und unten, von hinten und vorn, von innen und von außen an. Er _______ (geben) ihnen den Rat, auf das Dach zu steigen und die Dachziegel wieder abzunehmen und die Schildbürger _____ (tun) es sofort: *„Nun"*, _______ (sprechen) er, *„habt ihr den Tag in eurem Rathaus. Ihr könnt ihn solange darin lassen, wie es euch gefällt"*. Die guten Schildbürger ________ (verstehen) jedoch nicht, dass der Fremde damit _______ (meinen), sie ______ (sollen) das Dach nicht wieder darauf decken, weil es sonst wieder dunkel werden würde wie vorher. Zufrieden __________ (setzen) sie sich ins Rathaus und _________ (halten) den ganzen Sommer Rat. Der Fremde _________ (nehmen) sein Geld, das sie ihm mit großem Dank _______ (geben) und _______ (verlassen) die Stadt so schnell wie möglich. Oft _____________ (schauen) er sich um, denn er ______ (haben) Angst, dass ihm jemand ______ (nachlaufen), um das Geld zurückzufordern. Aber er ______ (haben) Glück. Es _____ (kommen) niemand.

Den ganzen Sommer lang _______ (treffen) sich die Schildbürger in ihrem neuen Rathaus. Als aber der Winter ______ (kommen) und das Wetter sich _______ (ändern), _____ (werden) sie alle nass. Sie _________ (machen) deshalb das Dach wieder zu, aber jetzt ____ (sein) es leider wieder so dunkel wie zuvor. Sie _______ (sitzen) also wieder mit ihren Lichtspänen und ______ (halten) Rat. Einer von ihnen, dessen Lichtspan _______ (erloschen) war, ______ (gehen) die Innenwand des Rathauses entlang und ______ (sehen) plötzlich Licht durch einen kleinen Riss in der Mauer. Er _______ (finden) auch bald den Grund für die Dunkelheit. Sie _______ (haben) die Fenster _________ (vergessen). Die Schildbürger ________ (sehen) einander an und ________ (schämen) sich alle wegen ihres großen

Unverstandes. Sie ______ (fangen) sofort an, die Mauern des Rathauses an allen Orten zu durchbrechen. So ______ (werden) das Rathaus doch noch vollendet.

27.6 Fragen zum Verständnis.

1. Welchen Rat gibt der Wandersmann den Schildbürgern?

2. Was geben die Schildbürger ihm für seinen guten Rat?

3. Warum verlässt der Wandersmann die Stadt so schnell?

4. Was beschließen die Schildbürger, als sie total nass werden?

5. Was kann ein Schildbürger in der Dunkelheit im Rathaus sehen?

6. Warum schämen die Schildbürger sich?

7. Wie wird es schließlich doch hell in dem Rathaus?

27.7 Richtig oder falsch? Korrigieren Sie die falsche Aussage.

1. Ein dreieckiges Rathaus ist etwas ganz Besonderes. R F

2. Die Schildbürger finden die Idee nicht gut. R F

3. Die drei Mauern sind in einer Woche fertig. R F

4. Als das Dach auf dem Rathaus ist, findet die Einweihung statt. R F

5. Alle gehen hinein, aber keiner kommt heraus. R F

6. Die Schildbürger sind sehr zufrieden. R F

7. Sie wissen, warum es im Rathaus so dunkel ist. R F

8. Sie wollen die Sonne einfangen und ins Rathaus bringen. R F

9. Der Wandersmann rät ihnen, Fenster in die Wände zu bauen. R F

10. Die Schildbürger sind froh, wieder Licht im Rathaus zu haben. R F

11. Sie machen ein Feuer im Rathaus, um einander sehen zu können. R F

12. Wenn die Glocke schlägt, beginnen sie mit der Arbeit. R F

13. Der Wandersmann spielt den Schildbürgern einen Streich. R F

14. Sie können einander auch ohne den Lichtspan sehen. R F

27.8 Setzen Sie das richtige Verb aus der Vokabelliste ein.

1. Wenn die Glocke ________, müssen sie mit der Arbeit aufhören.
2. Sie gehen all in das Rathaus, um es offiziell ____________________.
3. Sie _____________, auf den Rat des Wandersmanns zu hören.
4. Sie _________ die brennenden Lichtspäne an ihre Hüte.
5. Einer von ihnen ____________ ____________, dass sie das Rathaus wieder _____________ und neu anfangen.
6. Sie fangen die Sonne mit Sacken, die sie schnell _____________.
7. Im Rathaus _________ sie die Säcke wieder _________.
8. Als sie wissen, dass die Fenster fehlen, ____________ sie sich alle wegen ihrer Dummheit.

27.9 Wie heißt das auf Deutsch?

1. On the next day all citizens of Schilda came to the town hall.

2. They could not see anything in the building because it was so dark.

3. Each one had brought a lighted wood chip on his hat, so that they could see one another.

4. Because they had no light in the building, many wanted to tear it down.

5. Perhaps one can carry light in a bag, just as one carries water in a pail.

6. If we succeed, everybody will give us praise because we invented a new art.

7. Each one had to bring a vessel in which he could catch daylight.

27.10 Setzen Sie das richtige Adjektiv oder Adverb aus der Vokabelliste ein.

1. Die Schildbürger wollen ein ______________ Rathaus bauen.
2. Als sie ins Rathaus gehen, sind sie sehr ____________, denn es ist dunkel darinnen.
3. __________ machen sie einen Plan, wie das Rathaus wieder hell werden kann.
4. Zum Ratstag kommen sie alle mit __________________ Lichtspänen.
5. Das Heu, das sie ins Rathaus bringen, können sie später _________ verkaufen.

27.11 Setzen Sie das richtige Nomen aus der Vokabelliste ein.

1. Ohne ________ kann man keinen Dachstuhl bauen.
2. Für das Fundament eines Hauses braucht man __________ und _______.
3. Wenn man etwas mit ________ tut, geht es schnell voran.
4. Das Rathaus besteht aus drei ___________.
5. Um ihr Heu im Rathaus zu lagern, bauen sie auch ein großes _________.

6. Während des Sommers halten die Schildbürger in ihrem Rathaus _________.
7. Wasser trägt man in einem _________.
8. Bevor sie an die Arbeit dürfen, müssen sie auf das _____________ warten.
9. Die Ziegel, die auf das Dach kommen, liegen alle auf einem _______________.
10. Es gibt ein ______, dass sie nur dann arbeiten dürfen, wenn die Glocke läutet.
11. Ohne einen __________ können die Schildbürger im Rathaus nichts sehen.
12. Sie schämen sich alle wegen ihres ___________, als sie wissen, dass die Fenster fehlen.
13. Der ______________ sagt ihnen, dass sie das Dach wieder abdecken sollen.
14. Sie sehen Licht durch den _______ in der Wand.

27.12 Verbinden Sie die beiden Spalten.

___1. Am folgenden Tag horchen sie alle	a. dass sie einander sehen können.
___2. Auf der einen Seite gibt es ein großes Tor,	b. dass zu einer gewissen Stunde die Glocke läuten muss.
___3. Das Rathaus ist mit dem Lichtspan so hell,	c. denn sie wissen, dass sie die Fenster vergessen haben.
___4. Der Bau des Daches folgt danach,	d. mit großem Eifer ihr Rathaus zu bauen.
___5. Die Bürger gehen in ihr neues Rathaus,	e. morgens auf das Glockengeläut.
___6. Die Schildbürger beginnen schon bald,	f. um das Heu der Gemeinde hineinzubringen.
___7. Es gibt ein Gesetz,	g. um es einzuweihen.
___8. Sie hören in diesem Moment mit der Arbeit auf,	h. und beginnen, das Rathaus zu decken.
___9. Sie schauen sich alle beschämt an,	i. und gehen schnell ins Wirtshaus.
___10. Sie sind wieder alle zusammen auf dem Dachstuhl	j. und der Dachstuhl kommt dann auf die drei Mauern.

27.13 Zum Schreiben.

Schreiben Sie eine kurze Zusammenfassung der Geschichte.

28

Mutter bekommt kein Geld

Wilhelm Raabe (1831–1910)

Nomen

Gespräch, das	*conversation*	**Tischlerei, die**	*carpentry shop*

Verben

austragen	*to deliver*	**verdienen**	*to earn*
begegnen + (Dat)	*to meet*	**zurechtmachen**	*to prepare*
fort sein	*to be away*		

Adjektive/Adverbien

freilich	*admittedly*	**inzwischen**	*in the meantime*
fröhlich	*cheerful*	**leuchtend**	*bright*
frühmorgens	*early in the morning*	**munter**	*perky*
		zuletzt	*in the end*

Ausdrücke

sich in ein Gespräch einlassen	*to strike up a conversation*	**ein gutes Stück Geld**	*a good bit of money*

28.1 Setzen Sie die Infinitive in die Vergangenheit.

Auf der Straße ____________ (begegnen) mir frühmorgens oft ein munterer, fröhlicher Junge. Er ___________ (tragen) für einen Bäcker die Brötchen aus. Eines Tages __________ (lassen) ich mich in ein Gespräch mit ihm ein. „*Mit dem Austragen*", __________ (sagen) der Knabe mit leuchtenden Augen, „*verdiene ich schon ein gutes Stück Geld. Mein Vater, der in einer großen Tischlerei arbeitet, verdient freilich viel mehr*".

„*Und was tut denn deine Mutter den ganzen Tag?*" __________ (fragen) ich. „*Mutter*", __________ (sagen) er, „*die steht morgens als erste von uns auf und weckt mich, damit ich pünktlich wegkomme. Dann weckt sie meine Geschwister, die zur Schule müssen, und gibt ihnen ihr Frühstück. Sind sie fort, so wird Vaters Tasche zurechtgemacht und sein Frühstück hineingepackt. Inzwischen ist die kleine Luise aufgewacht, die erst zwei Jahre alt ist. Mutter muß sie waschen und anziehen. Dann macht Mutter die Betten, räumt auf und kocht Mittagessen. Und so geht es den ganzen Tag weiter".*

„Wieviel verdienst du denn?" _______ (fragen) ich weiter. *„Na – so ungefähr zehn Mark".*

„Und der Vater, wieviel bekommt der?"

„Hundert Mark und noch mehr".

„Und was bekommt die Mutter für ihre Arbeit?" ________ (fragen) ich zuletzt.

Da _________ (sehen) mich der Junge groß an und __________ (anfangen) zu lachen. *„Die Mutter"*, __________ (sagen) er, *„die arbeitet doch nicht für Geld. Die arbeitet doch nur für uns den ganzen Tag".*

28.2 Fragen zum Verständnis.

1. Wen trifft der Mann auf der Straße?

2. Was muss der Junge machen?

3. Was passiert eines Tages?

4. Wie wissen wir, dass der Junge sich freut, Geld zu verdienen?

5. Was erfahren wir von seinem Vater?

6. Was macht die Mutter jeden Morgen zuerst?

7. Was machen seine Geschwister?

8. Wie alt ist die jüngste Schwester?

9. Was macht die Mutter, wenn der Vater und die Geschwister aus dem Haus sind?

28.3 Ist das Richtig oder falsch? Korrigieren Sie die falsche Aussage.

1. Der Mann trifft den Jungen spät am Morgen. R F

2. Der Junge arbeitet bei seinem Vater in der Tischlerei. R F

3. Er verdient fast so viel wie sein Vater. R F

4. Der Junge findet es normal, dass die Mutter zu Hause arbeitet. R F

5. Der Wecker klingelt jeden Morgen, damit er pünktlich zur Arbeit kommt. R F

6. Die Geschwister machen sich selbst ihr Frühstück. R F

7. Der Vater packt sein Frühstück in seine Tasche. R F

8. Die kleine Luise kann sich schon selbst anziehen. R F

9. Die Mutter räumt auf und kocht für die Familie. R F

28.4 Setzen Sie das richtige Wort aus der Vokabelliste ein.

1. Gestern bin ich in der Stadt einem Freund ______________________.
2. Als ich vierzehn Jahre alt war, durfte ich Zeitungen ______________________.
3. Damals hatte ich noch nicht sehr viel Geld ______________________.
4. Ich kam bei meinen Freunden an, aber sie __________ schon ___________.
5. Bevor die Gäste eintrafen, musste meine Mutter das Gästezimmer ___________.

28.5 Zur Diskussion: Wie war das bei Ihnen zu Haus?

1. Haben Sie schon Geld verdient, als Sie klein waren?
2. Wer hat Sie jeden Morgen geweckt?
3. Wer hat bei Ihnen morgens das Frühstück gemacht?
4. Konnten Sie allein zum Bus gehen oder wurden Sie gebracht?
5. Wie alt waren Ihre Geschwister?
6. Welche Hobbys hatten Ihre Geschwister und Sie?
7. Mussten Sie Ihren Eltern zu Hause helfen?

28.6 Zum Schreiben.

Vergleichen Sie das „moderne" Leben mit der Arbeit der Mutter. Hat sich da etwas geändert?

29

Das Bettelweib von Locarno

Heinrich von Kleist (1777–1811)

29.1 Verbinden Sie die beiden Spalten. Suchen Sie die richtigen Äquivalente.

Nomen

___1.	**der Schutt**	a.	*compassion*
___2.	**die Trümmer** (pl.)	b.	*crutch*
___3.	**das Gewehr**	c.	*rubble*
___4.	**die Mühe**	d.	*ruins*
___5.	**die Krücke**	e.	*gun*
___6.	**das Mitleid**	f.	*effort*
___7.	**die Jagd**	g.	*hunt*
___8.	**das Stroh**	h.	*straw*

Verben

___1.	**betteln**	a.	*to beg*
___2.	**hinstellen**	b.	*to enter*
___3.	**befehlen**	c.	*to groan*
___4.	**sich erheben**	d.	*to grunt*
___5.	**ausrutschen**	e.	*to order*
___6.	**stöhnen**	f.	*to rise*
___7.	**ächzen**	g.	*to slip*
___8.	**betreten**	h.	*to put down*
___9.	**betten**	i.	*to bed down*

Adjektive/Adverbien

___1. **einst**	a. *indignantly*
___2. **glatt**	b. *slippery*
___3. **unwillig**	c. *once*

29.2 Setzen Sie alle Infinitive in die Vergangenheit.

Am Fuße der Alpen bei Locarno im oberen Italien _____ (liegen) ein altes Schloss, das einem Marchese ________ (gehören). Heute, wenn man vom St. Gotthard kommt, sieht man es in Schutt und Trümmern liegen: ein Schloss mit hohen und großen Zimmern. Einst __________ (haben) die Hausfrau aus Mitleid eine alte kranke Frau, die bettelnd vor der Tür ____ (liegen), in einem der Zimmer auf Stroh gebettet. Zurück von der Jagd, _______ (betreten) der Marchese das Zimmer, wo er immer sein Gewehr ____________ (hinstellen), ___________ (sehen) die alte Frau und ____________ (befehlen) ihr unwillig, aufzustehen und sich hinter den Ofen zu setzen. Die Frau, die sich nur sehr langsam erheben ________ (können), ________ (rutschen) mit der Krücke auf dem glatten Boden aus. Der Rücken ________ (tun) ihr plötzlich sehr weh. Sie ________ (können) aber mit viel Mühe wieder aufstehen und hinter den Ofen gehen, wo sie unter Stöhnen und Ächzen ________ (niedersinken) und _______ (sterben).

29.3 Fragen zum Verständnis.

1. Wo liegt das alte Schloss?

2. Wie sieht es heute aus?

3. Warum hat die Hausfrau Mitleid mit der alten Frau?

4. Wohin muss die alte Frau sich setzen?

5. Warum rutscht sie aus?

6. Warum kann sie nur mit Mühe aufstehen?

29.4 Verbinden Sie die beiden Spalten. Suchen Sie die richtigen Äquivalente.

Nomen

___1.	**das Vermögen**	a.	*armchair*
___2.	**die Missernte**	b.	*step*
___3.	**der Ritter**	c.	*knight*
___4.	**die Lage**	d.	*reassurance*
___5.	**die Beruhigung**	e.	*bad harvest*
___6.	**der Lehnstuhl**	f.	*location*
___7.	**der Schritt**	g.	*fortune*

Verben

___1.	**leerstehen**	a.	*to hitch up*
___2.	**versichern**	b.	*to offer*
___3.	**anbieten**	c.	*to assure*
___4.	**anspannen**	d.	*to happen*
___5.	**passieren**	e.	*to be vacant*

Adjektive/Adverbien

___1.	**prächtig**	a.	*noisy*
___2.	**verstört**	b.	*pale*
___3.	**quer**	c.	*across*
___4.	**bleich**	d.	*distraught*
___5.	**geräuschvoll**	e.	*magnificent*

29.5 Setzen Sie alle Infinitive in die Vergangenheit.

Mehrere Jahre __________ (vergehen) und der Marchese _____ (haben) sein Vermögen durch Krieg und Missernten ________ (verlieren). Einem florentinischen Ritter _________ (gefallen) das Schloss wegen seiner schönen Lage und er ______ (wollen) es von ihm kaufen. Der Marchese, der natürlich das Schloss verkaufen _________ (wollen), __________ (bitten) seine Frau, dem Fremden das leer stehende Zimmer anzubieten, das sehr schön und prächtig ______ (sein). Aber wie unglücklich ______ (sein) das Ehepaar, als der Ritter mitten in der Nacht verstört und bleich zu ihnen ___________________ (herunterkommen) und ihnen _____________ (versichern), dass es in dem Zimmer spuke. Etwas Unsichtbares sei geräuschvoll in einer Ecke des Zimmers ______________ (aufstehen) und mit langsamen Schritten quer durch das Zimmer zum Ofen gegangen und hinter dem Ofen mit viel Stöhnen und Ächzen ____________ (niedersinken). Der Marchese

_______ (sein) erschrocken und er __________ (wissen) selbst nicht recht warum; er _______ (lachen) den Ritter aus und _______ (sagen), er wolle sofort aufstehen und die Nacht zu seiner Beruhigung mit ihm in dem Zimmer verbringen. Doch der Ritter _____ (wollen) lieber in dem Lehnstuhl in seinem Schlafzimmer übernachten; als der Morgen ________ (kommen), ________ (lassen) er anspannen und _______ (reisen) ab.

29.6 Fragen zum Verständnis.

1. Warum sind die Finanzen des Marchese so schlecht?

2. Wer ist der potentielle Käufer?

3. In welchem Zimmer soll der Ritter übernachten?

4. Was passiert in der Nacht?

5. Warum erschrickt der Marchese?

6. Warum verlässt der Ritter am nächsten Morgen das Schloss?

29.7 Verbinden Sie die beiden Spalten. Suchen Sie die richtigen Äquivalente.

Nomen

___1. **der Vorfall**	a. *witching hour*
___2. **der Käufer**	b. *buyer*
___3. **die Sache**	c. *noise*
___4. **das Aufsehen**	d. *matter*
___5. **das Angebot**	e. *death rattle*
___6. **das Gerücht**	f. *sighing*
___7. **der Einbruch**	g. *straw*
___8. **die Dämmerung**	h. *occurrence*

___9.	**die Geisterstunde**	i.	*offer*
___10.	**das Geräusch**	j.	*onset*
___11.	**das Stroh**	k.	*rumor*
___12.	**das Geseufze**	l.	*dusk*
___13.	**das Geröchel**	m.	*sensation*

Verben

___1.	**dazu führen**	a.	*to investigate*
___2.	**spuken**	b.	*to lead to*
___3.	**beschließen**	c.	*to rustle*
___4.	**untersuchen**	d.	*to step back*
___5.	**niedersinken**	e.	*to sense*
___6.	**wahrnehmen**	f.	*to haunt*
___7.	**knistern**	g.	*to decide*
___8.	**zurücktreten**	h.	*to collapse*

Adjektive/Adverbien

___1.	**außerordentlich**	a.	*extraordinary*
___2.	**in der Tat**	b.	*incomprehensible*
___3.	**quer**	c.	*indeed*
___4.	**unbegreiflich**	d.	*across*

29.8 Setzen Sie alle Infinitive in die Vergangenheit.

Dieser Vorfall, der außerordentliches Aufsehen ____________ (machen), ____________ (führen) dazu, dass mehrere Käufer von ihrem Angebot ________ (zurücktreten). Bald _____ (sprechen) die Leute von einem Gerücht, dass es in dem Zimmer zur Mitternachtsstunde spuke. Der Marchese _______ (beschließen) daher, die Sache selbst zu untersuchen. Beim Einbruch der Dämmerung _____ (legen) er sich in diesem Zimmer ins Bett und ______ (warten) darauf, dass es Mitternacht ________ (werden). Aber wie schockiert _____ (sein) er, als er in der Tat mit dem Schlag der Geisterstunde das unbegreifliche Geräusch _______ (wahrnehmen); es ____ (sein), als ob ein Mensch sich vom Stroh, das unter ihm _______ (knistern), ______ (erheben), quer über das Zimmer ________ (gehen), und hinter dem Ofen unter Geseufze und Geröchel _______ (niedersinken).

29.9 Fragen zum Verständnis.

1. Warum sind die Käufer nicht mehr an dem Schloss interessiert?

2. Warum will der Marchese in dem leer stehenden Zimmer schlafen?

3. Was hört der Marchese, als die Geisterstunde beginnt?

29.10 Verbinden Sie die beiden Spalten. Suchen Sie die richtigen Äquivalente.

Nomen

___1. **der Blick**	a. *explanation*
___2. **der Diener**	b. *presence*
___3. **das Entsetzen**	c. *company*
___4. **die Gegenwart**	d. *horror*
___5. **die Gesellschaft**	e. *glance*
___6. **die Richtigkeit**	f. *servant*
___7. **die Erklärung**	g. *accuracy*
___8. **der Vorfall**	h. *occurrence*

Verben

___1. **herunterkommen**	a. *to frighten*
___2. **unterdrücken**	b. *to bolt*
___3. **verriegeln**	c. *to suppress*
___4. **erschrecken**	d. *to come down*

Adjektive/Adverbien

___1. **ungewiss**	a. *loyal*
___2. **gespensterartig**	b. *shy*
___3. **treu**	c. *ghostlike*
___4. **scheu**	d. *uncertain*

29.11 Setzen Sie alle Infinitive in die Vergangenheit.

Als er am nächsten Morgen ____________________ (herunterkommen), ________________ (fragen) ihn die Marquise, ob der Ritter die Wahrheit ____________ (sagen) hätte. Der Marchese _________ (schauen) sich mit scheuen und ungewissen Blicken um und, nachdem er die Tür verriegelt _______ (haben), ___________ (versichern) er seiner Frau, dass es mit dem Spuk seine Richtigkeit _____ (haben). Sie ________ (erschrecken), wie noch nie in ihrem Leben und _____ (bitten) ihn, das Ganze noch einmal in ihrer Gesellschaft zu wiederholen. Sie ________ (hören) zusammen mit einem treuen Diener, den sie _______________ (mitnehmen) hatten, in der Tat in der nächsten Nacht dasselbe unbegreifliche, gespensterartige Geräusch. Da sie das Schloss verkaufen ______ (wollen), __________ (unterdrücken) sie ihr Entsetzen in Gegenwart ihres Dieners und _________ (meinen), dass es für den Vorfall irgendeine logische Erklärung geben _____ (müssen).

29.12 Fragen zum Verständnis.

1. Was will seine Frau am nächsten Morgen von ihm wissen?

2. Was erzählt er seiner Frau?

3. Warum will die Marquise auch in diesem Zimmer übernachten?

4. Warum unterdrückt sie ihr Entsetzen?

5. Gibt es eine logische Erklärung für den Vorfall?

29.13 Verbinden Sie die beiden Spalten. Suchen Sie die richtigen Äquivalente.

Nomen

___1.	**das Herzklopfen**	a.	*chain*
___2.	**die Kette**	b.	*armoire*
___3.	**das Ehepaar**	c.	*rapier*
___4.	**das Gespräch**	d.	*guest room*
___5.	**die Treppe**	e.	*married couple*
___6.	**das Fremdenzimmer**	f.	*reason*
___7.	**der Schrank**	g.	*palpitation*
___8.	**der Grund**	h.	*staircase*
___9.	**der Degen**	i.	*conversation*

Verben

___1.	**loslassen**	a.	*to go upstairs*
___2.	**hinaufgehen**	b.	*to unchain*

Adjektive/Adverbien

___1.	**zufällig**	a.	*dressed*
___2.	**zusammengekauert**	b.	*coincidentally*
___3.	**nicht in Ordnung sein**	c.	*to be not right*
___4.	**angezogen**	d.	*huddled up*

29.14 Setzen Sie alle Infinitive in die Vergangenheit.

Am Abend des dritten Tages ________ (wollen) beide wissen, ob der Ritter die Wahrheit ___________ (sagen) hatte. Sie _________ (gehen) mit Herzklopfen die Treppe zu dem Fremdenzimmer hinauf. Zufällig _______ (liegen) auch der Haushund, den man von der Kette __________ (loslassen) ________ (haben), vor dieser Tür. Ohne dafür einen Grund zu nennen, _______ (nehmen) die beiden den Hund mit sich in das Zimmer. Das Ehepaar, zwei Lichter auf dem Tisch, die Marquise komplett angezogen, der Marchese Degen und Pistolen, die er aus dem Schrank ____________ (nehmen) _______ (haben), neben sich, ______ (setzen) sich gegen elf Uhr jeder auf sein Bett; und während sie __________ (versuchen), sich mit Gesprächen zu u_nterhalten, ______ (legen) sich der Hund, Kopf und Beine zusammengekauert, in der Mitte des Zimmers nieder und _______ (schlafen) ein.

29.15 Fragen zum Verständnis.

1. Warum gehen die beiden in das Zimmer?

2. Wie fühlen sie sich, als sie die Treppe hinaufgehen?

3. Warum liegt der Hund vor der Tür?

4. Wo sitzen die beiden in dem Zimmer?

5. Was liegt neben dem Marchese?

6. Was machen der Marchese und die Marquise zwischen 11 und 12 Uhr?

7. Was macht der Hund?

29.16 Verbinden Sie die beiden Spalten. Suchen Sie die richtigen Äquivalente.

Nomen

___1.	**der Schritt**	a.	*corner of the room*
___2.	**der Zimmerwinkel**	b.	*step*

Verben

___1.	**emporheben**	a.	*to bark*
___2.	**erwachen**	b.	*to get out of the way*
___3.	**rauschen**	c.	*to wake up*
___4.	**ausweichen**	d.	*to growl*
___5.	**knurren**	e.	*to raise*
___6.	**bellen**	f.	*to rustle*

Adjektive/Adverbien

___1.	**rückwärts**	a.	*backwards*
___2.	**mitternächtlich**	b.	*pointed*
___3.	**entsetzlich**	c.	*horrible*
___4.	**spitzend**	d.	*midnight*

29.17 Setzen Sie alle Infinitive in die Vergangenheit.

Zur mitternächtlichen Stunde __________ (lassen) sich das entsetzliche Geräusch wieder hören; jemand, den kein Mensch mit Augen sehen ________ (können), _______ (heben) sich auf Krücken im Zimmerwinkel empor; man ______ (hören) das Stroh, das unter ihm _______ (rauschen); und mit dem ersten Schritt: tapp! tapp! _____________ (erwachen) der Hund, _______ (erheben) sich plötzlich, die Ohren spitzend, vom Boden empor, und knurrend und bellend, so als ob ein Mensch auf ihn zukommen ___________ (werden), _________ (weichen) er rückwärts gegen den Ofen aus.

29.18 Fragen zum Verständnis.

1. Was passiert um Mitternacht?
2. Was können sie hören, aber nicht sehen?
3. Warum glauben sie, Stroh zu hören?
4. Warum wacht der Hund auf?
5. Was macht der Hund?
6. Warum knurrt und bellt er?
7. Warum geht er rückwärts zum Ofen?

29.19 Verbinden Sie die beiden Spalten. Suchen Sie die richtigen Äquivalente.

Nomen

___1. **der Anblick**	a. *sight*
___2. **der Rasende**	b. *bones*
___3. **die Gebeine**	c. *country people*
___4. **das Entsetzen**	d. *wretched man*
___5. **der Unglückliche**	e. *maniac*
___6. **die Landleute**	f. *horror*

Verben

___1. **umkommen**	a. *to hitch up*
___2. **hineinschicken**	b. *to cut*
___3. **anspannen**	c. *to perish*
___4. **ergreifen**	d. *to send in*
___5. **durchhauen**	e. *to set on fire*
___6. **anstecken**	f. *to clasp*

Adjektive/Adverbien

___1.	**sträubend**	a.	*everywhere*
___2.	**überall**	b.	*bristling*
___3.	**entschlossen**	c.	*determined*
___4.	**kaum**	d.	*in vain*
___5.	**sofort**	e.	*hardly*
___6.	**vergebens**	f.	*at once*
___7.	**getäfelt**	g.	*paneled*
___8.	**gleich**	h.	*similar to*

29.20 Setzen Sie alle Infinitive in die Vergangenheit.

Bei diesem Anblick ____________ (stürzen) die Marquise mit sträubenden Haaren aus dem Zimmer; und während der Marchese, der den Degen ergriffen: „Wer da?" _______________ (rufen), und, da ihm niemand _______ (antworten), gleich einem Rasenden nach allen Richtungen die Luft ___________ (durchhauen), __________ (lassen) sie anspannen, entschlossen, sofort in die Stadt zu fahren. Aber kaum ________ (sein) sie aus dem Schloss, als sie das Schloss schon überall in Flammen aufgehen _________ (sehen). Der Marchese, von Entsetzen gepackt, _______ (haben) eine Kerze genommen und das Schloss, überall mit Holz getäfelt wie es war, an allen vier Ecken, müde seines Lebens, angesteckt. Vergebens ___________ (schicken) sie Leute hinein, den Unglücklichen zu retten; er ____ (sein) bereits umgekommen; und noch heute liegen, von den Landleuten zusammengetragen, seine weißen Gebeine in dem Winkel des Zimmers, von welchem er das Bettelweib von Locarno hatte aufstehen lassen.

29.21 Fragen zum Verständnis.

1. Warum rennt die Marquise aus dem Zimmer?

2. Wie reagiert der Marchese?

3. Warum haut er mit dem Degen durch die Luft?

4. Was sieht seine Frau, als sie das Schloss verlassen will?

5. Warum steckt der Marchese das Schloss an?

6. Wo kann man heute noch seine Knochen finden?

29.22 Wie steht es im Text?

1. Die Ruine eines alten Schlosses kann man heute bei Locarno sehen.

2. Das Schloss hatte hohe Wände (*walls*).

3. Die Schlossbesitzerin half einer alten Frau.

4. Der Marchese ärgerte sich über die Anwesenheit (*presence*) der Frau.

5. Der Fußboden (*floor*) war so stark poliert, dass die Frau ausrutschte.

6. Ein potentieller Käufer übernachtete in dem Schloss.

7. Die Marquise glaubte nicht, dass es in dem Schloss spukte.

8. Sie nahmen den Diener mit auf das Zimmer.

9. Vor der Tür lag der Hund nicht mehr an der Kette.

10. Ein Geräusch, das man nicht sehen, sondern nur hören konnte.

11. Der Hund macht dem Leser klar, woher der Spuk kommt.

12. Um Mitternacht kann es in einem Haus spuken.

13. Die Marquise wollte mit dem Pferdewagen in die Stadt, um Hilfe zu holen.

14. Der Marchese versuchte, den Geist mit seinem Degen zu treffen.

15. Das Schloss ging in Flammen auf.

29.23 Richtig oder falsch? Korrigieren Sie die falsche Aussage.

1. Bei Locarno gab es einmal ein altes Schloss. R F

2. Der Marchese kennt kein Mitleid. R F

3. Es gibt mehrere Käufer für das Schloss. R F

4. Der Marchese weiß, woher der Spuk kommt. R F

5. Der Diener soll mitkommen, weil sie ihrem Mann nicht glaubt. R F

6. Der Hund spürt, dass etwas Unsichtbares im Raum ist. R F

7. Die alte Frau ist der Geist. R F

8. Der Ritter findet die Spukgeschichte sehr amüsant. R F

9. Der Marchese verliert sein großes Vermögen. R F

10. Die Marquise steckt das Schloss an. R F

11. Vor Angst sprechen Mann und Frau miteinander. R F

12. Der Hund geht langsam auf den Geist zu. R F

29.24 Setzen Sie die passenden Nomen in die Lücken ein.

Missernten, Vermögen, Geisterstunde, Mitleid, Zimmerwinkel, Herzklopfen, Gespräch, Geräusch, Erklärung, Richtigkeit, Fremdenzimmer, Schrank, Gesellschaft, Vorfall

1. In der ____________________ erleben die beiden einen Spuk im Zimmer.
2. Die Marquise hat ______________ mit der alten Frau.
3. Man kann im ________________ ein Geräusch hören.
4. Durch ________________ verliert der Marchese sein ________________.
5. Der Ritter übernachtet in dem ______________________.
6. Das Ehepaar versucht, seine Angst durch ein _________________ zu unterdrücken.
7. Es hat mit dem Spuk seine _________________.
8. Sie hören das unbegreifliche ______________________.
9. Degen und Pistolen nimmt er aus dem ________________.
10. Sie wollen das Ganze in der ________________ des Dieners wiederholen.
11. Es gibt für den ______________ eine logische _________________.
12. Sie gehen die Treppe mit _______________ hinauf.

29.25 Setzen Sie die passenden Adjektive oder Adverbien in die Lücken ein.

gespensterartige, bleich, mitternächtlicher, ungewissen, treue, in Ordnung, spitzend, quer, kaum, überall, sträubenden, knurrend, bellend

1. Der Hund weicht _____________ und ________________ zum Ofen aus.
2. Die Marquise rennt mit __________________ Haaren aus dem Schloss.
3. Das Schloss ist ___________________ mit Holz getäfelt.
4. ___________ ist sie aus dem Schloss, da geht es in Flammen auf.
5. Zu _____________________________ Stunde kann es spuken.
6. Der Hund, die Ohren _______________, fängt an zu bellen.
7. In dem Fremdenzimmer ist etwas nicht ____________________.
8. Der Marchese schaut sich mit _______________________ Blicken um.
9. Die beiden hören das ___________________________ Geräusch.
10. Der ______ Diener begleitet die beiden auf das Zimmer.

11. Man hört, wie jemand _____________ durch das Zimmer geht.
12. Der Ritter kommt am anderen Morgen ganz _____________ im Gesicht herunter.

29.26 Verbinden Sie die beiden Spalten.

___1. Am Abend des dritten Tages wollen beide wissen,	a. weicht der Hund rückwärts gegen den Ofen aus.
___2. Am Fuße der Alpen bei Locarno im oberen Italien liegt ein altes Schloss,	b. als sie das Schloss schon überall in Flammen aufgehen sieht.
___3. Der Marchese ist erschrocken,	c. das einem Marchese gehört.
___4. Die Frau erhebt sich sehr langsam,	d. der Marchese hat sein Vermögen verloren.
___5. Die Hausfrau hat Mitleid mit einer alten Frau,	e. und er will es wegen seiner schönen Lage von ihm kaufen.
___6. Die Marquise ist kaum aus dem Schloss,	f. der nicht mehr an der Kette liegt.
___7. Einem florentinischen Ritter gefällt das Schloss,	g. rutscht aber mit der Krücke auf dem glatten Boden aus.
___8. Knurrend und bellend	h. sieht man es in Schutt und Trümmern liegen.
___9. Mehrere Jahre vergehen und	i. und sinkt hinter dem Ofen nieder.
___10. Sie steht mit viel Mühe wieder auf	j. ob der Ritter die Wahrheit gesagt hat.
___11. Wenn man heute vom St. Gotthard kommt,	k. aber er weiß selbst nicht recht warum.
___12. Zufällig folgt ihnen auch der Haushund,	l. die bettelnd vor der Tür liegt.

29.27 Zum Schreiben.

Was steht in jedem Abschnitt? Schreiben Sie eine kurze Zusammenfassung.

30

Der Verbrecher aus verlorener Ehre

Friedrich Schiller (1788–1805)

Nomen

Beute, die	*quarry*	**Unsinn, der**	*nonsense*
Ruf, der	*reputation*	**Wilddieb, der**	*poacher*

Adjektive/Adverbien

dunkel	*dark*	**unansehnlich**	*plain*
kaum	*hardly*		

Ausdrücke

den Rücken kehren + (Dat)	*to turn one's back on somebody*	**sich eine Reputation schaffen**	*to create a reputation*
		von heute auf morgen	*overnight*

30.1 Setzen Sie die Infinitive in die Vergangenheit.

Christian Wolf, Sohn des „Sonnenwirtes", ______ (helfen) seiner Mutter, bis er zwanzig Jahre alt ____ (sein). Sein Vater ________ (sein) schon lange tot. In der Schule _____ (bekommen) er keine guten Noten. Sein Ruf in der kleinen Stadt _______ (sein) nicht gut. Er _____ (haben) viel Unsinn im Kopf. Christian ______ (haben) dunkles Haar. Sein Gesicht _____ (sein) unansehnlich. Er ______ (sein) auch nicht sehr groß. Viele Leute _____ (haben) vor ihm Angst. Seine Kameraden ______ (machen) sich über ihn lustig. Auch die Mädchen, die er _____ (mögen), _______ (kehren) ihm den Rücken. Er _____ (wollen) sie durch Geschenke gewinnen und damit eine Reputation schaffen, aber er _______ (haben) kaum Geld. Die Gastwirtschaft ______ (bringen) nicht viel Geld ein. Er ______ (wollen) auch nicht von heute auf morgen vom Herrn zum Bauern werden. Er _______ (sehen) nur einen Weg, um zu Geld zu kommen. Er ________ (werden) Wilddieb. Das Geld, das er für seine Beute _______ (bekommen), _______ (geben) er seiner Geliebten Charlotte.

30.2 Fragen zum Verständnis.

1. Wie lange hilft Christian seiner Mutter?
2. Was erfahren wir über seinen Vater?
3. Wie war Christian in der Schule?
4. Wie sieht er aus?
5. Wie reagieren die Leute auf ihn?
6. Hat er viele Freunde?
7. Warum hat er keine Freundin?
8. Wie kann er eine Freundin bekommen?
9. Verdient er genug Geld zu Hause?
10. Wie kann er zu Geld kommen?
11. Was macht er mit dem Geld?

Nomen

Förster, der	*forester*	**Prozess, der**	*trial*
Gefängnis, das	*prison*	**Rache, die**	*revenge*
Geldstrafe, die	*fine*	**Tagelöhner, der**	*day laborer*
Gesetz, das	*law*	**Taugenichts, der**	*good-for-nothing*

Adjektive/Adverbien

eifersüchtig	*jealous*	**streng**	*strict*
erfolgreich	*successful*	**vorsichtig**	*careful*
schwach	*weak*		

Ausdrücke

auf frischer Tat ertappen	*to catch red-handed*

30.3 Setzen Sie die Infinitive in die Vergangenheit.

Charlotte _____ (haben) aber mehr als einen Geliebten. Robert, der beim Förster ______ (arbeiten), _______ (sehen) bald, dass Christian Charlotte mehr Geschenke _______ (geben). Er _______ (sein) eifersüchtig und er ______ (wissen) auch bald, woher das Geld _____ (kommen). Seit einiger Zeit _________ (geben) es ein strenges Gesetz gegen Wilddiebe. Robert ____ (sein) sehr vorsichtig. Eines Tages _______ (können) er Christian auf frischer Tat ertappen. Es ____ (geben) einen Prozess, aber Christian _______ (wollen) nicht ins Gefängnis. Die Geldstrafe ________ (kosten) ihn sein ganzes kleines Vermögen. Robert ____ (sein) froh, denn Charlotte ___________ (interessieren) sich nicht mehr für Christian. Christian ________ (kennen) aber seinen Feind. Er _______ (wollen) Rache. Er _____ (sein) auch sehr eifersüchtig. Er _______ (werden) wieder Wilddieb und Robert ______ (ertappen) ihn noch einmal. Jetzt _________ (müssen) Christian ins Gefängnis. Nach einem Jahr _____ (kommen) er wieder in seine Heimatstadt zurück. Die Reichen _______ (wollen) keinen Tagelöhner, die Bauern ______ (sehen), dass sein Körper zu schwach und er ein Taugenichts ____ (sein). Er _______ (werden) zum dritten Mal Wilddieb und auch wieder gefasst.

30.4 Fragen zum Verständnis.

1. Ist seine Geliebte ihm treu?

2. Warum ist Robert eifersüchtig?

3. Was gibt es gegen Wilddiebe?

4. Was passiert eines Tages?

5. Warum muss Christian vor Gericht?

6. Muss er ins Gefängnis?

7. Wie kann Christian die Geldstrafe bezahlen?

8. Warum will Christian Rache?

9. Wie verdient Christian sein Geld jetzt?

10. Was passiert, als Robert ihn zum zweiten Mal fasst?

11. Warum findet er bei seiner Rückkehr keinen Job?

12. Warum wird er wieder Wilddieb?

Nomen

Dieb, der	*thief*	**Mitgefangene, der**	*fellow prisoner*
Erinnerung, die	*reminder*	**Mörder, der**	*murderer*
Festung, die	*fortress*	**Opfer, das**	*victim*
Herz, das	*heart*	**Richter, der**	*judge*
Lied, das	*song*	**Stolz, der**	*pride*

Verben

behandeln	*to treat*	**sich sehnen**	*to crave*
beistehen	*to assist*	**überlisten**	*to trick*
beleidigen	*to insult*	**sich verstecken**	*to hide*
sich freuen auf	*to look forward to*		

30.5 Setzen Sie die Infinitive in die Vergangenheit.

Die Richter ________ (sehen) nur das Gesetz, nicht aber in sein Herz. Er _______ (müssen) jetzt drei Jahre lang hart auf der Festung arbeiten. Als er freigelassen ______ (werden), ______ (haben) er sich verändert. Als er auf die Festung _____ (kommen), ______ (haben) er noch seinen Stolz. Seine Mitgefangenen __________ (sein) Mörder, Diebe und Vagabunden. Man ______ (machen) sich über ihn lustig, wenn er von Gott _____ (sprechen). Die Lieder, die sie ______ (singen), _______ (sein) so unmoralisch, dass er nicht mehr zuhören _______ (können). Er ________ (versuchen), sich vor ihnen zu verstecken. Die Arbeit _______ (sein) so hart, dass er sie nicht allein machen _______ (können). Er _______ (suchen) und _____ (finden) jemanden, der ihm _________ (beistehen). Er _________ (beginnen), wie seine Mitgefangenen zu leben und sie nach und nach zu überlisten. Er _________ (sehnen) sich nach dem Tag seiner Freiheit. Er ______ (wollen) Rache. Viele Menschen ________ (haben) ihn schlecht behandelt und beleidigt. Die meisten __________ (sein) besser und glücklicher als er. Er ______ (sehen) sich als ein Opfer des Gesetzes. Als er endlich wieder frei _____ (sein), ________ (gehen) er zuerst in seine Vaterstadt. Die Erinnerung an all das Schlechte, was er in dieser Stadt erlebt _______ (haben), _______ (werden) wieder wach. Er ______ (freuen) sich darauf, dass seine Feinde Angst vor ihm hätten.

30.6 Fragen zum Verständnis.

1. Wie reagiert das Gesetz?
2. Wie lange muss er auf die Festung?
3. Wie reagieren seine Mitgefangenen auf der Festung?
4. Warum kann er ihren Liedern nicht mehr zuhören?
5. Kann er die Arbeit allein machen?
6. Was muss er machen, um dort am Leben zu bleiben?
7. Warum sehnt er sich nach seiner Freiheit?
8. Warum ist er mit dem Gesetz unzufrieden?
9. Wohin geht er, als er endlich wieder frei ist?
10. Woran erinnert er sich?
11. Worauf freut er sich besonders?

Nomen

Ehre, die	*honor*	**Münze, die**	*coin*
Eindruck, der	*impression*	**Soldat, der**	*soldier*
Gemeinde, die	*parishioners*	**Wange, die**	*cheek*
Kirchglocke, die	*church bell*		

Verben

erkennen	*to recognize*	**vorübergehen**	*to pass someone*
hassen	*to hate*	**werfen**	*to throw*
läuten	*to ring (church bells)*		

Adjektive/Adverbien

scheu	*shy*	**starr**	*rigid*

Ausdrücke

auf dem Weg	*on the way*	**es tut ihm gut**	*it's good for him*

30.7 Setzen Sie die Infinitive in die Vergangenheit.

Die Kirchglocken _______ (läuten) zur Vesper, als er mitten auf dem Markt _______ (stehen). Die Gemeinde _______ (gehen) zur Kirche. Man _________ (erkennen) ihn schnell und jeder _____ (treten) scheu zurück. Er ________ (haben) schon immer die kleinen Kinder sehr lieb gehabt und auch jetzt ______ (geben) er einem kleinen Jungen eine Münze. Der Knabe _____ (sehen) ihn einen Augenblick starr an und _______ (werfen) ihm das Geld ins Gesicht. Leider _____ (tragen) er noch einen Vollbart. Sein Gesicht _____ (machen) keinen guten Eindruck. Tränen, wie er sie nie geweint _____ (haben), _______ (laufen) über seine Wangen. Die Reaktion des Jungen _______ (lassen) ihm keine Ruhe. Er ______ (haben) ihm Gutes getan und er ____________ (hassen) ihn dafür. Keiner, der an ihm ______________ (vorübergehen), __________ (begrüßen) ihn. Auf dem Weg zu einem Nachtquartier ____________ (begegnen) er „seiner" Charlotte, die ihn auch ____________ (wiedererkennen). Sie _______ (sehen) krank aus. Soldaten, die in der Stadt eine Garnison ______ (haben), _______ (sein) jetzt ihre „Liebhaber". Es ____ (tun) ihm gut zu wissen, dass es in der Stadt noch eine Person ______ (geben), die unter ihm _____ (stehen). Seine Mutter ________ (sein) tot. Er ________ (haben) niemand und nichts mehr. Er _______ (haben) auch keine Ehre mehr.

30.8 Fragen zum Verständnis.

1. Was passiert, als er auf dem Markt steht?

2. Wird er von den Leuten in der Stadt gegrüßt?

3. Wie wissen wir, dass er kinderlieb ist?

4. Wie reagiert er, als der kleine Junge ihm das Geld ins Gesicht wirft?

5. Was geht ihm durch den Kopf, als er „seine" Charlotte in der Stadt sieht?

6. Warum ist er allein auf der Welt?

7. Warum hat er keine Ehre mehr?

Nomen

Fährte, die	*track*	**Kampf, der**	*battle*
Gewissen, das	*conscience*	**Landesherr, der**	*sovereign*
Hirsch, der	*stag*	**Tatort, der**	*scene of the crime*

Verben

anbieten	*to offer*	**schütteln**	*to shake (hands)*
anlegen	*to point (a gun)*	**umarmen**	*to embrace*
(sich) nähern	*to approach*	**währen**	*to last*
schaden	*to harm*	**zielen**	*to aim*
schielen	*to squint, to be cross-eyed*		

Adjektive/Adverbien

atemlos	*breathlessly*	**sicher**	*safe*
ewig	*eternally*	**wert**	*worth*
mutig	*courageous*	**zum Glück**	*luckily*

30.9 Setzen Sie die Infinitive in die Vergangenheit.

Er ________ (werden) wieder Wilddieb. Aber diesmal ______ (sein) alles anders. Er ______ (suchen) kein Geld. Er _______ (wollen) seinem Landesherrn schaden. Eines Morgens ______ (sehen) er die Fährte eines Hirsches. Als er sich dem Tier ______ (nähern), _____ (sehen) er Robert, als er auf das Tier _________ (anlegen). Rache und Gewissen _______ (beginnen) einen Kampf in ihm, den aber die Rache _______ (gewinnen). Christian ______ (legen) an, ________ (zielen) und _________ (erschießen) Robert. Jetzt _______ (wissen) er, dass sein Leben nichts mehr wert ______ (sein). Er ___________ (wollen) so schnell wie möglich den Tatort verlassen. Er _________ (nehmen) die Hälfte des Geldes und __________ (laufen) atemlos durch den Wald. Als er ruhiger _______ (werden), _______ (haben) er wieder Angst. Plötzlich __________ (hören) er, wie eine Stimme „Halt" _______ (rufen). Er ________ (sehen) einen großen Mann, gelb im Gesicht und Augen, die __________ (schielen). Zum Glück _______ (sein) es ein Räuber. Er ___________ (fühlen) sich sicher und mutig. „Das Leben ist kurz", _________ (sagen) er langsam, „und die Hölle währt ewig." Der Mann _____ (sehen) sein blutiges Messer und __________ (wollen) seinen Namen wissen. Als er _________ (hören), dass er der Wilddieb Christian Wolf ______ (sein), _________ (springen) er auf, __________ (umarmen) ihn und ________ (schütteln) ihm die Hände. Der Mann ________ (kennen) seine ganze Lebensgeschichte und _______ (bieten) ihm an, bei ihm zu bleiben.

30.10 Fragen zum Verständnis.

1. Warum wird er wieder Wilddieb?

2. Was passiert, als er die Fährte eines Hirsches sieht?

3. Wie reagiert er, als er Robert sieht?

4. Warum ermordet er Robert?

5. Warum will er so schnell wie möglich den Tatort verlassen?

6. Was nimmt er mit?

7. Wen trifft er im Wald?

8. Hat er vor dem Räuber Angst?

9. Wie reagiert er, als der Mann ihn anhält?

10. Wie sieht der Mann aus?

11. Was macht der Räuber, als er hört, wer Christian ist?

Nomen

Abgrund, der	*abyss*	**Pfeife, die**	*whistle*
Anführer, der	*leader*	**Prämie, die**	*bounty*
Begnadigung, die	*amnesty, pardon*	**Reue, die**	*contrition*
Belohnung, die	*reward*	**Tiefe, die**	*depth*
Felsenschlucht, die	*chasm*	**Todesangst, die**	*mortal fear*
Gefahr, die	*danger*	**Traum, der**	*dream*
Kreis, der	*circle*	**Vergangene, das**	*past*
Leiter, die	*ladder*	**Vertrauen, das**	*trust*
Neid, der	*envy*		

Verben

beruhigen	*to calm*	**leiden**	*to suffer*
blasen	*to blow*	**sich richten**	*to point (at)*
entkommen	*to escape*	**stellen**	*to put*
erkennen	*to recognize*	**suchen**	*to search*
erwachen	*to awaken*	**versprechen**	*to promise*
hinuntersteigen	*to climb down*		

Adjektive/Adverbien

rechtzeitig	*in time*	**stumm**	*mute*

30.11 Setzen Sie die Infinitive in die Vergangenheit.

Sie ________ (gehen) tiefer in den Wald, bis sie zu einer Felsenschlucht ________ (kommen). Er __________ (blasen) in seine Pfeife und eine andere __________ (antworten). Eine Leiter _______ (kommen) aus der Tiefe nach oben. Er ______ (steigen) zuerst hinunter, um die Hunde zu beruhigen. Für den Sonnenwirt ______ (sein) diese Schlucht so etwas wie der Abgrund der Hölle. Er _______ (haben) immer noch ein Gewissen. Nachdem er die Leiter ____________ (hinuntersteigen) ___ (sein), _____ (sehen) er mehrere Hütten und achtzehn bis zwanzig Männer und Frauen. „Hier, Kameraden", _______ (sagen) sein Führer und _______ (stellen) ihn mitten in den Kreis, „unser Sonnenwirt. Heißt ihn willkommen". Man _____ (sehen) ihn mit Vertrauen und Respekt an und _____ (bitten) ihn, Anführer der Gruppe zu sein. Bald ____ (sein) das ganz Land in Unruhe. Das Gesetz

_______ (suchen) den Sonnenwirt. Auf seinem Kopf _______ (stehen) eine Prämie. Er ________ (können) aber immer rechtzeitig entkommen. Seine Gruppe ________ (sein) jedoch nicht immer erfolgreich. Schon bald _____ (müssen) auch sie Hunger leiden. In der Gruppe _____ (geben) es auch viel Neid. Und das Gesetz ________ (versprechen) eine Belohnung und Begnadigung. Der Sonnenwirt __________ (erkennen) die Gefahr. Er _______ (haben) schlechte Träume und Todesangst. Sein stummes Gewissen ____ (sein) wieder wach. Die Reue ________ (richten) sich jetzt gegen ihn. Sein guter Verstand _______ (erwachen). Er ______ (erkennen), wie tief er _______ (fallen) ____ (sein). Er ________ (werden) melancholisch. Er ________ (wünschen) mit Tränen die Vergangenheit zurück.

30.12 Fragen zum Verständnis.

1. Wohin gehen die beiden?

2. Was macht der Räuber, als sie zu der Felsenschlucht kommen?

3. Warum klettert er die Leiter als erster hinunter?

4. Wie reagiert Christian (der Sonnenwirt) auf die Felsenschlucht?

5. Woher kommt diese Reaktion?

6. Wie ist die Reaktion der Männer?

7. Warum wollen sie, dass er ihr Anführer sein soll?

8. Ist alles in dieser Gruppe harmonisch?

9. Warum hat er schlechte Träume?

10. Was wünscht er sich zurück?

Nomen

Amtshaus, das	*administrative office*	**Torwächter, der**	*gatekeeper*

Verben

ausbrechen	*to break out*	**entkommen**	*to escape*
bitten	*to ask, request*	**untersuchen**	*to search*

Ausdrücke

einen Blick haben für	*to have an eye for*	**ihm ist nicht wohl**	*he feels uneasy*

30.13 Setzen Sie die Infinitive in die Vergangenheit.

Zu dieser Zeit _____ (sein) der Siebenjährige Krieg __________ (ausbrechen). Er __________ (schreiben) einen Brief an seinen Landesherrn. Er ________ (wollen) das Vergangene wieder gutmachen und er _______ (hoffen) auf ein Pardon. Sein Brief ________ (bleiben) aber ohne Antwort. Deshalb ________ (wollen) er aus dem Land fliehen. Er ______ (wollen) beim Preußenkönig Soldat werden. Er _________ (entkommen) glücklich seiner Bande. Der Weg _____ (führen) ihn durch eine kleine Stadt, wo er übernachten ________ (wollen). Reisende _______ (werden) jetzt strenger untersucht. Dem Torwächter ______ (sein) es nicht ganz wohl, als er den Mann auf dem Pferd ________ (sehen). In seinen vierzig Amtsjahren ________ (haben) er einen Blick für die Menschen. Er _______ (machen) sofort das Stadttor zu und _____ (bitten) den Reiter, ihm seinen Pass zu zeigen. Christian _______ (haben) wirklich einen Pass dabei. Aber der Torwächter __________ (glauben) seinen Augen mehr als diesem Papier, und Christian _____ (müssen) ihm zum Amtshaus zu folgen.

30.14 Fragen zum Verständnis.

1. Was ist historisch relevant, als er den Brief schreibt?

2. Warum schreibt er einen Brief an seinen Landesherrn?

3. Wie reagiert der Landesherr?

4. Warum will er aus dem Land fliehen?

5. Was will er in Preußen?

6. Lässt seine Bande ihn freiwillig gehen?

7. Wo will er übernachten?

8. Wie reagiert der Torwächter?

9. Warum macht der Stadtwächter das Tor zu?

10. Worum bittet der Torwächter den Reisenden?

11. Warum muss er vom Pferd steigen und dem Torwächter zum Amtshaus folgen?

Nomen

Fürst, der	*prince*	**Oberamtmann, der**	*bailiff*
Gasse, die	*backstreet*	**Sackgasse, die**	*dead end*
Gelegenheit, die	*opportunity*	**Turm, der**	*tower*
Gnade, die	*mercy, pardon*	**Verräter, der**	*traitor*
Herkunft, die	*background, origin*	**Zweifel, der**	*doubt*

Verben

beschützen	*to protect*	**überzeugen**	*to convince*
erklären	*to declare*	**verbringen**	*to spend*
sich erklären	*to explain oneself*	**wählen**	*to choose*
herunterreißen	*to pull off*	**zeigen**	*to point*
stehlen	*to steal*		

Adjektive/Adverbien

eigen	*own*	**gültig**	*valid*
gnädig	*merciful*	**mal**	*once*

Ausdrücke

aus freier Wahl	*of his own accord*
in Ruhe lassen	*to leave someone alone*
um Gnade bitten	*to beg for mercy*
vor Gott stehen	*to stand before God*

30.15 Setzen Sie die Infinitive in die Vergangenheit.

Der Oberamtmann _______ (erklären) seinen Pass für gültig. Die Leute in der Stadt ________ (zeigen) mal auf das Pferd, das er _________ (stehlen) _________ (haben) und mal auf ihn. Er __________ (glauben) nun, dass man das Pferd und ihn ___________ (erkennen) __________ (haben). Er _________ (springen) schnell auf sein Pferd und _________ (reiten) tiefer in die Stadt. Leider ________ (sein) der Weg, den er ___________ (wählen) _________________ (haben), eine Sackgasse. Immer mehr Menschen _________ (kommen) in die Gasse. Er _______ (ziehen) seine Pistole, aber man ___________ (können) ihn vom Pferde herunterreißen. Der Richter ____________ (wollen) seinen Namen und seine Herkunft wissen und ________ (wundern) sich über seine Pistole. Der Sonnenwirt ________ (erklären), dass er sein Geld beschützen ________ (wollen) und auch von dem Sonnenwirt _________ (hören)____ (haben). Der Richter ________ (glauben) ihm nicht, und er _______ (müssen) die Nacht im Turm verbringen. Am nächsten Tag _______ (kommen) er wieder vor den Richter, den er um eine Privataudienz ____ (bitten). Der Richter _______ (haben) seine Zweifel und _____ (wollen) dem Mann Gelegenheit geben, sich zu erklären. Der Sonnenwirt __________ (erkennen) das Vertrauen und den Respekt, den der Richter für ihn ____ (haben). Er _____ (bitten) den Richter um Gnade. Der Richter selbst_____ (sein) schon alt und grau. Schon bald_______ (werden) er selbst vor Gott stehen und um Gnade bitten. Er _________ (sollen) seinem Fürsten schreiben, dass der Sonnenwirt aus freier Wahl sein eigener Verräter __________ (sein) und dass auch Gott ihm einmal gnädig sein _________ (werden), weil er einem Menschen gegenüber gnädig gewesen ______ (sein).

30.16 Fragen zum Verständnis.

1. Wie reagiert der Oberamtmann?

2. Was machen die Leute in der Stadt?

3. Warum springt Christian schnell wieder auf sein Pferd?

4. Was passiert, als Christian tiefer in die Stadt reitet?

5. Warum kann er nicht entkommen?

6. Was will der Richter wissen?

7. Warum hat er eine Pistole dabei?

8. Warum muss er ins Gefängnis?

9. Warum will er mit dem Richter unter vier Augen sprechen?

10. Was erhofft er von dem Richter?

11. Woran erinnert er den Richter?

30.17 Richtig oder falsch? Korrigieren Sie die falsche Aussage.

1. Christian hilft seinen Eltern, bis er zwanzig ist. R F

2. Die Leute mögen ihn. Er sieht sehr gut aus. R F

3. Seine Kameraden finden ihn sehr lustig. R F

4. Christian kann seinen Mädchen keine Geschenke machen. R F

5. Als Wilddieb ist er sehr erfolgreich. R F

6. Nachdem man ihn zwei Mal gefasst hat, muss er auf die Festung. R F

7. Seine Feinde überlisten ihn. R F

8. In der Heimatstadt will er sich rächen. R F

9. Der kleine Junge reagiert sehr freundlich auf den Mann mit dem Vollbart. R F

10. Charlotte ist immer noch hübsch. R F

11. Die Rache besiegt sein Gewissen. R F

12. Der Räuber freut sich, ihn kennenzulernen. R F

13. Christian wird im ganzen Land gesucht. R F

14. Er ist stolz auf seinen Erfolg. R F

15. Sein Brief spricht von Amnestie. R F

16. Der Torwächter findet ihn sehr sympathisch. R F

17. Der Sonnenwirt kann den Richter überzeugen. R F

18. Der Richter bittet um Gnade. R F

19. Der Sonnenwirt ist sein eigener Verräter. R F

30.18 Setzen Sie die fehlenden Wörter in den Text ein.

neidisch, zum Glück, erfolgreich, bald, schwach, gnädig, eifersüchtig, starr, unansehnlich, vorsichtig

1. Christian ist kein attraktiver Mann. Er sieht eigentlich ____________ aus.
2. Er hat kein Geld, aber er weiß, wie man zu Geld kommt. Plötzlich ist er sehr ____________.
3. Seine Kameraden in der Kleinstadt sind _______________ auf ihn, denn er hat jetzt viel Geld.
4. Robert ist schrecklich _____________, denn Christian kann Charlotte viele Geschenke geben.
5. Christian ist zwar ____________, aber Robert kann ihn bald ertappen.

6. Christian sucht Arbeit, aber die Bauern denken, dass er zu ___________ ist.
7. Der Knabe in der Stadt sieht ihn ganz __________ an.
8. Christian läuft __________ immer tiefer in den Wald.
9. Der Mann, dem er begegnet, ist __________ ein Räuber.
10. Er hofft, dass der Richter ________ mit ihm sein wird.

30.19 Setzen Sie die passenden Ausdrücke ein.

den Rücken kehren, auf dem Weg, von heute auf morgen, in Ruhe lassen, sich lustig machen, vor Gott stehen, um Gnade bitten, Angst haben, aus freier Wahl.

1. Christian kommt ____ _____ _____ zu dem Richter.
2. Eines Tages wird auch der Richter ____ _____ ______, und er wird sich rechtfertigen (*justify*) müssen.
3. Christian beschließt, dass es Zeit ist, ____ _______ zu ___________.
4. Er ____ _________ vor den Bürgern der Stadt.
5. Die jungen Leute in seiner Heimatstadt machen _________ über ihn _________.
6. Er wird von den Bürgern ______ ________ _________________.
7. Das Gesetz ist gegen ihn und deshalb ___________ er ihm ___ ______.
8. Er wird ___ _______ _____ _______ zum Wilddieb.
9. Er trennt sich von den Räubern und ist ____ _____ ____ zum Preußenkönig.

30.20 Verbinden Sie die beiden Spalten.

___1.	Seine Kameraden machen sich über ihn lustig,	a.	aber Christian will nicht ins Gefängnis.
___2.	Sein Gesicht verspricht nichts Gutes,	b.	als er den Reiter sieht.
___3.	Der Sonnenwirt hat von heute auf morgen viel Geld,	c.	bis sie zu einer Felsenschlucht kommen.
___4.	Dem Torwächter ist es nicht wohl,	d.	den aber die Rache gewinnt.
___5.	Es gibt einen Prozess,	e.	er muss die Nacht im Turm verbringen.
___6.	Die Richter sehen nur das Gesetz,	f.	hat er sich verändert.

___7.	Als er wieder frei ist,	g.	hat er wieder Angst.
___8.	Man lacht ihn aus,	h.	nicht aber in sein Herz.
___9.	Er freut sich darauf,	i.	seine Feinde in Panik zu versetzen.
___10.	Der Knabe blickt ihn einen Augenblick starr an	j.	sodass die Leute Angst vor ihm haben.
___11.	Rache und Gewissen beginnen einen Kampf in ihm,	k.	sodass er ihnen Geschenke machen kann.
___12.	Als er ruhiger wird,	l.	und wirft ihm das Geld ins Gesicht.
___13.	Sie gehen tiefer in den Wald,	m.	weil er kein attraktiver Junge ist.
___14.	Der Weg führt ihn durch eine kleine Stadt,	n.	wenn er von Gott spricht.
___15.	Der Richter glaubt ihm nicht, und	o.	wo er übernachten will.

30.21 Setzen Sie die fehlenden Wörter in den Text ein.

Prämie, Wangen, Opfer, Geschenke, Ehre, Gott, Tatort, Brief, Rache, Vermögen, Gefängnis, Gemeinde, Gesicht, Gewissen, Reue

1. Zum Geburtstag bekommt man viele ___________________.
2. Wenn man etwas Unrechtes getan hat, kommt man ins ____________________.
3. Wenn man im Lotto gewinnt, hat man plötzlich ein __________________.
4. Für die langen Jahre auf der Festung will Christian jetzt ________________.
5. Der Sonnenwirt sieht sich als ___________ des Gesetzes.
6. Der Landesherr reagiert nicht auf seinen ___________________.
7. Die Mitgefangenen machen sich über ihn lustig, wenn er von _________ spricht.
8. Auf der Festung verliert Christian seine ____________.
9. Nachdem er Robert ermordet hat, verlässt er den ______________ sehr schnell.
10. Die Tränen laufen ihm die ___________ hinunter.
11. Man hat eine _________ auf seinen Kopf ausgesetzt.
12. Als er in die Stadt zurückkehrt, kümmert die ____________ sich nicht um ihn.
13. Ein Junge, dem er Geld gibt, wirft es ihm ins ___________.
14. Sein __________ sagt ihm, dass er ein schlechter Mensch ist.
15. Manchmal überkommt ihn die ________, und dann wünscht er sich die Vergangenheit zurück.

30.22 Zur Diskussion.

1. Wessen Schuld (*fault*) ist es, dass Christian Wilddieb wird?
2. Warum wird er immer wieder rückfällig (*relapsed*)?
3. Warum bessert (*improve*) er sich nicht auf der Festung?
4. Was ist der Grund für seine Rache?
5. Hat Christian ein Gewissen?

30.23 Zum Schreiben.

Schreiben Sie von jedem Abschnitt eine Zusammenfassung.

31

Ein Ehepaar erzählt einen Witz

Kurt Tucholsky (1890–1935)

Nomen

Aschenbecher, der	*ashtray*	**Scheidung, die**	*divorce*
Gelegenheit, die	*opportunity*	**Stalltür, die**	*stable door*
Genuss, der	*pleasure*	**Türgeknall, das**	*door banging*
Kinderstube, die	*upbringing*	**Unbeherrschtheit, die**	*lack of self-control*
Konservenbüchse, die	*can*	**Wanderkarte, die**	*hiking map*
Rechtsanwalt, der	*attorney*	**Witz, der**	*joke*
Rindfleisch, das	*beef*	**Ziege, die**	*goat*

Verben

aufsparen	*to save up*	**stupsen**	*to nudge*
beruhen auf	*to be based on*	**triefen**	*to drip*
bitten	*to request*	**unterbrechen**	*to interrupt*
sich losmachen	*to get loose*	**verderben**	*to ruin*
strampeln	*to kick*	**sich verirren**	*to get lost*
streuen	*scatter*		

Adjektive/Adverbien

also	*anyway*	**nachher**	*afterwards*
eben	*just*	**reizend**	*charming*
friedlich	*calm*	**rückgängig**	*canceled*
ganz	*entirely*	**verwirrt**	*confused*
großartig	*great, grand*	**zugeschlossen**	*locked*
meinetwegen	*for all I care*		

Ausdrücke

aus dem Schlaf hochfahren	*to awake with a start*	**es ist ja egal**	*it does not matter*
die Pointe verkorksen	*to ruin the punch line*	**keine Spur**	*no way*
		nach meiner Art	*in my way*

„Herr Panter, wir haben gestern einen so reizenden Witz gehört, den müssen wir Ihnen ... also den muss ich Ihnen erzählen. Mein Mann kannte ihn schon ... aber er ist zu reizend. Also passen Sie auf. Ein Mann, Walter, streu nicht den Tabak auf den Teppich, da! Streust ja den ganzen Tabak auf den Teppich, also ein Mann, nein, ein Wanderer verirrt sich im Gebirge. Also, der geht im Gebirge und verirrt sich, in den Alpen. Was? In den Dolomiten, also nicht in den Alpen, ist ja ganz egal. Also, er geht da durch die Nacht und da sieht er ein Licht, und er geht gerade auf das Licht zu ... lass mich doch erzählen! das gehört dazu! ... geht drauf zu, und da ist eine Hütte, da wohnen zwei Bauersleute drin. Ein Bauer und eine Bauersfrau. Der Bauer ist alt, und sie ist jung und hübsch, ja, sie ist jung. Die liegen schon im Bett".

„Nein, die liegen noch nicht im Bett ... Meine Frau kann keine Witze erzählen. Lass mich mal. Du kannst nachher sagen, ob es richtig war. Also nun werde ich Ihnen das mal erzählen. Also, ein Mann wandert durch die Dolomiten und verirrt sich. Da kommt er – du machst einen ganz verwirrt, so ist der Witz gar nicht. Der Witz ist ganz anders. In den Dolomiten, so ist das! In den Dolomiten wohnt ein alter Bauer mit seiner jungen Frau. Und die haben gar nichts mehr zu essen; bis zum nächsten Markttag haben sie nur noch eine Konservenbüchse mit Rindfleisch. Und die sparen sie sich auf. Und da kommt ... wieso? Das ist ganz richtig! Sei mal still ... da kommt in der Nacht ein Wandersmann, also da klopft es an die Tür, da steht ein Mann, der hat sich verirrt, und der bittet um Nachtquartier. Nun haben die aber gar kein Quartier, das heißt, sie haben nur ein Bett, da schlafen sie zu zweit drin. Wie? Trude, das ist doch Unsinn ... Das kann sehr nett sein!"

„Na, ich könnte das nicht. Immer da einen, der – im Schlaf strampelt ... also ich könnte das nicht!"

„Sollst du ja auch gar nicht. Unterbrich mich nicht immer".

„Du sagst doch, das wäre nett. Ich finde das nicht nett".

„Also".

„Walter! Die Asche! Kannst du denn nicht den Aschenbecher nehmen?"

„Also ... der Wanderer steht da nun in der Hütte, er trieft vor Regen, und er möchte doch da schlafen. Und da sagt ihm der Bauer, er kann ja in dem Bett schlafen, mit der Frau".

„Nein, so war das nicht. Walter, du erzählst es ganz falsch! Dazwischen, zwischen ihm und der Frau – also der Wanderer in der Mitte!"

„Meinetwegen in der Mitte. Das ist doch ganz egal".

„Das ist gar nicht egal . . . der ganze Witz beruht ja darauf".

„Der Witz beruht doch nicht darauf, wo der Mann schläft!"

„Natürlich beruht er darauf! Wie soll denn Herr Panter den Witz so verstehen . . . lass mich mal – ich werde ihn mal erzählen! – Also der Mann schläft, verstehen Sie, zwischen dem alten Bauern und seiner Frau. Und draußen gewittert es. Lass mich doch mal".

„Sie erzählt ihn ganz falsch. Es gewittert erst gar nicht, sondern die schlafen friedlich ein. Plötzlich wacht der Bauer auf und sagt zu seiner Frau – Trude, geh mal ans Telefon, es klingelt. – Nein, also das sagt er natürlich nicht. . . . Der Bauer sagt zu seiner Frau . . . Wer ist da? Wer ist am Telefon? Sag ihm, er soll später noch mal anrufen – jetzt haben wir keine Zeit! Ja. Nein. Ja. Häng ab. Häng doch ab".

„Hat er Ihnen den Witz schon zu Ende erzählt? Nein, noch nicht? Na, erzähl doch!"

„Da sagt der Bauer: Ich muss mal raus, nach den Ziegen sehn – mir ist so, als hätten die sich losgemacht, und dann haben wir morgen keine Milch. Ich will mal sehen, ob die Stalltür auch gut zugeschlossen ist".

„Walter, entschuldige, wenn ich unterbreche, aber Paul sagt, nachher kann er nicht anrufen, er ruft erst abends an".

„Gut, abends. Also der Bauer . . .".

„Nehmen Sie doch noch ein bisschen Kaffee?"

„Also der Bauer geht raus und kaum ist er rausgegangen, da stupst die junge Frau . . .".

„Ganz falsch. Total falsch. Doch nicht das erste Mal. Er geht raus, aber sie stupst erst beim dritten Mal – der Bauer geht nämlich dreimal raus – das fand ich so furchtbar komisch! Lass mich mal! Also der Bauer geht raus, nach der Ziege sehn, und die Ziege ist da; und er kommt wieder rein . . .".

„Falsch. Er bleibt ganz lange draußen. Inzwischen sagt die junge Frau zu dem Wanderer – "

„Gar nichts sagt sie. Der Bauer kommt rein . . .".

„Erst kommt er nicht rein!"

„Also . . . der Bauer kommt rein, und wie er eine Weile schläft, da fährt er plötzlich aus dem Schlaf hoch und sagt: Ich muss doch noch mal nach der Ziege sehen – und geht wieder raus".

„Du hast ja ganz vergessen, zu erzählen, dass der Wanderer furchtbaren Hunger hat!"

„Ja. Der Wanderer hat vorher beim Abendbrot gesagt, er hat so furchtbaren Hunger, und da haben die gesagt, ein bisschen Käse wäre noch da . . .".

„Und Milch!"

„Und Milch, und es wäre auch noch etwas Fleischkonserve da, aber die könnten sie ihm nicht geben, weil die eben bis zum nächsten Markttag reichen muss. Und dann sind sie zu Bett gegangen".

„Und wie der Bauer nun draußen ist, da stupst sie den, also da stupst die Frau den Wanderer in die Seite und sagt: Na . . .".

„Keine Spur! Aber keine Spur! Walter, das ist doch falsch! Sie sagt doch nicht: Na . . .".

„Natürlich sagt sie: Na . . . ! Was soll sie denn sagen?"

„Sie sagt: Jetzt wäre so eine Gelegenheit . . .".

„Sie sagt im Gegenteil: Na . . . und stupst den Wandersmann in die Seite . . .".

„Du verdirbst aber wirklich jeden Witz, Walter!"

„Das ist großartig! Ich verderbe jeden Witz? Du verdirbst jeden Witz – ich verderbe doch nicht jeden Witz! Da sagt die Frau . . .".

„Jetzt lass mich mal den Witz erzählen! Du verkorkst ja die Pointe. . . !"

„Also jetzt mach mich nicht böse, Trude! Wenn ich einen Witz anfange, will ich ihn auch zu Ende erzählen . . .".

„Du hast ihn ja gar nicht angefangen . . . ich habe ihn angefangen . . ."

„Das ist ganz egal – jedenfalls will ich die Geschichte zu Ende erzählen; denn du kannst keine Geschichten erzählen, wenigstens nicht richtig!" – „Und ich erzähle eben meine Geschichten nach meiner Art und nicht nach deiner, und wenn es dir nicht passt, dann musst du eben nicht zuhören . . . !" – „Ich will auch gar nicht zuhören . . . ich will sie zu Ende erzählen – und zwar so, dass Herr Panter einen Genuss von der Geschichte hat!" – „Wenn du vielleicht glaubst, dass es ein Genuss ist, dir zuzuhören . . ." – „Trude!" – „Nun sagen Sie, Herr Panter – ist das auszuhalten! Und so nervös ist er schon die ganze Woche . . . ich habe . . .". – „Du bist . . ." – „Deine Unbeherrschtheit . . ." – „Gleich wird sie sagen: Komplexe! Deine Mutter nennt das einfach schlechte Erziehung . . ." – „Meine Kinderstube . . . !"

– „Wer hat denn die Sache beim Rechtsanwalt rückgängig gemacht? Wer denn? Ich vielleicht? Du! Du hast gebeten, dass die Scheidung nicht . . ."
– „Lüge!" – Bumm: Türgeknall rechts. – Bumm: Türgeknall links.

Jetzt sitze ich da mit einem halben Witz.

Was hat der Mann zu der jungen Bauersfrau gesagt?

31.1 Fragen zum Verständnis.

1. Wem erzählt das Ehepaar den Witz?

2. Wie heißen der Mann und seine Frau?

3. Wer fängt an, den Witz zu erzählen?

4. Wo wandert der Mann in dem Witz?

5. Was sieht er in der Nacht?

6. Was findet er, als er auf das Licht zugeht?

7. Wer wohnt in der Hütte?

8. Worum bittet der Wanderer?

9. Bei wem klingelt das Telefon?

10. Wer ist am Telefon?

11. Mit wem will er sprechen?

12. Warum geht der Bauer hinaus?

13. Was tut die Bauersfrau, während der Mann draußen ist?

14. Was sagt der Wanderer beim Abendbrot?

15. Wollten Walter und Trude sich einmal scheiden lassen?

16. Was geben die Bauersleute dem Wanderer zu essen?

31.2 Richtig oder falsch? Korrigieren Sie die falsche Aussage.

1. Walter erzählt Herrn Panther einen reizenden Witz. R F

2. Ein Wanderer verirrt sich in den Alpen. R F

3. Walter unterbricht seine Frau, weil sie keine Witze erzählen kann. R F

4. Es gibt ein Extrabett in der Hütte. R F

5. Der Bauer steht auf, um nach den Ziegen zu sehen. R F

6. Walter will den Witz zu Ende erzählen. R F

7. Es ist ein Genuss, Walter zuzuhören. R F

8. Die beiden wollten sich scheiden lassen. R F

9. Der Bauer geht dreimal hinaus. R F

31.3 Setzen Sie das fehlende Nomen aus der Vokabelliste ein.

1. Es ist immer gut, ______________________ im Haus zu haben, denn das Wetter kann schlecht werden.
2. Wenn jemand im Haus raucht, sollte immer ein _________________ auf dem Tisch stehen.
3. Der Bauer geht nach draußen, um nach _______________ zu sehen.
4. Er will auch überprüfen, ob ______________ zugeschlossen ist.
5. Trude sagt, dass die junge Frau auf ____________________ wartet, den Wanderer zu stupsen.
6. Der Leser denkt, dass es kein _______________ ist, den beiden zuzuhören.
7. Trude macht sich über __________________ ihres Mannes lustig.
8. Wenn man unhöflich ist, hat man keine gute ___________________ gehabt.
9. Wenn man sich scheiden lassen will, geht man zum _______________________.

31.4 Setzen Sie das fehlende Verb aus der Vokabelliste ein.

1. Wenn man keine Wanderkarte bei sich hat, kann man sich schnell ________________.
2. Wenn man beim Rauchen nicht aufpasst, ______________ man Asche auf den Boden.
3. Es ist nicht höflich, jemanden beim Sprechen zu ____________________.
4. Wenn es stark regnet, dann _____________ das Wasser vom Mantel.
5. Herr Panther ____________ sie, ihm den Witz zu erzählen.

31.5 Setzen Sie das richtige Wort aus der Vokabelliste ein.

1. Der Wanderer verirrt sich in den Alpen. –Was? In den Dolomiten. –Das ist doch _______. Beide sind ein Gebirge.
2. Mitten in der Nacht hört der Bauer ein Geräusch und er ___________________.
3. Wenn man einen Witz nicht erzählen kann, ____________ man ____________.
4. Trude will den Witz ________________ erzählen.
5. Der Mann klopft im Regen an die Tür. –____________. Es ist sonnig.

31.6 Zur Diskussion.

1. Finden Sie diese Geschichte lustig?
2. Finden Sie den Witz in der Geschichte komisch?

31.7 Zum Schreiben.

Was passiert in dieser Geschichte? Schreiben Sie eine Zusammenfassung.

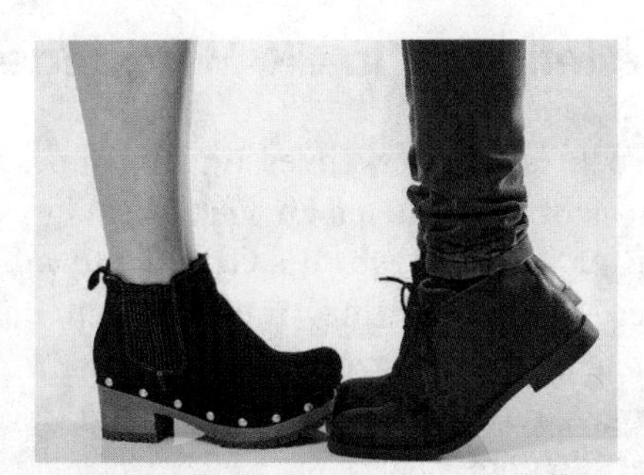

32

Ich gehe mit einer langen Frau

Kurt Tucholsky (1890–1935)

Nomen

Blick, der	*glance*	**Nachteil, der**	*disadvantage*
Eigenschaft, die	*characteristic*	**Passant, der**	*passerby*
Erheiterung, die	*amusement*	**Reihe, die**	*row*
Gartenhecke, die	*hedgerow*	**Rufer, der**	*caller*
Genuss, der	*pleasure*		

Verben

beitragen	*to contribute*	**stupsen**	*to nudge*
schreien	*to shout*	**trösten**	*to console*
sich erfreuen an + (Dat)	*to take pleasure in*	**vorbeigehen**	*to pass by*
steigen	*to climb*	**vorbeisehen**	*to avoid looking*

Adjektive/Adverbien

blitzschnell	*fast as lightning*	**lächerlich**	*ridiculous*
boshaft	*malicious*	**meinerseits**	*as far as I am concerned*
eher	*rather*		
empört	*appalled*	**puppenhaft**	*doll-like*
fast	*almost*	**stattlich**	*handsome*
fein	*distinguished*	**traurig**	*sad*
gemein	*mean*	**überlegen**	*superior*
gerade	*just*	**unmerklich**	*imperceptible*
geradeaus	*straight ahead*	**unterlegen**	*inferior*
gerichtet	*judged*	**zierlich**	*petite*

Ausdrücke

große Freude haben an	*to take pleasure in*	**sich lustig machen**	*to make fun of*
nichts dafür können	*can not help it*	**zur Ruhe bringen**	*to calm down*

32.1 Setzen Sie die Infinitive in die Vergangenheit.

Erika ist ein bisschen zu lang – sie weiß es, und sie ist deshalb sehr unglücklich. Es sind genau acht Zentimeter zu viel. Wie oft habe ich sie schon ____________ (trösten). Ich habe ihr die Geschichte von der langen Dame _________ (erzählen), die im Theater in der ersten Reihe sitzt, und die Leute hinter ihr rufen: „Setzen! Setzen!" – Empört steht sie auf, um die Rufer zur Ruhe zu bringen, da schreit einer: „Jetzt steigt sie auch noch auf eine Bank!" – Das tröstet sie nicht.

Dann habe ich ihr _______ (erzählen), wie eine andere lange Dame an einer Gartenhecke ____________ (vorbeigehen) und den Gärtner im Garten ________ (fragen), wie man nach Adlershorst kommt. „Da reiten Sie nur immer geradeaus", ________ (sagen) der Gärtner. Das tröstet sie auch nicht.

Es ist aber ein wirklicher Genuss, mit Erika spazieren zu gehen. Nicht nur, weil sie eine so attraktive Dame ist . . . nein: ich lese in den Augen aller Passanten, und das ist ein großes Vergnügen.

Meinerseits bin ich etwas klein und dick. Gott sieht aufs Herz. Und nun ist Erika sehr schlank und groß. Und wenn wir dann beide durch die Straßen gehen, dann erfreuen sich die Leute an dem stattlichen Paar, und ich lese also in den Augen. Die Männer sehen meist an uns vorbei; sie haben keine Zeit.

Aber die Frauen . . . !

Es geht so blitzschnell, und ich habe meine große Freude daran.

In den Augen steht:

„Hurra! Eine Frau, die mir unterlegen ist. Sie ist zu lang! Tobby! Mama! Margot! Hast du die _________ (sehen)? Guck mal die! Das ist aber eine lange Stange!" Das ist hässlich – Erika ist gar keine Stange, das weiß ich nun besser. Aber sie ist acht Zentimeter zu lang, und das ist ein Nachteil, der sofort in die schönen Augen der Spaziergängerinnen fällt, und ich lese:

„Sie ist zu lang. Hihi. Die möchte ich mal tanzen sehen. Die möcht ich mal laufen sehen. Steigt der kleine Dicke auf eine Fußbank, wenn er sie küsst? Lisa, guck mal!"

Lisa guckt und findet das nun auch. Es ist aber auch zu schön . . . ! So eine große Frau!

Bei feineren Leuten ist es nur ein schneller Blick, fast unmerklich . . . , aber Erika ist gerichtet. So tragen wir viel zur Erheiterung unserer Nächsten bei. Man kann es nicht glauben, wie boshaft Menschen sein können. Erika kann doch nichts dafür, dass sie so lang ist. Mir ist sie gerade richtig –, mir ist sie nicht zu lang. Und es ist doch mehr als gemein, sich über Eigenschaften lustig zu machen, für die keiner etwas kann.

Da gehen wir, und ich sehe alle diese Blicke.

Ein Paar kommt uns entgegen. Er ist von normaler Statur, und sie: so zierlich, so puppenhaft, so unglaublich klein . . . Ich stupse Erika in die Seite und blicke blitzschnell auf Frau Liliput.

„Erika", sagte ich, „hast du diese kleine Person __________ (sehen)? Lächerlich. Ist ja lächerlich. Was macht der, wenn er sie küsst?"

32.2 Fragen zum Verständnis.

1. Warum ist Erika unglücklich?

2. Warum kann die Theatergeschichte Erika nicht trösten?

3. Wie reagiert der Gärtner, als die Dame an der Gartenhecke nach dem Weg fragt?

4. Was genießt Erikas Freund?

5. Wie sieht Erikas Freund aus?

6. Was liest er in den Augen der Passanten?

7. Was machen die Männer?

8. Wie reagieren die Frauen?

9. Was ist ein Nachteil?

10. Was muss der Mann machen, um sie zu küssen?

11. Wie reagiert Erikas Freund auf die Blicke der Passanten?

12. Was ist gemein?

13. Warum ist Erikas Freund nicht viel besser als die Passanten?

32.3 Wie steht das im Text?

1. Erika ist sehr unglücklich, dass sie anders ist als andere Leute.

2. Im Theater rufen die Leute: „Setzen! Setzen!“

3. Der Gärtner weiß nicht, dass Erika sehr groß ist.

4. Erikas Freund geht gerne mit seiner Freundin spazieren.

5. Er hat seinen Spaß daran, in den Augen der Passanten zu lesen.

6. Den Männern ist es egal, wenn ein kleiner Mann mit einer großen Frau ausgeht.

7. Die Frauen machen sich über Erika lustig.

8. Frau Liliput muss auf eine Fußbank steigen, wenn sie ihren Freund küsst.

32.4 Verbinden Sie die beiden Spalten.

___1. Die Frauen haben Angst,

___2. Die Männer sehen meist an uns vorbei,

___3. Er liest in den Augen aller Passanten,

___4. Er stupst Erika in die Seite

a. als die Dame an der Gartenhecke nach dem Weg fragt?

b. dass Erika ihnen überlegen ist.

c. die im Theater in der ersten Reihe sitzt.

d. mit Erika spazieren zu gehen.

___5.	Es ist aber ein wirklicher Genuss,	e.	sich über Eigenschaften lustig zu machen.
___6.	Es ist doch mehr als gemein,	f.	und blickt blitzschnell auf Frau Liliput.
___7.	Frau Liliput muss auf eine Fußbank steigen,	g.	und das ist ein großes Vergnügen.
___8.	Ich habe ihr die Geschichte von der langen Dame erzählt,	h.	dann erfreuen sich die Leute an dem stattlichen Paar.
___9.	Man kann es nicht glauben,	i.	weil sie keine Zeit haben.
___10.	Wenn sie durch die Straßen gehen,	j.	wenn sie ihren Freund küsst.
___11.	Wie reagiert der Gärtner,	k.	wie boshaft Menschen sein können.

32.5 Setzen Sie die fehlenden Ausdrücke aus der Vokabelliste ein.

1. Erikas Freund hat _______ ______ daran zu sehen, wie die Frauen blitzschnell schauen.
2. Die Dame ist empört und versucht, die Rufer ________ _______ zu ____________.
3. Wenn die beiden spazieren gehen, sieht er in den Augen der Passanten, wie sie ______ über sie _________ _________.
4. Erika kann ________ _______, dass sie acht Zentimeter zu lang ist.

32.6 Setzen Sie das richtige Adjektiv oder Adverb aus der Vokabelliste ein.

1. Viele Leute schauen _________, wenn sie anderen auf der Straße begegnen.
2. Andere schauen _________ herüber, um zu sehen, wie man gekleidet ist.
3. Es ist ________, wenn man sich über die Eigenschaften anderer Menschen lustig macht.
4. Wenn ein Paar einen guten Eindruck macht, spricht man auch von einem _________ Paar.
5. Eine Frau, die ziemlich klein ist, ist eher ________.
6. ________ Menschen sprechen gern über die Fehler anderer Menschen.
7. Wenn man klein ist und einen großen Menschen trifft, fühlt man sich _________.

8. Größere Menschen fühlen sich oft __________.
9. Wenn man ganz schnell von links nach rechts schaut, passiert es ___________.

32.7 Zur Diskussion.

1. Möchten Sie größer oder kleiner sein?
2. Gibt es Vor- und Nachteile?
3. Ist es normal, dass man über die Eigenschaften anderer redet?
4. Was sollte man in der Öffentlichkeit vermeiden (*avoid*)?
5. Ist die Größe bei einem Partner wichtig?

32.8 Zum Schreiben.

Was passiert in dieser Geschichte? Schreiben Sie eine Zusammenfassung.

VII. Historische Biographien

33

Ludwig van Beethoven (1770–1827)
Ein Kämpfer mit Tönen

Nomen

Adlige, der	*aristrocrat*	**Leistung, die**	*achievement*
Bach, der	*brook*	**Mitglied, das**	*member*
Begabung, die	*talent*	**Mitmensch, der**	*fellow man*
Dichterfürst, der	*prince among poets*	**Pockennarbe, die**	*pockmark*
Eindruck, der	*impression*	**Streichquartett, das**	*string quartet*
Einfluss, der	*influence*	**Taubheit, die**	*deafness*
Einzelspieler, der	*solo player*	**Treue, die**	*loyalty*
Erzherzog, der	*archduke*	**Umgebung, die**	*surroundings*
Feld, das	*field*	**Verhältnis, das**	*relationship*
Fürst, der	*prince*	**Verzweiflung, die**	*despair*
Graf, der	*count*	**Vorbild, das**	*ideal*
Heiratsantrag, der	*marriage proposal*	**Wiese, die**	*pasture*
Kämpfer, der	*fighter*	**Zärtlichkeit, die**	*tenderness*
Kurfürst, der	*elector*	**Zeitgenosse, der**	*contemporary*
Kurort, der	*spa*		

Verben

ablehnen	*to reject*	**scheinen**	*to appear*
besiegen	*to defeat*	**überwinden**	*to overcome*
entstehen	*to emerge*	**unterstützen**	*to support*
erkennen	*to recognize*	**verehren**	*to admire*
erobern	*to conquer*	**wagen**	*to dare*
fördern	*to boost*	**widmen**	*to dedicate*
sich kümmern um	*to take care of*		

Adjektive/Adverbien

allmählich	*gradually*	**berühmt**	*famous*
außerdem	*furthermore*	**echt**	*real*
beeindruckt	*impressed*	**gemeinsam**	*together*

gereizt	*irritated*	**streng**	*strict*
höflich	*polite*	**ungepflegt**	*unkempt*
kraftvoll	*powerful*	**vornehm**	*refined*
leidenschaftlich	*passionate*	**weich**	*mellow*
packend	*gripping*		

Ausdrücke

auf's Land	*into the countryside*	**Kraft schöpfen**	*to recharge energy*
		zu Lebzeiten	*in his/her lifetime*
in den 2. Sätzen	*in the second movements*	**zum ersten Mal**	*for the first time*
		zur Welt kommen	*to be born*
in den Sinn kommen	*to cross one's mind*		

33.1 Setzen Sie die Infinitive in die Vergangenheit.

Jeder kennt Ludwig van Beethoven. Zu Lebzeiten ________ (sein) er schon sehr berühmt. Seine Musik ist leidenschaftlich, laut und packend. Beethovens Musik zeigt, dass er einen starken Willen _____ (haben). Beethoven ________ (leben) in der Zeit der Klassik um 1800. Die großen deutschen Dichter Goethe und Schiller _____ (sein) seine Zeitgenossen. Der Mensch _____________ (sollen) ein Kämpfer für das Gute sein. So ein Kämpfer ________ (wollen) auch Beethoven sein. Seine Zeit ____________ (verehren) den Menschen und seine Leistung, besonders das Genie. Für viele war Napoleon ein Genie, das zu der Zeit die Welt ___________ (erobern).

Ludwig van Beethoven _______ (kommen) 1770 in der Stadt Bonn am Rhein zur Welt. Sein Vater ________ (erkennen) die musikalische Begabung seines Sohnes und _________ (fördern) sie durch strenges Üben. So _____ (geben) Ludwig schon mit 8 Jahren sein erstes öffentliches Konzert in Köln. Mit 13 Jahren _____ (werden) er Mitglied der Hofkapelle des Kurfürsten von Köln. Wien ________ (sein) damals die „Hauptstadt der Musik". Mozart _______ (sterben) 1791, aber Haydn _______ (komponieren) immer noch. Als Beethoven 17 Jahre alt ______ (sein), __________ (reisen) er zum ersten Mal für 14 Tage nach Wien. Ein Jahr später _______ (ziehen) er nach Wien um, um hier seine Studien zu beenden. Er _________ (haben) inzwischen seine Mutter verloren – den einzigen Menschen, der ihm Liebe und Zärtlichkeit _________ (schenken) _____ (haben).

In Wien _______ (werden) Beethoven bald bekannt und berühmt. Damals ______ (geben) es nur manchmal öffentliche Konzerte. Aber in den Häusern und Palästen der Adligen _______ (werden) viel musiziert, und Beethoven _______ (können) dort seine Werke spielen. Einige musikliebende Adlige _______________ (erkennen) seine Genialität. Deshalb ____________ (unterstützen) sie Beethoven sein Leben lang in großer Treue und echter Freundschaft. Zu ihnen _________ (gehören) der Fürst Lichnowski, Graf Waldstein und Erzherzog Rudolf, ein Bruder des Kaisers. Ihnen ___________________ (widmen) Beethoven manche seiner Werke.

Äußerlich _______ (sein) Beethoven nicht sehr attraktiv. Er ________ (sein) klein und ______ (haben) Pockennarben im Gesicht. Er _______ (scheinen) oft etwas ungepflegt zu sein. Außerdem ______ (sein) er stolz. Er _______ (wissen), dass er ein musikalisches Genie _______ (sein). Als einmal von dem König von Preußen _____________ (sprechen) wurde, _______ (sagen) er: „Auch ich bin ein König".

Sein Leben lang _____ (haben) Beethoven viele treue Freunde. In Wien __________ (entstehen) allmählich Beethovens große Werke: zahlreiche Klaviersonaten für einen Einzelspieler, z.B. die bekannte „Mondscheinsonate"; Konzerte für Klavier und Orchester, Streichquartette und die neun Sinfonien. Viele Melodien bei Beethoven sind energisch und kraftvoll – er _______ (sein) ein Willensmensch. Aber wir können bei ihm auch immer wieder weiche, lyrische, wunderschöne Melodien hören, besonders in den 2. Sätzen seiner Werke.

Beethoven ________ (lieben) die Natur sehr. Er _________ (ziehen) fast jeden Sommer von der Stadt aufs Land in die schöne Umgebung Wiens mit ihren Wiesen und Feldern, Bächen und Wäldern. Dort in der Natur _________ (schöpfen) er neue Kraft.

Beethoven ______ (sein) in Wien berühmt. Heutzutage würden wir annehmen, dass er sicherlich auch glücklich _______ (sein). Aber von seinem 30. Lebensjahr an _________ (beginnen) eine schreckliche Krankheit, die besonders für einen Musiker furchtbar sein muss: er ________ (verlieren) immer mehr sein Gehör. Er _________ (können) seine Musik nicht mehr hören. Er _________ (können) sie nur noch in sich selber wahrnehmen. Aber sein starker Wille ________ (besiegen) seine Verzweiflung. Er ________ (stürzen) sich noch mehr in seine Arbeit. Er ________ (wollen) jetzt nur noch für seine Musik, für die Kunst, leben. Seine Taubheit __________ (machen) ihn immer misstrauischer und gereizter gegen andere Menschen. Er __________ (gehen) gern lange spazieren. Auf den Spaziergängen _______ (kommen) ihm die Melodien zu seinen Werken in den Sinn.

Bei den Frauen ________ (haben) Beethoven kein Glück. Mehrmals ___________ (machen) er einer Frau einen Heiratsantrag. Aber keine _______ (wollen) sich an Beethoven binden. Damals _________ (heiraten) eine Adlige für gewöhnlich keinen Nicht-Adligen. Auch _________ (sein) es nicht leicht, mit dem Komponisten und Musiker immer in Frieden zusammenzuleben.

Beethoven ________________ (sein) kein Freund der Fürsten. Er ___________ (wünschen), dass alle Menschen frei und gleich sein sollten. Das ________ (sein) auch die Gedanken der Französischen Revolution. 1812 _______ (lernen) Beethoven in einem Kurort den Dichterfürsten Goethe kennen, den er ________ (verehren). Eines Tages ________ (kommen) den beiden bei einem gemeinsamen Spaziergang die Kaiserin und sehr vornehme Leute entgegen. Während Goethe höflich zur Seite ________ (treten) und _________ (grüßen), _________ (machen) Beethoven ihnen nicht Platz, sondern _________ (gehen) mitten durch sie hindurch. Für Beethoven ______ (sein) man nicht durch seine Geburt adlig und vornehm, sondern man _______ (werden) vornehm durch Tugend und Leistung im Leben.

Gegen Ende seines Lebens __________ (komponieren) Beethoven noch eine große katholische Messe, die „Missa solemnis" – er war ja katholisch – sowie die 9. Sinfonie. Sie _____ (sein) seine letzte Sinfonie und ist wohl sein berühmtestes Werk. In ihrem 4. und letzten Satz ______ (wagen) er es, neben der Instrumentalmusik einen Chor die Vertonung von Schillers Gedicht „Ode an die Freude" singen zu lassen.

Beethoven ________ (sterben) am 26. März 1827 in Wien.

33.2 Fragen zum Verständnis.

1. Wie kann man an seiner Musik erkennen, dass Beethoven einen starken Willen hatte?

2. In welcher Zeit lebten Beethoven, Goethe und Schiller?

3. Was fanden die Menschen damals wichtig?

4. Wo ist Beethovens Geburtsort?

5. Woran erkennen wir, dass Beethoven schon in seiner Jugend talentiert war?

6. Warum war Wien zu Beethovens Zeit das Zentrum der Musik?

7. Wie war das Verhältnis der Mutter zu ihrem Sohn?

8. Wie konnte man sich zu Beethovens Zeit einen Namen machen?

9. Wie reagierten die Adligen auf seine Musik?

10. Welchen Eindruck mussten die Menschen von ihm haben?

11. Warum ging er immer wieder in die Natur?

12. Was war für den Musiker besonders schrecklich?

13. Wie konnte er seine Verzweiflung überwinden?

14. Wie reagierte er auf seine Mitmenschen?

15. Was inspirierte seine Musik?

16. Warum waren seine Heiratsanträge sinnlos?

17. Welchen Einfluss hatte die Französische Revolution auf sein Werk?

18. Was war neu in seiner Musik?

33.3 Richtig oder falsch? Korrigieren Sie die falsche Aussage.

1. Beethovens Musik wurde nach seinem Tod berühmt. R F

2. Mozart und Haydn waren musikalische Zeitgenossen. R F

3. Er traf Schiller an einem Kurort. R F

4. In der Natur schöpfte Beethoven Kraft. R F

5. Seine großen Werke entstanden fast alle in Wien. R F

6. In Wien gab Beethoven viele öffentliche Konzerte. R F

7. Beethoven war ein attraktiver Mann. R F

8. Viele Frauen wollten seine Frau werden. R F

9. Beethoven verstand sich selbst als musikalisches Genie. R F

10. Die Französische Revolution war sein großes Vorbild. R F

33.4 Verbinden Sie die beiden Spalten.

___1. Als Beethoven 17 Jahre alt war,	a. aufs Land in die schöne Umgebung Wiens.
___2. Beethovens Musik zeigt,	b. das zu der Zeit die Welt eroberte.
___3. Ein Jahr später zog er nach Wien um,	c. dass er einen starken Willen hatte.
___4. Einige Adlige unterstützten Beethoven sein Leben lang	d. dass er sicherlich auch glücklich war.
___5. Er zog fast jeden Sommer von der Stadt	e. in großer Treue und echter Freundschaft.
___6. Für viele war Napoleon ein Genie,	f. misstrauischer und gereizter gegen andere Menschen.
___7. Heutzutage würden wir annehmen,	g. reiste er zum ersten Mal für 14 Tage nach Wien.
___8. In den Häusern und Palästen der Adligen gab es viel Musik,	h. um hier seine Studien zu beenden.
___9. Sein Vater erkannte die musikalische Begabung seines Sohnes	i. und Beethoven spielte hier seine neuesten Kompositionen.
___10. Seine Taubheit machte ihn immer	j. und förderte sie durch strenges Üben.

33.5 Setzen Sie das richtige Nomen aus der Vokabelliste ein.

1. Beethoven hatte ein gutes ______________ zu seiner Mutter.
2. Beethoven war kein Adliger und deshalb mussten die Frauen seine ________________ ablehnen.
3. Beethovens Freunde in Wien waren musikliebende ______________, die ihn auch mit _____ und ________ unterstützten.
4. Beethovens Vater erkannte ______________ seines Sohnes.
5. Beethovens Wille war sehr stark und er besiegte seine _______________.
6. Die Inspiration zu seiner Musik bekam Beethoven in der ______________ von Wien.
7. Die Klassik idealisierte den Menschen und er war ______________ für das Gute.
8. Die Menschen in dieser Zeit waren von ______________ beeindruckt.
9. Er traf den Dichterfürsten Goethe an einem ________.
10. Goethe, Haydn, Mozart und Schiller waren Beethovens ___________________.
11. Schon in seiner Jugend wurde Beethoven _______________ in einem Orchester.
12. Von der Mutter wissen wir, dass sie sich mit _________________ um ihren Sohn kümmerte.

33.6 Setzen Sie das richtige Verb aus der Vokabelliste in der Vergangenheitsform ein.

1. Äußerlich ____________ Beethoven nicht sehr attraktiv zu sein.
2. Beethovens Mutter _____________ sich um ihren Sohn.
3. Beethovens Vater _____________ schon früh, dass sein Sohn sehr begabt war.
4. Die adligen Frauen ___________ seine Heiratsanträge _____.
5. Die adligen Musikliebhaber in Wien ________________ Beethoven und seine Musik.
6. Er wurde allmählich taub, aber er ___________ seine Verzweiflung.
7. In kurzer Zeit _________ Beethoven ihre Herzen.
8. In Wien ______________ die großen Werke Beethovens.
9. Mit der 9. Sinfonie __________ er etwas ganz Neues.
10. Viele Werke, die Beethoven komponierte, ______________ er seinen Freunden in Wien.

33.7 Setzen Sie das richtige Adjektiv oder Adverb aus der Vokabelliste ein.

1. Beethoven war ein musikalisches Genie, aber sein Äußeres war sehr ______________.
2. Beethoven wurde in Wien ein ______________ Komponist.
3. Beethovens Vater war sehr ____________, aber er förderte das Talent seines Sohnes.
4. Die Adligen in Wien waren von seiner Musik sehr __________________.
5. Goethe war den Adligen gegenüber sehr ___________.
6. Seine Musik ist sehr _____________.
7. Weil er taub war, reagierte er auf seine Mitmenschen ____________.

33.8 Zur Diskussion.

1. Welche Komponisten kennen Sie?
2. Haben Sie einen Lieblingskomponisten?
3. Welche Musik aus welchem Jahrhundert gefällt Ihnen am besten?
4. Wer waren die drei großen Komponisten, die mit einem „B" beginnen?
5. Welche Rolle spielt Musik in Ihrem Leben?

33.9 Zum Schreiben.

1. Schauen Sie die Definition der folgenden Titel im Wörterbuch nach: der Fürst, der Graf, der Erzherzog. Was unterscheidet die Titel?
2. Machen Sie eine Liste von Beethovens neun Sinfonien. Wie heißen sie und wann wurden sie zum ersten Mal gespielt? Wie reagierte das Publikum auf seine Musik?

34

Wolfgang Amadeus Mozart (1756–1791)

Ein Wunder der Musik

Nomen

Anstellung, die	*appointment*	**Grab, das**	*grave*
Aufnahme, die	*reception*	**Hof, der**	*court*
Ausbildung, die	*education*	**Hofkapelle, die**	*court chapel*
Bettelbrief, der	*begging letter*	**Konzertmeister, der**	*concertmaster*
Erfolg, der	*success*	**Lakai, der**	*lackey*
Freimaurerorden, der	*masonic order*	**Leistung, die**	*achievement*
Geldausgeben, das	*spending money*	**Streit, der**	*quarrel*
Gottesdienst, der	*church service*	**Wunderkind, das**	*child prodigy*

Verben

anstellen	*to get a job*	**ertragen**	*to endure*
beerdigen	*to bury*	**komponieren**	*to compose*
(sich) begeistern für + (Akk)	*to get excited*	**kündigen**	*to give notice*
		misstrauen	*to distrust*
behandeln	*to treat*	**niederschreiben**	*to write down*
beneiden	*to envy*	**schätzen**	*to appreciate*
bewundern	*to admire*	**stammen**	*to originate*
eintreten	*to join*	**staunen**	*to marvel*
entstehen	*to emerge*	**verlassen**	*to leave*
erhoffen	*to expect*		

Adjektive/Adverbien

adlig	*noble*	**demütigend**	*humbling*
anderswo	*anywhere else*	**erhofft**	*expected*
auswendig	*by heart*	**gleichberechtigt**	*equal*
begabt	*talented*	**großzügig**	***here:*** *careless*
berühmt	*famous*	**liebevoll**	*lovingly*

musikalisch	*musical*	**verbunden**	*connected*
streng	*strict*	**virtuos**	*expertly*
überdurchschnittlich	*above average*	**weltweit**	*worldwide*
unglaublich	*incredible*		

Ausdrücke

in bestimmter Weise	*in a certain way*	**unter anderem**	*among others*

34.1 Setzen Sie die Infinitive in die Vergangenheit.

Viele kennen die „Kleine Nachtmusik" und wissen vielleicht auch, dass sie von Mozart stammt. Aber wissen wir auch, dass dieser Mann eins der größten Musikgenies war? Er ________ (werden) nur 35 Jahre alt und ________________ (komponieren) über 600 Werke – eine unglaubliche Leistung in so einem kurzen Leben. Und seine Musik ist ganz anders als die anderer Komponisten. Viele Komponisten werden bewundert – Mozart wird weltweit geliebt. Mozarts Vater Leopold, ein berühmter Musikpädagoge, ______ (sein) Deutscher und ________ (stammen) aus Augsburg in Süddeutschland. Sein Sohn, Wolfgang Amadeus, wurde am 27. Januar 1756 in Salzburg geboren. Der kleine Wolfgang _______ (sein) ein musikalisches Wunderkind. Liebevoll und streng __________ (geben) ihm der Vater eine gute musikalische Ausbildung. Mit fünf Jahren ______________ (komponieren) er sein erstes kleines Klavierstück.

Von Wolfgangs sechstem Lebensjahr an _____________ (machen) der Vater mit ihm und seiner Schwester immer wieder Konzertreisen durch halb Europa, bis hin nach Paris und London. Überall ___________ (finden) der junge Mozart begeisterte Aufnahme. Die adlige Gesellschaft _____________ (staunen) über das virtuose Klavierspiel des Kleinen und _____ (sein) begeistert. 1764 _________ (schreiben) Wolfgang die ersten Violinsonaten und seine erste Sinfonie, mit 12 Jahren die erste Oper. Beim Papst in Rom __________ (schreiben) er eine neunstimmige Messe nach nur zweimaligem Hören auswendig nieder. Sie ________ (dürfen) aber nicht gedruckt werden.

1772 ________ (werden) Mozart als Konzertmeister in der Hofkapelle des Salzburger Erzbischofs angestellt. Hier ______________ (entstehen) unter anderem viele Messen für den Gottesdienst. Aber der Erzbischof _________ (behandeln) ihn wie einen Lakaien. Mozart ________ (wissen), dass er überdurchschnittlich begabt ____ (sein). Deshalb ______ (können) er die schlechte Behandlung durch den Erzbischof nicht länger ertragen. 1781 _______ (kündigen) er nach einem Streit mit dem Erzbischof seine Stellung und _____ (gehen) nach Wien. Dort _____ (finden) Mozart jedoch nicht die erhoffte Anstellung, weder am Hof des Kaisers Josef II. noch anderswo. Vielleicht ________________ (misstrauen) man ihm auch wegen seiner freien Meinungen. Er ____________ (kritisieren) leicht Menschen und Autoritäten, so z.B. auch die katholische Kirche, obwohl er sich dem

Christentum in bestimmter Weise verbunden __________ (fühlen). Er _______ (treten) in den Freimaurerorden ein, weil er hier als gleichberechtigt anerkannt _______ (werden).

Trotzdem ________ (sein) Mozarts erste Wiener Jahre gute Jahre. Er _________ (heiraten) Constanze Weber und _______ (sein) glücklich mit ihr. Seine Liebe zu ihr spricht aus der ersten seiner vier Opern „Die Entführung aus dem Serail". 1786 __________ (folgen) die Oper „Figaros Hochzeit". Der ältere Joseph Haydn ___________ (werden) sein Freund und _________ (bewundern) ihn. Diese Jahre _______ (sein) die glücklichsten im Leben Mozarts. Auch finanziell ________ (gehen) es ihm relativ gut. Aber dann ____________ (bleiben) die Besucher aus seinen Konzerten fort. 1787 ________ (begeistern) sich die Prager zwar noch einmal an seiner neuen Oper „Don Giovanni". Aber Mozart und seine Frau ________ (sein) beide großzügig im Geldausgeben. So _________ (haben) er oft kein Geld und __________ (müssen) demütigende Bettelbriefe an seine Bekannten schreiben. Auch jetzt noch ___________ (entstehen) herrliche Werke. Aber in Mozarts Musik __________ (mischen) sich jetzt immer mehr traurige Töne. 1791 ______ (werden) seine letzte Oper „Die Zauberflöte" aufgeführt. Wenige Wochen später ____________ (sterben) Mozart. Sein „Requiem" ___________ (bleiben) unvollendet. In einem unbekannten Grab für arme Leute ___________ (werden) er beerdigt – eins der größten musikalischen Genies.

34.2 Fragen zum Verständnis.

1. Welches Musikstück kennen die meisten Leute?

2. Was ist seine Resonanz auch heute noch?

3. Woher kam sein Vater?

4. Was war Salzburg im Leben von Mozart?

5. Warum nennt man Mozart ein musikalisches Wunderkind?

6. Wohin reiste er mit seinem Vater und seiner Schwester?

7. Wie war die Resonanz der adligen Gesellschaft?

8. Was machte er beim Papst in Rom?

9. Wie alt war Mozart bei seiner Anstellung als Konzertmeister in der Hofkapelle des Salzburger Erzbischofs?

10. Was komponierte Mozart in Salzburg?

11. Warum verließ er Salzburg?

12. Warum bekam er in Wien keine Anstellung?

13. Warum trat er in den Freimaurerorden ein?

14. In welcher Oper spürt man die Liebe zu seiner Frau?

15. Wer bewunderte ihn in dieser Zeit?

16. Warum waren seine Finanzen so schlecht?

34.3 Richtig oder falsch? Korrigieren Sie die falsche Aussage.

1. In seinem ganzen Leben komponierte Mozart ca. 20 Musikstücke pro Tag. R F

2. Mozart ist in der ganzen Welt bekannt. R F

3. Mozarts Vater stammte aus Österreich. R F

4. Mozart schrieb seine erste Oper, als er fünf Jahre alt war. R F

5. Überall reagierten die Adligen mit Begeisterung. R F

6. In Salzburg schrieb er viele Sinfonien. R F

7. Der Erzbischof und Mozart stritten oft. R F

8. Am Hof des Kaisers Josef II. fand er seine erhoffte Anstellung. R F

9. Die katholische Kirche schätzte seine musikalischen Messen. R F

10. Mozart war sehr glücklich mit Constanze Weber. R F

11. Am Ende seines Lebens hatte Mozart viel Geld. R F

34.4 Setzen Sie das richtige Wort aus der Vokabelliste ein.

1. Am Hofe des Kaisers in Wien bekam er die ____________ Anstellung nicht.
2. Das „Requiem" blieb ______________________.
3. Der Erzbischof beneidete Mozart und behandelte ihn wie einen ________________.
4. Die ______________ Gesellschaft war von seinem Talent begeistert.
5. Die Besucher kamen nicht mehr zu seinen __________________.
6. Die Liebe zu seiner Frau ____________ aus seiner ersten Oper.
7. Eine _______________ Leistung in so einem jungen Leben.
8. Eins der größten ___________________ Genies ist auch heute noch weltweit bekannt.
9. Er _________ und ging nach Wien.
10. Er schrieb ______________ Bettelbriefe an seine Freunde.
11. In einem ___________________ Grab wurde er begraben.
12. Mozart konnte den Erzbischof in Salzburg nicht mehr ________________.
13. Mozart und seine Frau waren beide sehr _______________ im Geldausgeben.
14. Wenn man eine gute ______________ gehabt hat, hat man wie Mozart viel Erfolg.
15. Wenn man sehr jung ist und alles kann, dann ist man ___________________.

34.5 Verkürzen (*shorten*) Sie jeden Satz mit einem Wort aus der Liste und schreiben Sie den Satz dann noch einmal.

gleichberechtigt, hoffen, überdurchschnittlich begabt, liebevoll, berühmt, weltweit, unglaublich

1. Auf der ganzen Welt kann man noch immer Mozarts Musik hören.

2. Bei den Freimaurern hatte er die gleichen Rechte (*rights*).

3. Er glaubte, dass er in Wien eine Anstellung finden würde.

4. Man kann es nicht glauben, wie talentiert Mozart war.

5. Mozart wusste in seinem Alter viel mehr als andere.

6. Mozarts Vater war sehr lieb zu seinem Sohn.

7. Viele Menschen kennen und lieben seine Werke.

34.6 Setzen Sie das passende Verb aus der Vokabelliste ein.

1. Der Erzbischof ____________________ ihn leider wie einen Lakaien.
2. Die katholische Kirche ______________ seine Musik.
3. Die Prager ______________ sich für seine neue Oper.
4. Er ___________________ in den Freimaurerorden ein und wurde Mitglied.
5. Joseph Haydn _______________ Mozart.
6. Mit fünf Jahren ________________ er sein erstes Klavierstück.
7. Er __________ die Messe auswendig _____________.
8. Mozart ____________ als Kapellmeister beim Erzbischof angestellt.
9. Mozart _______________ Salzburg und zog nach Wien um.
10. Er _______________ die Kritik des Erzbischofs nicht lange.

34.7 Verbinden Sie die beiden Spalten.

___1.	Viele kennen die „Kleine Nachtmusik" und wissen vielleicht auch,	a.	und musste demütigende Bettelbriefe an seine Bekannten schreiben.
___2.	Von Wolfgangs sechstem Lebensjahr an machte der Vater mit ihm und seiner Schwester	b.	weder am Hof des Kaisers Josef II. noch anderswo.
___3.	Seine Musik ist ganz anders	c.	dass sie von Mozart stammt.
___4.	Die adlige Gesellschaft staunte über das virtuose Klavierspiel des Kleinen	d.	immer wieder Konzertreisen durch halb Europa.
___5.	In Rom beim Papst schrieb er eine neunstimmige Messe	e.	weil er hier als gleichberechtigt anerkannt wurde.
___6.	In Wien fand Mozart nicht die erhoffte Anstellung,	f.	und war begeistert.
___7.	Er trat in den Freimaurerorden ein,	g.	nach zweimaligem Hören auswendig nieder.
___8.	So hatte er oft kein Geld	h.	als die anderer Komponisten.

34.8 Zur Diskussion.

1. Was wussten Sie über Mozart, bevor Sie den Text gelesen hatten?
2. Was ist ein Wunderkind?
3. Gibt es auch heute noch hochbegabte Kinder?
4. Wie werden heute hochbegabte Kinder gefördert (*promoted*)?

34.9 Zum Schreiben.

Schreiben Sie eine Kurzbiographie über Mozart. Sie können auch Informationen aus anderen Quellen benutzen. Schreiben Sie aber mit Ihren eigenen Worten und benutzen Sie mindestens fünf Verben aus der Vokabelliste.

35

Die Brüder Grimm: Jacob Grimm (1785–1863) und Wilhelm Grimm (1786–1859)

Nomen

Abschluss, der	*finalization*
Amtmann, der	*bailiff*
Amtsgeschäft, das	*official duty*
Ausgabe, die	*edition*
Auswärtige Amt, das	*foreign office*
Band, der	*volume*
Dichtung, die	*poetry*
Erarbeitung, die	*preparation*
Erforschung, die	*exploration*
Gruselgeschichte, die	*horror story*
Jurastudium, das	*law study*
Lebensweg, der	*career path*
Lungenentzündung, die	*pneumonia*
Neigung, die	*inclination*
Reihenfolge, die	*sequence*
Sammlung, die	*collection*
Scherz, der	*joke*
Tätigkeit, die	*commission*
Überzeugung, die	*belief*
Unterstützung, die	*support*
Volkslied, das	*folk song*
Vollendung, die	*completion*
Wortschatz, der	*vocabulary*

Verben

aufwachsen	*to grow up*
begründen	*to found*
berufen	*to appoint*
bewältigen	*to accomplish*
dauern	*to take, last*
entdecken	*to discover*
enthalten	*to contain*
erfassen	*to register*
erklären	*to explain*
ermöglichen	*to enable*
fortsetzen	*to continue*
herausgeben	*to edit, publish*
lassen	*to allow*
nachfolgen	*to follow*
prägen	*to shape*
teilen	*to share*
umziehen	*to move*
verbringen	*to spend*
verlaufen	*to run*
veröffentlichen	*to publish*
widmen	*to devote*
zurückziehen	*to withdraw*

Adjektive/Adverbien

bedeutend	*significant*	**umfangreich**	*comprehensive*
bescheiden	*modest*	**unzertrennlich**	*inseparable*
erschüttert	*shocked*	**verständlich**	*comprehensibly*
fast	*almost*	**vorläufig**	*tentative*
gemeinsam	*mutual*	**weiterhin**	*furthermore*
genügend	*enough*	**weltbekannt**	*world-famous*
gleichzeitig	*at the same time*	**zunächst, zuerst**	*at first*
nebenbei	*on the side*		

Ausdrücke

das Abitur machen	*to graduate from high school*	**in sehr bescheidenen Verhältnissen aufwachsen**	*to grow up in very modest circumstances*
einen Ruf annehmen	*to accept a university position*	**nichts daran ändern**	*to not alter the fact*
in öffentlichen Aufgaben arbeiten	*to work in the public sector*		

35.1 Setzen Sie die Infinitive in die Vergangenheit.

Am 4. Januar 1785 _____ (werden) Jacob Grimm in Hanau geboren, sein Bruder Wilhelm am 24. Februar 1786. So unzertrennlich wie ihre Namen heute noch sind, ________ (leben) die Brüder ihr ganzes Leben lang. Ihr Vater ____ (sein) Amtmann und sie _____ (verbringen) ihre Jugend zuerst in einem großen Haus. Die Kinder _______ (haben) Privatunterricht und _______ (wachsen) als Calvinisten auf, was ihre religiöse Überzeugung ein Leben lang ______ (prägen). Nach dem frühen Tod des Vaters an Lungenentzündung im Jahre 1796 ______ (beginnen) die finanziellen Probleme. Die Kinder __________ (müssen) jetzt in sehr bescheidenen Verhältnissen leben. Die Familie __________ (ziehen) nach Kassel um, wo Jacob 1803 und Wilhelm 1804 das Abitur am Friedrichsgymnasium ________ (machen).

Die finanzielle Unterstützung einer Tante _________ (ermöglichen) ihnen ein Jurastudium in Marburg. Fast gleichzeitig ____________ (entdecken) die Brüder ihre Neigung für alte Sprachen und Dichtung, deren Erforschung sie ihr weiteres Leben _______________ (widmen). Zusammen _____________ (veröffentlichen) sie eine Sammlung von deutschen Volksliedern und in den Jahren 1812–1814 die weltbekannt gewordenen „Kinder- und Hausmärchen“ in 2 Bänden, die neben 60 Märchen alle Formen der Volkspoesie enthalten wie Legenden, Scherz- und Gruselgeschichten, sowie Tiererzählungen. Nach einer Tätigkeit im Auswärtigen Amt _________ (gehen) Wilhelm Grimm 1814 als Bibliothekar nach Kassel und wenig später ___________ (folgen) Jacob ihm nach. Auch Jacobs Heirat mit Henriette Dorothea Wild im Jahre 1825 ______ (ändern) nichts daran, dass der Lebensweg der beiden Brüder weiterhin parallel _________ (verlaufen). 1830 _______ (nehmen) sie beide einen Ruf an die Universität Göttingen an, ________ (teilen) dort die Wohnung und _________ (arbeiten) Tür an

Tür. Die nächsten sieben Jahre _________ (widmen) sie der Forschung, dem Schreiben und Veröffentlichungen. 1838 _______ (beginnen) die Brüder mit ihrem Lebenswerk. Die erste Ausgabe _____ (sollen) 1854 erscheinen.

1840 ______ (werden) die Brüder von König Friedrich Wilhelm IV. an die Akademie nach Berlin berufen. Die Unterstützung der Akademie der Wissenschaften ______ (machen) es ihnen möglich, ihr gemeinsames Lebenswerk in Berlin fortzusetzen: das „Deutsche Wörterbuch", das den Wortschatz der deutschen Sprache aus 400 Jahren in alphabetischer Reihenfolge erfassen und für jedermann verständlich erklären _____ (sollen). Die Brüder Grimm _______ (haben) das Wörterbuch zunächst auf 4–6 Bände ___________ (planen) und _______ (glauben), diese Arbeit in vier Jahren bewältigen zu können. Seine Vollendung _____ (dauern) jedoch 100 Jahre, denn erst 1961 ________ (kommen) es zu einem vorläufigen Abschluss. Aus den geplanten 4–6 Bänden ________ (werden) 33 Bände. Es ist bis heute das umfangreichste und wissenschaftlich bedeutendste Wörterbuch der deutschen Sprache.

Jacob Grimms Leben ______ (sein) intensiver als das seines Bruders. Er _______ (arbeiten) als Sekretär in öffentlichen Aufgaben, doch seine Amtsgeschäfte ________ (lassen) ihm genügend Zeit für wissenschaftliche Studien. So _______ (arbeiten) er nebenbei intensiv an seiner „Deutschen Grammatik", mit der er die deutsche Philologie ________ (begründen). Wilhelm ____ (geben) neue Ausgaben der „Hausmärchen" heraus und ________ (konzentrieren) sich auf Forschungen in der mittelalterlichen Literatur. Wilhelm _____ (sterben) 1859 an einer Infektion in Berlin. Jacob, erschüttert von dem Tod seines Bruders, _______ (ziehen) sich immer mehr vom öffentlichen Leben zurück. Er ________ (arbeiten) bis zu seinem Tod im Jahre 1863 an dem „Deutschen Wörterbuch".

35.2 Fragen zum Verständnis.

1. Was verbindet man mit den beiden Brüdern?

2. Was wissen wir von ihrer frühen Kindheit?

3. Was veränderte sich in ihrem Leben nach dem Tod des Vaters?

4. Warum konnten sie in Marburg studieren?

5. Was entdeckten die Brüder in Marburg?

6. Was veröffentlichten sie in den folgenden Jahren?

7. Warum gingen die beiden nach Göttingen?

8. Was war das Lebenswerk, das sie in Berlin fortsetzten?

35.3 Richtig oder falsch? Korrigieren Sie die falsche Aussage.

1. Die Brüder wuchsen in Kassel auf. R F

2. Ihr Vater war Kaufmann von Beruf. R F

3. Sie gingen in Hanau auf die Schule. R F

4. An der Universität Marburg studierten sie Jura. R F

5. Hier begann ihr Interesse an Sprachen und Dichtkunst. R F

6. Beide lehrten an der Universität Göttingen. R F

7. Das „Deutsche Wörterbuch“ ist 400 Jahre alt. R F

8. Wilhelm Grimm war der Begründer der deutschen Philologie. R F

9. Wilhelm starb 1863 an Lungenentzündung. R F

35.4 Setzen Sie das richtige Verb aus der Vokabelliste ein.

1. Ihre Reputation war so bekannt, dass man sie an die Universität Berlin __________.
2. Nach dem Tod seines Bruders __________ sich Jacob aus dem Leben __________.

3. Sie ____________ gemeinsame Interessen.
4. Sie wollten diese Arbeit in vier Jahren ____________.
5. Später musste die Familie aus finanziellen Gründen nach Kassel ________.
6. Sie ____________ deutsche Volksmärchen.
7. Die beiden Brüder ________ ihr ganzes Leben der Forschung.
8. Sie _________ ihre Jugend zuerst in einem großen Haus.

35.5 Setzen Sie das richtige Adjektiv oder Adverb aus der Vokabelliste ein.

1. In ihrer Jugend waren die Brüder _____________.
2. Jacob und Wilhelm Grimm sind heutzutage ________.
3. Nach dem Tod des Vaters änderte sich ihr Leben und finanziell mussten sie jetzt sehr ________ leben.
4. Die Brüder hatten ____________ Interessen.
5. Das Wörterbuch sollte den Wortschatz für jeden ______________ erklären.
6. Jacob war von dem Tod seines Bruders ________.
7. Das „Deutsche Wörterbuch" ist das _________________ Wörterbuch der deutschen Sprache.

35.6 Schaffen Sie ein neues Wort, indem Sie beide Spalten verbinden.

1.	das Amt	a.	das Buch
2.	das Gruseln	b.	das Märchen
3.	das Leben	c.	das Werk
4.	das Tier	d.	der Schatz
5.	das Volk	e.	der Weg
6.	das Wort	f.	die Entzündung
7.	die Lunge	g.	die Erzählung
8.	die Reihen (pl.)	h.	die Folge
9.	das Leben	i.	die Geschichte
10.	die Wörter (pl.)	j.	das Lied
11.	das Haus	k.	der Mann

35.7 Verbinden Sie die beiden Spalten.

___1. Die Brüder entdeckten ihre Neigung für alte Sprachen	a. und sie verbrachten ihre Jugend zuerst in einem großen Haus.
___2. Die Familie zog nach Kassel um,	b. lebten die Brüder ihr ganzes Leben lang.
___3. Die finanzielle Unterstützung einer Tante	c. ihr Lebenswerk in Berlin fortzusetzen.
___4. Die Unterstützung der Akademie der Wissenschaften machte es ihnen möglich,	d. und Dichtung, deren Erforschung sie ihr weiteres Leben widmeten.
___5. Es ist bis heute das umfangreichste	e. ermöglichte ihnen ein Jurastudium.
___6. Ihr Vater war Amtmann	f. ging Wilhelm Grimm 1814 nach Kassel.
___7. Nach einer Tätigkeit im Auswärtigen Amt	g. und teilten dort eine Wohnung.
___8. Sie nahmen beide einen Ruf an die Universität Göttingen an	h. und wissenschaftlich bedeutendste Wörterbuch der deutschen Sprache.
___9. So unzertrennlich wie ihre Namen heute noch sind,	i. wo Jacob 1803 und Wilhelm 1804 das Abitur am Friedrichsgymnasium machten.

35.8 Zur Diskussion.

1. Kennen Sie Verfilmungen von Grimms Märchen?
2. Wie ist Ihre Meinung zu den Filmen?
3. Sehen Sie sich gerne Märchenfilme an?
4. Was ist der Unterschied zwischen Märchenfilmen und realistischen Filmen?

35.9 Zum Schreiben.

Schauen Sie im Internet nach und machen Sie eine Liste von den Filmen, die auf Grimms Märchen basieren. Was sagen die Kritiker zu diesen Filmen? Wählen Sie ein paar Kritiken aus und stellen Sie den Inhalt kurz vor.

36

Wilhelm Conrad Röntgen (1845–1923) Der Entdecker der Röntgenstrahlen

Nomen

Abitur, das	*high school diploma*	**Labortisch, der**	*lab desk*
		Musterschüler, der	*model student*
Arbeitsweise, die	*working method*	**Öffentlichkeit, die**	*public*
Aufklärung, die	*here: investigation*	**Opfer, das**	*victim*
Aufnahmeprüfung, die	*entrance exam*	**Plättchen, das**	*small plate*
Beleidigung, die	*insult*	**Promotion, die**	*doctorate*
Entdecker, der	*discoverer*	**Röntgenaufnahme, die**	*X-ray image*
Entdeckung, die	*discovery*	**Röntgengerät, das**	*X-ray machine*
Entladung, die	*discharge*	**Schulheft, das**	*notebook*
Ergebnis, das	*result*	**Spannung, die**	*voltage*
Forscher, der	*researcher*	**Strahlenart, die**	*type of radiation*
Gasthörer, der	*audit*	**Täuschung, die**	*illusion*
Gebiet, das	*discipline, field*	**Überraschung, die**	*surprise*
Gründlichkeit, die	*thoroughness*	**Ursache, die**	*cause*
Gymnasiast, der	*high school student*	**Vakuumröhre, die**	*vacuum tube*
		Verbrechen, das	*crime*
Habilitation, die	*highest academic degree*	**Vermutung, die**	*speculation*
		Versuch, der	*experiment*
Kathodenstrahl, der	*cathode ray*	**Wert, der**	*value*

Verben

abdrucken	*to publish*	**lehren**	*to lecture*
ausgehen	*to emanate*	**leuchten**	*to glow*
dringen	*to get through*	**nachgehen**	*to follow up*
durchleuchten	*to X-ray*	**sorgen**	*to ensure*
erfahren	*to find out*	**umbenennen**	*to rename*
erforschen	*to explore, research*	**verfolgen**	*to pursue*
färben	*to dye*	**vorliegen**	*to be available*
gelingen	*to succeed*		

Adjektive/Adverbien

ausgerechnet	*of all things*	**überzeugend**	*convincing*
denkbar	*conceivable*	**übrigens**	*by the way*
eigentlich	*originally*	**unbedeutend**	*insignificant*
ganz zufällig	*quite coincidentally*	**verdunkelt**	*darkened*
		verkleidet	*covered*
genügend	*sufficiently*	**vorzeitig**	*prematurely*
scheinbar	*seemingly*	**wissenschaftlich**	*scientific*
sicher	*reliable*	**zunächst**	*for the time being*
tatsächlich	*indeed*		

36.1 Setzen Sie die Infinitive in die Vergangenheit.

Im Jahr 1895 ____________ (erforschen) der Physiker Wilhelm Conrad Röntgen (1845–1923) die sogenannten Kathodenstrahlen. Röntgens Apparatur ______ (sein) eine Vakuumröhre mit zwei Elektroden, die elektrische Spannung in Form von Kathodenstrahlung _____________ (produzieren). Um diese Entladung besser beobachten zu können, ________ (legen) er die Röhre in einen schwarzen Karton, ________ ein kleines Aluminiumfenster _______ (einsetzen) und ________ den Versuch in einem verdunkelten Raum ________ (durchführen). Am 8. November 1895 _______ (machen) Röntgen seinen ersten Test. Die Röhre, die in einem Karton war, _________ (sollen) eigentlich keine Strahlen nach außen dringen lassen. Aber ein Plättchen mit einer chemischen Substanz, das zufällig auf einem Labortisch _______ (liegen), __________ (fangen) an zu leuchten.

Röntgen ____________ diesem Phänomen _______ (nachgehen). Es war typisch für seine Arbeitsweise, dass er scheinbar unbedeutende Phänomene mit Exaktheit und Gründlichkeit weiter __________ (verfolgen), um deren Ursachen zu erforschen. Schnell __________ er ___________ (herausfinden), dass die Ursache dieses Leuchtens tatsächlich von der verkleideten Röhre ____________ (ausgehen) und die Strahlen durch den Karton ______________ (gehen) waren. Später _______________ (sagen) er: „Ich ________ (finden) ganz zufällig, dass die Strahlen schwarzes Papier durchdringen. Danach ________________ (nehmen) ich Holz und Schulhefte, aber zuerst _______________ (glauben) ich, das Opfer einer Täuschung zu sein. Dann ________________ (nehmen) ich die Fotografie zu Hilfe, und der Versuch ______________ (gelingen)“. Röntgen ____________ (erkennen), dass Kathodenstrahlen die feste Materie durchdringen und Fotoplatten dunkel färben können.

Zunächst ________ (sagen) Röntgen nichts über seine Vermutungen. Seine Mitarbeiter __________ (erfahren) erst davon, als überzeugende und sichere Ergebnisse seiner Entdeckung ____________ (vorliegen). In nur sieben Wochen hatte Röntgen das Phänomen genügend __________ (erforschen). Er nannte diese neue Strahlenart „X-Strahlen“, da er nichts über die Natur dieser Strahlen _______ (wissen). Es __________ (dauern) jedoch nicht lange, bis die X-Strahlen nach ihrem Entdecker in „Röntgenstrahlen" _____________ (umbenennen) wurden.

Für die größte Überraschung in der Öffentlichkeit __________ (sorgen) die erste Röntgenaufnahme einer menschlichen Hand. Röntgen hatte im Dezember 1895 seine eigene Hand _______________ (durchleuchten) und ________________ (fotografieren) und die Aufnahme in einer Publikation ______________ (abdrucken). Das Röntgenfoto der durchleuchteten Hand ______________ (demonstrieren) den Wert der Entdeckung für die Medizin.

Schon fünf Jahre später _________ (stehen) in vielen Kliniken die neuen Röntgengeräte. Auch auf vielen anderen Gebieten ist heute wissenschaftliche Arbeit ohne Röntgenstrahlen nicht mehr denkbar, z.B. in der Archäologie, in der Kunstgeschichte, in der Kriminalistik bei der Aufklärung von Verbrechen – um nur einige zu nennen.

Übrigens, man muss kein Musterschüler sein, um ein berühmter Forscher zu werden. Röntgen hatte als Gymnasiast ausgerechnet in Physik die schlechtesten Noten. Wegen Beleidigung eines Lehrers _________ (müssen) er vorzeitig die Schule verlassen. Ohne Abitur ________ (werden) er aber nicht zu einem Studium zugelassen. Er ________ (können) sich nur als Gasthörer einschreiben. Zwei Jahre später ________ (gehen) er in die Schweiz an das Polytechnikum Zürich, wo man nach einer Aufnahmeprüfung auch ohne Abitur studieren ________________ (können). Nach seiner Promotion und Habilitation in Straßburg _____________ (lehren) er als Professor an den Universitäten in Gießen, Würzburg und München. Im Jahr 1901 ______________ (bekommen) er für seine Entdeckung den Nobelpreis.

36.2 Fragen zum Verständnis.

1. Was wollte Röntgen erforschen?

2. Was sollten die Elektroden produzieren?

3. Warum legte er die Röhre in einen schwarzen Karton?

4. Wann begann der erste Test?

5. Was passierte ganz unerwartet (*unexpectedly*) bei diesem Test?

6. Was war charakteristisch für Röntgen?

7. Woher kam das Leuchten?

8. Was machten die Strahlen?

9. Wann gab er seine Forschungserkenntnisse bekannt?

10. Wie nannte er das Ergebnis seiner Forschung?

11. Warum hatte er im Dezember 1895 seine Hand durchleuchtet?

12. Was gab es schon kurz danach in den meisten Krankenhäusern?

13. Auf welchen wissenschaftlichen Gebieten benutzt man heute Röntgenapparate?

14. Wie war Röntgen in der Schule?

15. Warum musste er die Schule vor dem Abitur verlassen?

16. Wo machte er später seinen Studienabschluss?

17. Warum wurde ihm der Nobelpreis verliehen?

36.3 Verbinden Sie die beiden Spalten und bilden Sie ein neues Wort.

1. die Kathode	a. das Aluminium
2. das Vakuum	b. das Heft
3. die Weise	c. der Hörer
4. die Schule	d. der Strahl

5.	das Fenster	e.	die Arbeit
6.	das Foto	f.	die Geschichte
7.	die Kunst	g.	die Platte
8.	die Aufnahme	h.	die Prüfung
9.	der Gast	i.	die Röhre

36.4 Richtig oder falsch? Korrigieren Sie die falsche Aussage.

1. Die Röhre ließ Strahlen nach außen dringen. R F

2. Eine Vakuumröhre sollte Kathodenstrahlen produzieren. R F

3. Eine chemische Substanz fing an zu leuchten. R F

4. Röntgen untersuchte nur wichtige Phänomene. R F

5. Kathodenstrahlen können feste Materien durchdringen. R F

6. Röntgen lehrte am Polytechnikum in Zürich. R F

7. In der Schule war er ein Musterschüler. R F

8. Er promovierte an der technischen Universität Berlin. R F

9. In der Schweiz konnte er ohne Abitur studieren. R F

10. Kathodenstrahlen ließen Fotoplatten hell färben. R F

11. Seine Mitarbeiter wussten immer, woran er arbeitete. R F

12. Archäologie ohne Röntgenstrahlen ist einfach undenkbar. R F

36.5 Setzen Sie die Verben in der Vergangenheit ein.

umbenennen, verfolgen, glauben, ausgehen, erfahren, erforschen, produzieren, legen, durchführen, anfangen, durchleuchten

1. Seine Mitarbeiter _________________ erst später von seinen Entdeckungen.
2. Er ______________ seine eigene Hand.
3. Röntgen ____________ dieses Phänomen mit Gründlichkeit.
4. Die X-Strahlen ____________ man später in „Röntgenstrahlen“ __________.
5. Von der verkleideten Röhre ____________ ein Leuchten ____.
6. Er __________ den Versuch in einem verdunkelten Raum _______.
7. Wilhelm Conrad Röntgen ______________ die sogenannte Kathodenstrahlung.
8. Er ___________ die Röhre in einen dunklen Karton.
9. Eine chemische Substanz ____________ _______ zu leuchten.
10. Zwei Elektroden ____________ elektrische Spannung.
11. Zuerst _________ er, sich zu täuschen.

36.6 Verbinden Sie die beiden Spalten.

___1. Auch auf vielen anderen Gebieten ist heute	a. als überzeugende und sichere Ergebnisse seiner Entdeckung vorlagen.
___2. Das Röntgenfoto der durchleuchteten Hand	b. ausgerechnet in Physik die schlechtesten Noten.
___3. Er nannte diese neue Strahlenart „X-Strahlen“,	c. bis die X-Strahlen nach ihrem Entdecker in „Röntgenstrahlen“ umbenannt wurden.
___4. Er setzte ein kleines Aluminiumfenster ein	d. da er nichts über die Natur dieser Strahlen wusste.
___5. Es sollte aber nicht lange dauern,	e. demonstrierte den Wert der Entdeckung für die Medizin.
___6. Für die größte Überraschung in der Öffentlichkeit	f. die elektrische Spannung in Form von Kathodenstrahlung erzeugte.
___7. Röntgen hatte als Gymnasiast	g. legte er die Röhre in einen schwarzen Karton.
___8. Röntgen hatte im Dezember 1895	h. seine eigene Hand durchleuchtet und fotografiert.

____9. Röntgens Apparatur bestand aus einer Vakuumröhre mit zwei Elektroden,	i. sorgte die erste Röntgenaufnahme einer menschlichen Hand.
__10. Seine Mitarbeiter erfuhren erst davon,	j. und führte den Versuch in einem verdunkelten Raum durch.
__11. Um diese Entladung besser beobachten zu können,	k. wissenschaftliche Arbeit ohne Röntgenstrahlen nicht mehr denkbar.

36.7 Setzen Sie die Adjektive oder Adverbien aus der Vokabelliste ein.

1. ________________ Arbeit ohne Röntgenstrahlen ist heute in vielen Disziplinen undenkbar.
2. Er interessierte sich für scheinbar ________________ Phänomene.
3. _______ _______ fing die chemische Substanz an zu leuchten.
4. Die Ursache ging ________________ von der verkleideten Röhre aus.
5. Er musste die Schule ________________ wegen Lehrerbeleidigung verlassen.
6. ____________ in Physik hatte er die schlechtesten Noten.
7. Röntgen führte seine Experimente in ____________________ Räumen durch.

36.8 Setzen Sie die Nomen aus der Vokabelliste ein.

1. Erst nach sieben Wochen gab er seinen ____________________ seine Ergebnisse bekannt.
2. Er hatte entdeckt, dass die ______________ schwarzes Papier durchdringen.
3. Auf einem __________________ fing ein Plättchen mit einer chemischen ______________ an zu leuchten.
4. Er legte eine ____________________ in einen schwarzen Karton mit einem ______________, um ____________________ besser beobachten zu können.
5. Röntgen erforschte die sogenannten ______________________.
6. Er durchleuchtete seine eigene __________________ und fotografierte das Ergebnis.
7. Es dauerte nur ein paar Jahre, bis in den meisten Krankenhäusern __________________ standen.

36.9 Zur Diskussion.

1. Wie reagiert man heute auf die damalige wissenschaftliche Entdeckung?
2. Was hat sich seitdem in der Medizin verändert?
3. Benutzt man auch heute noch Röntgengeräte in anderen Disziplinen?
4. Kennen Sie andere wissenschaftliche Entdeckungen aus dem 20. Jahrhundert?

36.10 Zum Schreiben.

1. Warum wurde Röntgen mit dem Nobelpreis ausgezeichnet? Suchen Sie im Internet nach der Begründung für diese Ehre und schreiben Sie einen kurzen Bericht.
2. Gab es im selben Jahr noch andere Nobelpreisträger? Schauen Sie im Internet nach und machen Sie eine Liste von den anderen Preisträgern.

37

Nikolaus Kopernikus (1473–1543) Begründer eines neuen Weltbildes

Nomen

Altertum, das	*antiquity*	**Gelehrte, der**	*scholar*
Aufbau, der	*structure*	**Geschwindigkeit, die**	*speed*
Aufgabe, die	*task*	**Gestirn, das**	*celestial body*
Bahn, die	*trajectory*	**Glaubensfrage, die**	*question of faith*
Begründer, der	*founder*	**Himmelsgewölbe, das**	*celestial vault*
Beobachtung, die	*observation*	**Kaufmann, der**	*merchant*
Bequemlichkeit, die	*comfort*	**Kreisbahn, die**	*orbit*
Bewegung, die	*movement*	**Länderei, die**	*estate*
Bistum, das	*diocese*	**Stelle, die**	*job*
Domherr, der	*canon*	**Unregelmäßigkeit, die**	*irregularity*
Einwanderer, der	*immigrant*	**Verwaltungsbeamte, der**	*administrator*
Fernrohr, das	*telescope*	**Weltall, das**	*universe*
Folge, die	*consequence*	**Wirklichkeit, die**	*reality*
Geistliche, der	*clergyman*		

Verben

sich dagegenstellen	*to oppose, reject*	**schaffen**	*to create*
sich drehen um + (Akk)	*to revolve*	**schließen**	*to conclude*
entdecken	*to discover*	**veröffentlichen**	*to publish*
erlösen	*to redeem*	**verschaffen**	*to provide*
errechnen	*to calculate*	**widerrufen**	*to retract*
ersetzen	*to substitute*	**zwingen**	*to force*
sich interessieren für + (Akk)	*to be interested in*		

Adjektive/Adverbien

angeheftet	*attached*	**gebildet**	*educated*
deutschstämmig	*of German origin*	**gewandt**	*skilled*
ehelos	*celibate*	**gleich**	*same*

größtenteils	*for the most part*	**umgekehrt**	*vice-versa*
inzwischen	*in the meantime*	**vornehm**	*noble*
kirchlich	*church-related*	**weitreichend**	*far-reaching*
schleifenförmig	*in loops*	**weltlich**	*secular*
tätig	*active*	**wohlhabend**	*prosperous*
umfassend	*comprehensive*		

37.1 Setzen Sie die Infinitive in die Vergangenheit.

Wir sehen, wie täglich die Sonne am Himmel von Osten nach Westen läuft. In Wirklichkeit läuft jedoch nicht die Sonne um die Erde, sondern die Erde um die Sonne. Das ________ (entdecken) Nikolaus Kopernikus – mit weitreichenden Folgen. Kopernikus ________ (werden) 1473 in Thorn (heute polnisch Torun) an der Weichsel als Sohn deutschstämmiger Einwanderer geboren (seine Muttersprache war Deutsch). Sein Vater _______ (sein) ein wohlhabender Kaufmann. Beide Eltern ________ (sterben) früh.

Nikolaus' Onkel Lukas Watzelrode ________ (nehmen) den Jungen zu sich. Er ______ (sein) Bischof des Ermlandes mit Sitz in Frauenburg an der Ostsee (heute polnisch Frombork). Nikolaus _________ (studieren) in Krakau Theologie, um Geistlicher zu werden. Aber er ___________ (interessieren) sich mehr für Mathematik und die Bewegungen der Gestirne. Er _________ (sollen) eigentlich kirchlicher Verwaltungsbeamter werden. Dafür _____ (gehen) er zum Studium des Kirchenrechts, aber auch der Astronomie, an einige italienische Universitäten. Er _________ (werden) ein umfassend gebildeter humanistischer Gelehrter.

1503 _________ (kehren) Kopernikus in seine Heimat zurück. Sein Onkel __________ (haben) ihm inzwischen die gut bezahlte Stelle eines Domherrn, eines Kanonikus, am Frauenburger Dom verschafft. Die vornehmen Domherren ________ (sein) in der kirchlichen Verwaltung tätig. Sie ________ (können), __________ (müssen) aber nicht Priester sein. Doch ___________ (müssen) sie ehelos bleiben, ______________ (dürfen) aber ein weltliches Leben führen mit allen Bequemlichkeiten. Kopernikus ______ (sein) ein gewandter Weltmann. Glaubensfragen (es war die Lutherzeit) ________ (interessieren) ihn nicht. Als Domherr _______ (haben) er, neben anderen Aufgaben, mit den Finanzen des Bistums und der Verwaltung seiner Ländereien zu tun. Größtenteils __________ (leben) er in Frauenburg.

Seit dem Altertum __________ (glauben) man an einen geordneten Aufbau der Welt: Mittelpunkt des Weltalls ist die Erde mit den Menschen. Auf ihr hatte Gott die Menschen erschaffen und erlöst. Um die Erde bewegten sich auf Kreisbahnen Sonne, Mond und die Planeten (Venus, Jupiter usw.) sowie das Himmelsgewölbe mit den daran angehefteten Fixsternen. Kopernikus ________ (haben) noch kein Fernrohr. Aber er ________ (wissen) aus der Beobachtung des Himmels um Unregelmäßigkeiten in den

Bewegungen der Planeten. Diese laufen z.B. nicht immer auf einer Kreisbahn, sondern schleifenförmig, und auch nicht immer mit der gleichen Geschwindigkeit (später hat Kepler ihre Bahnen genau errechnet).

Aus diesen Unregelmäßigkeiten _________ (schließen) Kopernikus nun, dass sich die Erde um die Sonne dreht und nicht umgekehrt, und dass die Erde sich um sich selber dreht und nicht das Himmelsgewölbe um die Erde. So _________ (ersetzen) Kopernikus das geozentrische durch das heliozentrische Weltbild. Das heliozentrische Weltbild wird zu Kopernikus' Ehren auch das „Kopernikanische Weltbild" genannt.

Kopernikus ______________ (wissen), dass viele Gelehrte, besonders aber die Kirche, sich dagegenstellen würden. Noch hundert Jahre später ______________ (zwingen) die katholische Kirche Galileo Galilei zu der Aussage: „Die Erde bewegt sich nicht". Kurz vor seinem Tod im Jahre 1543 __________________ (veröffentlichen) Kopernikus seine Entdeckung in seinem Buch „Die Bewegungen der Himmelskörper".

37.2 Fragen zum Verständnis.

1. Was erleben wir jeden Tag?

2. Worum dreht die Erde sich?

3. Wo ist der Geburtsort von Kopernikus?

4. Was wissen wir von seinen Eltern?

5. Wer kümmerte sich nach dem Tod der Eltern um Kopernikus?

6. Wofür interessierte er sich neben seinem Studium?

7. Warum ging er nach Italien?

8. Was machte er nach seiner Rückkehr nach Deutschland?

9. Konnte er als Domherr heiraten?

10. Was war seine Aufgabe als Domherr?

11. Warum sah man die Erde als Mittelpunkt des Weltalls?

12. Was fand Kopernikus über die Bewegung der Planeten heraus?

13. Wie hieß das neue Weltbild?

14. Was wurde vor seinem Tod veröffentlicht?

37.3 Richtig oder falsch? Korrigieren Sie die falsche Aussage.

1. Kopernikus starb im siebzigsten Lebensjahr. R F

2. Er wollte seine These nicht widerrufen. R F

3. Seine Eltern kamen aus Deutschland. R F

4. Er entdeckte ein neues Weltbild. R F

5. Sein Onkel war Bischof in Thorn. R F

6. In Krakau studierte er Mathematik. R F

7. In Italien interessierte er sich für Astronomie. R F

8. Nach seinem Studium war er ein Gelehrter. R F

9. Als Domherr durfte er heiraten und gut leben. R F

10. Er fand Luthers Ideen gut. R F

11. Seine Ideen waren für die Zeit revolutionär. R F

12. 100 Jahre lang wollte die Kirche nichts davon wissen. R F

13. Die Erde dreht sich um sich selbst. R F

14. Die Planeten laufen im Kreis. R F

37.4 Setzen Sie das richtige Nomen aus der Vokabelliste ein.

1. Der Mond, die Sonne und die Erde sind Planeten, die man im ___________ findet.
2. Jemand, der etwas Neues schafft, ist ein ______________.
3. Wenn man auswandert und in ein anderes Land geht, dann ist man ein ___________.
4. Viele Astronomen untersuchen die _____________ der Planeten.
5. Nach seinem Studium trat Kopernikus eine __________ als __________ am Frauenburger Dom an.
6. Die ______________, mit der Luther sich beschäftigte, interessierte ihn nicht.
7. Als Domherr musste er ein _________ verwalten.
8. Im ____________ glaubte man noch an das geozentrische Weltbild.
9. Kopernikus machte seine Beobachtungen ohne ein ___________.
10. Er erkannte die ____________ der Bewegung der Planeten.

37.5 Setzen Sie das richtige Adjektiv oder Adverb aus der Vokabelliste ein.

1. Sein Interesse an der Astronomie führte zu _________________ Folgen, von denen er damals noch nichts wissen konnte.
2. Seine Eltern waren _____________.
3. Er wuchs in einem ____________ Haus auf.
4. Seine Ausbildung war sehr _____________.
5. Nach seinem Studium war Kopernikus ein ____________ Gelehrter.

6. Die __________ Domherren lebten ein bequemes Leben.
7. Sie mussten aber _________ bleiben.
8. Kopernikus fand heraus, dass die Planeten sich nicht im Kreis, sondern ________ bewegen.
9. Die Fixsterne am Himmel waren wie ___________.

37.6 Setzen Sie das richtige Verb ein.

1. Kopernikus ____________ sich für die Bewegungen der Gestirne.
2. Nach seinem Studium in Italien ____________ er in seine Heimatstadt ___________.
3. Man __________, dass die Welt Mittelpunkt der Erde war.
4. Aus seinen Forschungen ____________ Kopernikus, dass die Welt sich um die Sonne dreht.
5. Er ____________ das geozentrische mit dem heliozentrischen Weltbild.
6. Kopernikus ______________ seine Entdeckungen erst kurz vor seinem Tod.
7. Er ___________ ein neues Weltbild.

37.7 Verbinden Sie die beiden Spalten.

___1. Kopernikus wusste, dass viele Gelehrte	a. sondern die Erde um die Sonne.
___2. Nikolaus studierte in Krakau Theologie,	b. jedoch starben beide Eltern früh.
___3. Aus diesen Unregelmäßigkeiten schloss Kopernikus nun,	c. für Mathematik und die Bewegungen der Gestirne.
___4. Sein Vater war ein wohlhabender Kaufmann,	d. um die Finanzen des Bistums und die Verwaltung seiner Ländereien kümmern.
___5. In Wirklichkeit läuft jedoch nicht die Sonne um die Erde,	e. eines Domherrn, eines Kanonikus, am Frauenburger Dom.
___6. Er musste sich neben anderen Aufgaben auch	f. er durfte aber ein weltliches Leben mit allen Bequemlichkeiten führen.

___7.	Aber er interessierte sich mehr	g.	um Geistlicher zu werden.
___8.	Er musste ehelos bleiben,	h.	an einige italienische Universitäten.
___9.	Sein Onkel verschaffte ihm die gut bezahlte Stelle	i.	und auch die Kirche sich dagegenstellen würden.
__10.	Er ging zum Studium des Kirchenrechts	j.	dass die Erde sich um die Sonne dreht.

37.8 Zur Diskussion.

1. Wie hat sich das Weltbild seit Kopernikus verändert?
2. Gibt es heute neue kosmische Entdeckungen?
3. Wie erforschen wir heute das Weltall?
4. Gibt es auch heute noch wissenschaftliche Theorien, denen die Kirche widerspricht?

37.9 Zum Schreiben.

Vergleichen Sie Informationen aus dem Internet mit diesem Text. Gibt es Informationen, die den Text bereichern (*enrich*)?

38

Robert Koch (1843–1910) Kämpfer gegen Bazillen und Bakterien

Nomen

Bazillus, der	*germ, bacillus*	**Milzbrand, der**	*anthrax*
Bergbau, der	*mining*	**Milzbrandbazille, die**	*anthrax bacteria*
Erfolg, der	*success*	**Operationsbesteck, das**	*surgical instruments*
Erreger, der	*pathogen*		
Forschungsergebnis, das	*research result*	**Regierungsrat, der**	*senior civil servant*
Gesundheitsamt, das	*public health dept.*	**Reinhaltung, die**	*purification*
Grundstein, der	*cornerstone*	**Ruhm, der**	*fame*
Höhepunkt, der	*peak*	**Untersuchung, die**	*test*
Kette, die	*chain*	**Ursache, die**	*cause*
Krankheit, die	*disease*	**Viehherde, die**	*herd of cattle*
Landarzt, der	*country doctor*	**Volksgesundheit, die**	*public health*
Laufbahn, die	*career*	**Wissenschaftler, der**	*scientist*
Lebensweise, die	*way of life*	**Wundinfektion, die**	*wound infection*
Mediziner, der	*physician*		

Verben

bekämpfen	*to combat*	**schaffen**	*to create*
durchführen	*to carry out*	**sparen**	*to save*
einfärben	*to stain*	**stammen**	*to stem*
eingehen	*to die*	**untersuchen**	*to examine*
entwickeln	*to develop*	**verleihen**	*to award*
erforschen	*to research*	**veröffentlichen**	*to publish*
erhalten	*to receive*	**verstopfen**	*to clog up*
gelingen	*to succeed*	**wüten**	*to rampage*
nachweisen	*to prove*	**züchten**	*to cultivate*

Adjektive/Adverbien

beschäftigt	*employed*	**überhaupt**	*at all*
erfolgreich	*successful*	**unterschiedlich**	*different*
fähig	*capable*	**verschieden**	*diverse*
geglückt	*successful*	**wirksam**	*effective*
kaiserlich	*imperial*	**zivil**	*civilian*
keimfrei	*sterile*	**zusammengeballt**	*clogged*

Ausdrücke

das Abitur machen	*to graduate from high school*	**im Bereich, auf dem Gebiet**	*in the area*
den Grundstein legen	*to lay the cornerstone*	**in Berührung kommen**	*to come in contact*
die Voraussetzungen schaffen	*to lay the foundations*	**in der Lage sein**	*to be in the position*
Forschung betreiben	*to do research*	**zur Welt kommen**	*to be born*

38.1 Setzen Sie die Infinitive in die Vergangenheit.

Viele Wissenschaftler und Mediziner ______ (haben) mit all ihren Instituten und Laboren keinen Erfolg, aber ein kleiner, armer Landarzt aus Posen _______ (können) nachweisen, dass die Ursache für ganz bestimmte Krankheiten von ganz bestimmten Erregern stammt. Er ____ (finden) diese Erreger, ___________________ (züchten) sie in seinem Labor und _______ (schaffen) Methoden, sie zu bekämpfen. Er __________ (legen) den Grundstein zur Desinfektion und Sterilisation in der Medizin und zur Volksgesundheit durch Hygiene.

Robert Koch ________ (kommen) am 11. Dezember 1843 in Clausthal im Harz als das dritte von 13 Kindern zur Welt. Sein Vater _______ (sein) im Bergbau beschäftigt. Robert Koch _______ (machen) das Abitur und _________ (studieren) zuerst Mathematik und dann Medizin in Göttingen. 1866 _________ (werden) Robert Koch Assistenzarzt in Hamburg. Dort ___________ (sterben) zu dieser Zeit viele Menschen an Cholera. 1870/71 __________ (gehen) er im Deutsch-Französischen Krieg als ziviler Kriegsarzt an die Front. Danach __________ (werden) er Arzt in der Nähe von Posen und ______ (heiraten).

Zu dieser Zeit _______ (wüten) der Milzbrand unter den Viehherden in ganz Europa, und viele Tiere ________ (eingehen) daran ____. Diese Krankheit ________ (wollen) Robert Koch untersuchen. Er ________ (sparen) viel Geld für ein Mikroskop und ____________ (untersuchen) damit gestorbene Tiere. Dabei ________ (finden) er Millionen von Milzbrandbazillen, die in langen Ketten oder zusammengeballt den ganzen Körper des Tieres ____________________ (verstopfen). Auch nach jahrelanger Ruhe _________ (sein) die Sporen dieses Bazillus fähig, neue Milzbrandbazillen zu entwickeln. 1876 ___________________ (veröffentlichen) Koch seine

Forschungsergebnisse an der Universität in Breslau. Weil man nun ________ (wissen), was diese Bazillen zum Leben brauchen, ______ (sein) man in der Lage, sie erfolgreich zu bekämpfen. Die größte Entdeckung auf dem Gebiet der Bakterien ______ (sein) geglückt.

Seine Erfolge _______________ (inspirieren) Robert Koch, mehr Forschungen im Bereich der Wundinfektionen zu betreiben. Denn oft _________ (sterben) Menschen, wenn sie operiert ________ (werden). Es __________ (gelingen) Koch, die verschiedenen Bakterien mit unterschiedlichen Farben einzufärben, damit sie überhaupt sichtbar _________ (werden). Dadurch __________ (entdecken) er, dass das Operationsbesteck oft nicht keimfrei _______ (sein) und so Menschen bei der Operation mit Bakterien in Berührung ________ (kommen).

Als Regierungsrat am Kaiserlichen Gesundheitsamt _______ (haben) Robert Koch die Möglichkeit, zusammen mit vielen Assistenten weitere Untersuchungen durchzuführen. Dabei ________ (gelingen) es ihm 1882, den Tuberkelbazillus nachzuweisen. Dies ______ (sein) der Höhepunkt seiner wissenschaftlichen Laufbahn. Auch die Erreger von Diphtherie und Typhus __________ (werden) von seinen Assistenten erforscht. Expeditionen _______ (führen) ihn durch die ganze Welt. In Indien _______ (finden) er den Cholerabazillus und _________ (bekämpfen) ihn durch die Reinhaltung des Trinkwassers. Durch die Entdeckung der Lebensweise der Bakterien und Kochs Methoden ihrer Erforschung _______ (schaffen) er die Voraussetzungen für die medizinische Wissenschaft, alle Infektionskrankheiten wirksam zu bekämpfen.

1891 ________ (werden) er Direktor des Institutes für Infektionskrankheiten, das für ihn gebaut worden war und später den Namen Robert-Koch-Institut ______ (erhalten). Sein Ruhm ______ (gehen) durch die ganze Welt. 1905 _______ (werden) ihm der Nobelpreis für Medizin verliehen. Koch ________ (sterben) am 27. Mai 1910 in Baden-Baden.

38.2 Fragen zum Verständnis.

1. Welchen Erfolg hatte Robert Koch?

2. Was machte er in seinem Labor?

3. Warum galt er als Pionier auf dem Gebiet der Hygiene?

4. Wo arbeitete er zuerst als Arzt?

5. Was machte er im Deutsch-Französischen Krieg?

6. Was interessierte ihn besonders in seiner Heimat Posen?

7. Wofür brauchte er viel Geld?

8. Was konnte er herausfinden?

9. Wie konnte man die Bazillen erfolgreich bekämpfen?

10. Was war das zweite große Gebiet, das Robert Koch interessierte?

11. Was fand er in den Krankenhäusern?

12. Was war der Höhepunkt seiner wissenschaftlichen Laufbahn?

13. Wie konnte er in Indien den Cholerabazillus bekämpfen?

38.3 Richtig oder falsch? Korrigieren Sie die falsche Aussage.

1. Institute und Labore fanden die Ursache für bestimmte Krankheiten. R F

2. Sie entwickelten Methoden, um sie zu bekämpfen. R F

3. Koch studierte in Hamburg und wurde in Göttingen Assistenzarzt. R F

4. Nach dem Krieg wurde er Arzt in Posen, wo er auch heiratete. R F

5. Es interessierte ihn besonders, warum die Viehherden starben. R F

6. Bei Operationen wurde keimfreies Besteck benutzt. R F

7. In Indien suchte er nach der Ursache der Choleraerkrankung. R F

8. Er erforschte auch Diphtherie und Typhus. R F

9. Der Nobelpreis für Medizin war der Höhepunkt seiner Laufbahn. R F

38.4 Setzen Sie das richtige Nomen aus der Vokabelliste ein.

1. Der Höhepunkt seiner wissenschaftlichen ______________ war der Nachweis des Tuberkelbazillus.
2. Er konnte nachweisen, dass in den Krankenhäusern Infektionen über das _________________ übertragen wurden.
3. Koch interessierte sich auch für die Forschung im Bereich der ___________________.
4. An der Universität Breslau veröffentlichte er seine _______________________.
5. Er sparte viel Geld für ein _____________________.
6. Ein ______________ fand heraus, dass ganz bestimmte Krankheiten von bestimmten _____________ erzeugt werden.
7. Kochs Forschungen legten den ______________ für Desinfektionen.
8. Als der Krieg ausbrach, ging er als _______________ an die Front.

38.5 Verbinden Sie die beiden Spalten.

___1.	Auch nach jahrelanger Ruhe konnten die Sporen	a.	dass die Ursache für bestimmte Krankheiten von ganz bestimmten Erregern stammt.
___2.	Das Operationsbesteck war oft nicht keimfrei	b.	dieses Bazillus neue Milzbrandbazillen entwickeln.
___3.	Ein kleiner, armer Landarzt aus Posen wusste,	c.	um die Erreger zu bekämpfen.
___4.	Er erfand Methoden,	d.	und zur Volksgesundheit durch Hygiene.
___5.	Er legte den Grundstein zur Desinfektion und Sterilisation in der Medizin	e.	mehr Forschungen im Bereich der Wundinfektionen zu betreiben.
___6.	Er sparte viel Geld für ein Mikroskop	f.	und bekämpfte ihn durch die Reinhaltung des Trinkwassers.
___7.	In Indien fand er den Cholerabazillus	g.	und so kamen Menschen bei der Operation mit Bakterien in Berührung.
___8.	Robert Koch machte das Abitur	h.	und untersuchte damit gestorbene Tiere.
___9.	Seine Erfolge inspirierten Robert Koch,	i.	und viele Tiere waren daran gestorben.
__10.	Zu dieser Zeit hatte sich der Milzbrand unter den Viehherden in ganz Europa ausgebreitet,	j.	und studierte zuerst Mathematik und dann Medizin in Göttingen.

38.6 Setzen Sie die Verben aus der Vokabelliste in der Vergangenheitsform ein.

1. Koch ________________ den Bazillus durch die Reinhaltung des Trinkwassers.
2. Es __________ ihm, den Tuberkelbazillus nachzuweisen.
3. In Hamburg ________________ viele Menschen an Cholera.
4. Mit einem Mikroskop ______________________ er gestorbene Tiere.
5. Viele Tiere _____________ am Milzbrand _____________.
6. Koch ________________ Methoden zur Bekämpfung dieser Erreger.
7. Man ____________ ihm den Nobelpreis für Medizin.
8. In einem Labor _______________ er die Erreger.

38.7 Zum Schreiben.

1. Vergleichen Sie Informationen aus dem Internet mit diesem Text. Gibt es Informationen, die den Text bereichern (*enrich*)? Gibt es auch noch mehr Informationen über den Nobelpreis?
2. Welche anderen Wissenschaftlicher erhielten im selben Jahr den Nobelpreis?

WORTSCHATZ

A

abdecken *to remove tiles*
abdrucken *to publish*
Abenteuerfilm, der *adventure film*
aber *however*
Abflug, der *departure*
Abflugschalter, der *check-in desk*
abgearbeitet *worn out, weary*
Abgrund, der *abyss*
abheben *to lift off*
Abitur, das *high school diploma*
sich abkühlen *to cool off*
ablehnen *to reject*
Abreise, die *departure*
abreißen, riss ab, abgerissen *to tear down, to ebb or let up*
absagen *to cancel*
Absatzmarkt, der *market*
abschalten *to unwind, to switch off*
Abschlag, der *stroke, tee-off*
Abschluss, der *finalization, completion*
sich abspielen *to take place*
abstreifen *to shed*
abtrainieren *to work off*
abtun *to dismiss*
achten auf + (Akk) *to pay attention*
ächzen *to groan*
adlig *noble*
Adlige, der *aristocrat*
ahnen *to suspect*
Aktionsfläche, die *promotion area*
allerlei *all sorts of*
allmählich *gradually*
Alltag, der *everyday life*
also *anyway, after all*
Altersdurchschnitt, der *average age*
Altertum, das *antiquity*
Amtmann, der *bailiff*
Amtsgeschäft, das *official duty*
Amtshaus, das *administrative office*
anbieten, bot an, angeboten *to offer*
Anblick, der *sight*
andachtsvoll *reverently*
ändern *to change*
anders *different*
anderswo *anywhere else*
sich gut anfühlen *to feel great*
Anführer, der *leader*
angeben, gab an, angegeben *to show off*
angeberisch *pretentious*
Angebot, das *offer*
angeheftet *attached*
angesagt *hip, cool*
angeschnallt *fastened*
angezogen *dressed*
angrenzend *neighboring*
Angst, die *fear*
Angst haben vor + (Dat) *to be afraid of*
anhalten, hielt an, angehalten *to stop*

Anhänger, der	*fan*
animieren	*to encourage*
anklagen	*to accuse*
Ankunft, die	*arrival*
anlässlich	*due to*
anlegen	*to point (a gun)*
anlocken	*to draw, to attract*
anschließen, schloss an, angeschlossen	*to connect*
Anschluss, der	*connection*
ansehen, sah an, angesehen	*to view*
anspannen	*to hitch up, to get the carriage ready*
anstecken	*to set on fire*
ansteigend	*rising*
Anstellung, die	*appointment*
Anziehungskraft, die	*magnetism*
Anziehungspunkt, der	*center of attraction*
Arbeitskraft, die	*worker*
Arbeitsweise, die	*working method*
Areal, das	*large space*
Aschenbecher, der	*ashtray*
Ast, der	*branch*
Asylbewerber, der	*asylum seeker*
atemberaubend	*breathtaking*
atemlos	*breathless*
aufatmen	*to breathe a sigh of relief*
Aufbau, der	*structure*
aufbauen	*to rebuild*
aufbinden, band auf, aufgebunden	*to untie*
aufdrehen	*to crank up*
Aufenthalt, der	*stay*
Aufgabe, die	*task, duty*
aufheben, hob auf, aufgehoben	*to pick up*
Aufklärung, die	***here:*** *investigation*
auflösen	*to dissolve, to clear up*
Aufnahme, die	*reception*
Aufnahmeprüfung, die	*entrance exam*
aufnehmen, nahm auf, aufgenommen	*to host, to include*
aufregend	*exciting*
aufreihen	*to line up*
Aufsehen, das	*sensation*
aufsparen	*to save up*
aufsuchen	*to visit*
auftreten, trat auf, ist aufgetreten	*to occur*
aufwachen	*to wake up*
aufwachsen, wuchs auf, ist aufgewachsen	*to grow up*
Aufzählung, die	*list*
Augenblick, der	*moment*
Ausbildung, die	*education*
ausbrechen, brach aus, ist ausgebrochen	*to break out*
ausbreiten	*to spread*
Ausdruck, der	*form of expression*
Ausflugsdampfer, der	*tour boat*
ausgebaut	*fully developed*
ausgehen	*to emanate, to go out*
ausgerechnet	*of all things*
ausgezeichnet	*excellent*
auslachen	*to laugh at*
ausleihen, lieh aus, ausgeliehen	*to borrow*
ausrutschen	*to slip*
ausschütten	*to pour out*
aussehen	*to look, to look like*

außerdem	*furthermore*
außerordentlich	*extraordinary*
Aussichtsterrasse, die	*observation deck*
Aussiedler, der	*repatriate*
Ausspruch, der	*statement*
Ausstellung, die	*exhibition*
Austauschstudent, der	*exchange student*
austragen, trug aus, ausgetragen	*to deliver*
ausverkauft	*sold out*
Auswahl, die	*selection*
auswandern	*to emigrate*
Auswärtige Amt, das	*foreign office*
ausweichen, wich aus, ausgewichen	*to get out of the way*
auswendig	*by heart*

B

Bach, der	*brook*
Backrest, der	*leftover dough*
baden	*to swim*
Badesee, der	*bathing lake*
Bahn, die	*trajectory*
bald	*soon*
Band, das	**here:** *tightrope*
Band, der	*volume*
Bank, die	*bench*
Bartputzer, der	*whisker cleaner*
Bauch, der	*stomach*
bauen	*to build*
Baustelle, die	*construction site*
Bazillus, der	*germ, bacillus*
bedenklich	*apprehensive*
bedeuten	*to imply*
bedeutend	*significant*
Bedingung, die	*condition*
sich befinden	*to be*
beeindruckt	*impressed*
beerdigen	*to bury*
befehlen, befahl, befohlen	*to order*
befreit	*relieved*
begabt	*talented*
Begabung, die	*talent*
begegnen + (Dat)	*to encounter*
Begegnung, die	*encounter*
begeistern	*to inspire*
sich begeistern für + (Akk)	*to get excited*
begeisternd	*thrilling*
Begnadigung, die	*amnesty, pardon*
begründen	*to found*
Begründer, der	*founder*
begrüßen	*to greet*
behandeln	*to treat*
behaupten	*to claim*
beinahe	*almost*
beistehen, stand bei, beigestanden	*to assist*
beitragen, trug bei, beigetragen	*to contribute*
beitreten, trat bei, ist beigetreten	*to join*
bekämpfen	*to combat*
bekannt	*well-known*
bekannt geben	*to announce*
beklagen	*to complain*
beklatschen	*to applaud*
Bekleidungsunternehmen, das	*clothing manufacturers*
beladen	*loaded*
beleidigen	*to insult*
Beleidigung, die	*insult*
beliebt	*popular*
Beliebtheit, die	*popularity*
bellen	*to bark*
belohnen für + (Akk)	*to reward*
Belohnung, die	*reward*

bemerken	*to notice*
Bemühen, das	*effort*
sich bemühen	*to try*
beneiden	*to envy*
benutzen	*to use*
beobachten	*to observe*
Beobachtung, die	*observation*
Bequemlichkeit, die	*comfort*
beraten, beriet, beraten	*to consult*
bereichern	*to enrich*
bereits	*already*
Bergbau, der	*mining*
berufen, berief, berufen	*to appoint*
Berufsverkehr, der	*rush hour*
beruhen auf + (Dat)	*to be based on*
beruhigen	*to calm down*
Beruhigung, die	*reassurance*
berühmt	*famous*
beschäftigt	*employed*
bescheiden	*modest*
beschimpfen	*to insult*
beschließen, beschloss, beschlossen	*to decide*
beschränken	*to restrict*
beschützen	*to protect*
besiegen	*to defeat*
besorgen	*to take care of*
bestimmen	*to determine*
bestimmt	*certain, designated*
betäubt	*numbed*
betrachten	*to look at*
betreten, betrat, betreten	*to enter*
betrügen, betrog, betrogen	*to deceive*
Bettelbrief, der	*begging letter*
betteln	*to beg*
betten	*to bed down*
Beute, die	*quarry, catch*
bewaldet	*wooded*
bewältigen	*to manage*
Bewegung, die	*action*
beweisen, bewies, bewiesen	*to prove*
bewundern	*to admire*
bezeichnen	*to describe*
Bild, das	*picture*
sich bilden	*to form*
binden, band, gebunden	*to tie*
Bio	*ecology*
Bio-Eis, das	*organic ice cream*
Bistum, das	*diocese*
bitten, bat, gebeten	*to ask, to request, to beg*
blasen, blies, geblasen	*to blow*
Blatt, das	*leaf*
bleiben	*to keep*
bleich	*pale*
Blick, der	*glance*
blitzschnell	*fast as lightning*
Bodenpersonal, das	*ground personnel*
Bodenstation, die	*ground control*
Bootsverleih, der	*boats for rent*
böse	*nasty*
boshaft	*malicious*
Bote, der	*messenger*
brachliegend	*idle*
Branche, die	*sector*
Braten, der	*roast*
breit	*broad*
Bremse, die	*brake*
brennend	*lighted*
Brunnen, der	*well*
Buchenwald, der	*beech forest*
Bucht, die	*bay*
Bühne, die	*stage*

bunt	*colorful*
Burg, die	*castle*
Bürgermeister, der	*mayor*

C

Check-in, der/das	*check-in*
Chemie, die	*chemistry among people*

D

Dachstuhl, der	*roof truss*
Dachterrasse, die	*deck on top of the roof*
daherkommen	*to come along*
Dämmerung, die	*dusk*
dankbar	*grateful*
dauern	*to take, to last*
davongehen, ging davon, ist davongegangen	*to walk away*
davonlaufen, lief davon, ist davongelaufen	*to run away*
davonziehen, zog davon, ist davongezogen	*to go on one's way*
dazu führen	*to lead to*
Decke, die	*blanket*
Degen, der	*rapier*
demütigend	*humbling*
denkbar	*conceivable*
denken, dachte, gedacht	*to think, to believe*
Denkmal, das	*monument*
dennoch	*however*
deutlich	*clearly*
deutschstämmig	*of German origin*
dicht	*congested*
dichtbewaldet	*densely wooded*
Dichterfürst, der	*prince among poets*
Dichtung, die	*poetry*
Dieb, der	*thief*
Diele, die	*hallway*
dienen	*to serve*
Diener, der	*servant*
Domherr, der	*canon*
Dorf, das	*village*
dösen	*to slumber*
Drache, der	*dragon*
drauftreten, trat drauf, ist draufgetreten	*to step on*
drehen	*to turn*
dringen, drang, gedrungen	*to push*
dreieckig	*triangular*
Drohung, die	*threat*
drücken	*to push*
dünn	*thin*
durchchecken	*to have a checkup*
durchdringen	*to get through*
durchhauen	*to cut*
durchleuchten	*to X-ray*
durchschnittlich	*on average*
durchzecht	*boozy*
Durststrecke, die	*dry spell*

E

eben	*just*
Ebene, die	*plain*
echt	*real*
Ecke, die	*corner*
ehe	*rather*

ehelos	*celibate*
ehemalig	*former*
Ehepaar, das	*couple*
Ehre, die	*honor*
ehrlich	*honest*
Eichel, die	*acorn*
Eifer, der	*enthusiasm*
eifersüchtig	*jealous*
Eigenschaft, die	*characteristic*
eigentlich	*actual, original*
sich eignen	*to be suitable*
Eimer, der	*bucket*
Einbrecher, der	*burglar*
Einbruch, der	*onset, burglary*
Eindruck, der	*impression*
einfach	*easy, simple*
einfallen, fiel ein, ist eingefallen	*to remember*
einfärben	*to stain*
Einfluss, der	*influence*
eingehen, ging ein, ist eingegangen	*to die*
einladen, lud ein, eingeladen	*to invite*
einsehen, sah ein, eingesehen	*to realize*
einst	*once*
Einstellung, die	*disposition*
eintauschen	*to swap*
eintreten, trat ein, ist eingetreten	*to join*
Eintrittskarte, die	*ticket*
Einwanderer, der	*immigrant*
einweihen	*to inaugurate, to officially open*
einwilligen	*to agree*
einziehen, zog ein, ist eingezogen	*to move in*
einzigartig	*unique*
Eisdiele, die	*ice cream parlor*
elitär	*elitist*
empfehlen, empfahl, empfohlen	*to recommend*
emporheben, hob empor, emporgehoben	*to raise*
empört	*appalled*
entdecken	*to discover*
Entdecker, der	*discoverer*
Entdeckung, die	*discovery*
entfernt	*away*
entgehen, entging, ist entgangen	*to escape*
entgegenkommen + (Dat)	*to approach*
entgegnen	*to answer*
enthalten	*to contain*
entkommen	*to escape*
Entladung, die	*discharge*
entlanggehen	*to go along*
entsagen	*to renounce*
entscheiden	*to decide*
entscheidend	*decisive*
entschlossen	*determined*
Entsetzen, das	*horror*
entsetzlich	*horrible*
entspannen	*to relax*
entspannt	*relaxed*
entspannungssuchend	*looking for relaxation*
entstehen, entstand, ist entstanden	*to emerge, to result*
entwickeln	*to develop*
Entwicklung, die	*development*
Erarbeitung, die	*preparation*
erbeben	*to shake*
erfahren, erfuhr, erfahren	*to find out*
Erfahrung, die	*experience*
erfassen	*to register*

erfinden, erfand, erfunden	*to invent*
Erfolg, der	*success*
Erfolg haben	*to have success*
erfolgreich	*successful*
erforschen	*to explore, to research*
Erforschung, die	*exploration*
sich erfreuen an + (Akk)	*to take pleasure in*
Ergebnis, das	*result*
ergreifen, ergriff, ergriffen	*to clasp*
erhalten, erhielt, erhalten	*to receive*
erheben, erhob, erhoben	*to rise*
Erheiterung, die	*amusement*
erhellen	*to brighten*
erhoffen	*to expect*
erhofft	*expected*
Erinnerung, die	*reminder*
erkennen, erkannte, erkannt	*to realize, to recognize*
erklären	*to explain*
sich erklären	*to explain oneself*
Erklärung, die	*explanation*
erkunden	*to explore*
erlauben	*to allow*
erlebbar	*everyday reality*
erleben	*to experience*
erleichtert	*relieved*
erlösen	*to redeem*
Erlöser, der	*redeemer*
ernähren	*to support*
ernst	*serious*
Ernst, der	*sternness*
erobern	*to conquer*
errechnen	*to calculate*
Erreger, der	*pathogen*
erreichen	*to reach*
erringen, errang, errungen	*to claim*
Ersatzreifen, der	*spare tire*
erschaffen, erschuf, erschaffen	*to create*
erschrecken, erschrak, ist erschrocken	*to frighten*
erschrocken	*frightened*
erschüttert	*shocked*
ersetzen	*to substitute*
erst	*only*
erstaunt	*surprised*
ertragen, ertrug, ertragen	*to endure*
erwachen	*to wake up*
erwähnen	*to mention*
erwidern	*to reply*
erwischen	*to catch*
erzeugen	*to produce*
Erzherzog, der	*archduke*
erzielen	*to achieve*
ewig	*eternal*

F

fähig	*capable*
Fahrradweg, der	*cycle path*
Fährte, die	*track*
färben	*to dye*
fast	*almost*
Fastenzeit, die	*Lent*
fehlen	*to be missing*
Feind, der	*enemy*
Feld, das	*field*
Fels, der	*rock*
Felsenschlucht, die	*chasm*
fernab von	*away from*

Fernrohr, das	*telescope*
fest	*set, fixed*
festhalten, hielt fest, festgehalten	*to cling*
Festung, die	*fortress*
feucht	*moist*
Fischreichtum, der	*fish population*
Fläche, die	*surface*
flanieren	*to go for a stroll*
flehentlich	*pleadingly*
fleißig	*diligent*
Fluch, der	*curse*
Flugbegleiter, der	*flight attendant*
Flughöhe, die	*altitude*
Fluggeschwindigkeit, die	*cruising speed*
flüstern	*to whisper*
Folge, die	*consequence*
folgen	*to follow*
Folterkammer, die	*torture chamber*
fördern	*to boost*
Forscher, der	*researcher*
Forschung, die	*research*
Forschungsergebnis, das	*research result*
Förster, der	*forester*
fort sein	*to be away*
fortkommen	*to get away*
Freibad, das	*outdoor swimming pool*
freigebig	*generous*
freilich	*admittedly*
Freimaurerorden, der	*Masonic order*
Fremdenzimmer, das	*guest room*
sich freuen auf	*to look forward to*
friedlich	*calm*
froh sein	*to be glad*
fröhlich	*cheerful*
früher	*formerly*
frühmorgens	*early in the morning*
führen dazu	*to lead to*
führend	*leading*
Führung, die	*guided tour*
Fundament, das	*foundation*
fungieren	*to function*
Fürst, der	*prince*

G

Gabel, die	*trident, fork*
Galionsfigur, die	*figurehead*
Gang, der	*walkway*
ganz plötzlich	*all of a sudden*
ganz zufällig	*quite coincidentally*
ganz	*entire*
Gartenhecke, die	*hedgerow*
Gas geben	*to step on the gas*
Gauner, der	*crook*
Gebäude, das	*building*
Gebeine, die *(pl.)*	*bones*
geben, gab, gegeben	*to give*
Gebet, das	*prayer*
Gebiet, das	*discipline, field*
gebildet	*educated*
Gebirgszüge, die *(pl.)*	*mountain ranges*
geeignet	*suitable*
Gefahr, die	*danger*
gefährdet	*in jeopardy*
Gefängnis, das	*prison*
Gefäß, das	*container, vessel*
Gegend, die	*area*
Gegensatz, der	*opposite, contrast*
Gegenwart, die	*presence*

gehören	*to belong to*	Geschichtsvielfalt, die	*historical variety*
Geisterstunde, die	*witching hour*	geschickt	*skilled*
Geistliche, der	*clergyman*	geschmeichelt	*flattered*
geizig	*stingy*	Geschwindigkeit, die	*speed*
Geldausgeben, das	*spending money*	Gesellschaft, die	*company, society*
Geldstrafe, die	*fine*	Gesetz, das	*law*
Gelegenheit, die	*opportunity*	Geseufze, das	*sighing*
Gelehrte, der	*scholar*	gespensterartig	*ghostlike*
gelten, galt, gegolten als	*to be considered to be*	Gespräch, das	*conversation*
gemein	*mean*	gestalten	*to give an identity*
Gemeinde, die	*township, parishioners*	Gestirn, das	*celestial body*
gemeinsam	*mutual, together*	gesundheitlich	*health related*
gemütlich	*leasurely, cozy, relaxing*	Gesundheitsamt, das	*public health dept.*
genießen, genoss, genossen	*to relish, to enjoy*	getäfelt	*paneled*
genügend	*enough*	getrost	*safely*
Genuss, der	*pleasure*	gewandt	*skilled*
Gepäckausgabe, die	*baggage claim*	Gewässer, das	*a body of water,* **here:** *public lake*
geprägt	*shaped*	Gewehr, das	*gun*
geradeaus	*straight ahead*	Gewinn, der	*profit*
Geräusch, das	*noise*	gewinnbringend	*lucrative*
geräuschvoll	*noisy*	Gewissen, das	*conscience*
gerechtfertigt	*justified*	gewöhnlich	*average*
gereizt	*irritated*	gewürzt	*spicy*
Gericht, das	*court*	Gier, die	*greed*
gerichtet	*judged*	glatt	*smooth*
Gerichtsprotokoll, das	*court record*	Glaubensfrage, die	*question of faith*
Geröchel, das	*death rattle*	gleich	*same*
Gerste, die	*barley*	gleichberechtigt	*equal*
Gerücht, das	*rumor*	Gleichgewichtsgefühl, das	*sense of balance*
Gesamtkonzept, das	*overall concept*	gleichzeitig	*at the same time*
Gesang, der	*chant, singing*	Glockengeläut, das	*tolling of the bell*
geschehen, geschah, ist geschehen	*to happen, to occur*	geglückt	*successful*
Geschenk, das	*gift*	gelingen, gelang, ist gelungen + (Dat)	*to succeed*
Geschichte, die	*history*		

glücklicherweise	*luckily*
gnädig	*merciful*
Golfverband, der	*golf association*
Gottesdienst, der	*church service*
Grab, das	*grave*
Graben, der	*ditch*
Graf, der	*count*
Grauen, das	*horror*
grausam	*cruel*
greifen	*to reach*
Grenze, die	*border*
großartig	*great*
größtenteils	*for the most part*
großzügig	*generous*
Grünanlage, die	*green spaces*
Grund, der	*reason*
gründen	*to found*
gründlich	*thorough*
Gründlichkeit, die	*thoroughness*
Grundstein, der	*cornerstone*
Gruselfilm, der	*horror film*
Gruselgeschichte, die	*horror story*
gut ausgebaut	*well-constructed, developed*
Gymnasiast, der	*high school student*

H

habgierig	*greedy*
Habilitation, die	*highest academic degree*
Hälfte, die	*half*
halten von + (Dat)	*to think of*
handeln	*to be about*
Handgepäck, das	*carry-on luggage*
Hängematte, die	*hammock*
Hauptgericht, das	*main dish*
Hausarzt, der	*family doctor*
Hausgesinde, das	*servants*
heben, hob, gehoben	*to lift*
Heidelandschaft, die	*heathlands*
heilfroh	*jolly glad*
heimgehen	*to go home*
Heiratsantrag, der	*marriage proposal*
hellhörig	*poorly soundproofed*
hellwach sein	*to be wide awake*
Herkunft, die	*background*
herausgeben	*to edit*
herunterkommen	*to come downstairs*
herunterreißen	*to pull off, to tear down*
Herz, das	*heart*
Herzklopfen, das	*palpitation*
heulend	*howling*
Heutor, das	*hay gate*
heutzutage	*these days*
Himmelsgewölbe, das	*celestial vault*
hin und her	*back and forth*
hinabbeugen	*to bend down*
hinaufgehen	*to go upstairs*
hinausreißen	*to tear out*
hineinreißen	*to tear into*
hineinschicken	*to send in*
hinstellen	*to put down*
Hinterhof, der	*backyard*
hinuntersteigen	*to climb down*
Hobbymaler, der	*amateur painter*
Hochmut, der	*pride*
hochmütig	*arrogant*
Hof, der	*court*
Hofkapelle, die	*court chapel*
höflich	*polite*
Höhepunkt, der	*peak*

höhnisch	*mocking*
Holz, das	*lumber*
Holzfußboden, der	*wooden floor*
horchen	*to listen*
horrend	*astronomical*
Hühnerhof, der	*henhouse*
Hungerleider, der	*starveling*
Hütte, die	*hut*

I

inbrünstig	*fervently*
Industriefläche, die	*industrial area*
innerhalb	*within*
insgesamt	*in total*
inzwischen	*in the meantime*
irgendwohin	*somewhere*

J

Jagd, die	*hunt*
Jäger, der	*hunter*
jammern	*to wail*
jetzt	*now*

K

Kahn, der	*small boat*
kaiserlich	*imperial*
Kalk, der	*limestone*
Kammer, die	*room*
Kämpfer, der	*fighter*
Karren, der	*cart*
Kathodenstrahl, der	*cathode ray*
Käufer, der	*buyer*
Kaufmann, der	*merchant*
kaum	*hardly*
keimfrei	*sterile*
Kessel, der	*pot*
Kette, die	*chain*
Kinderstube, die	*upbringing*
Kiosk, der	*newsstand*
klagen	*to complain*
Kleidervorschrift, die	*dress code*
klettern	*to climb*
klingen, klang, geklungen	*to sound*
Kloster, das	*monastery*
klug	*smart*
Klumpen, der	*lump*
Knabe, der	*boy*
knackig	*crispy*
Knall, der	*pop*
knapp	*just under, barely*
knarren	*to creak*
Knecht, der	*farmhand*
Knirschen, das	*grinding*
knistern	*to rustle*
knurren	*to growl*
Kofferkuli, der	*luggage cart*
Kofferraum, der	*trunk*
Königreich, das	*kingdom*
Konkurrenz, die	*competition*
Konservenbüchse, die	*can*
Konsumgüterbranche, die	*consumer goods sector*
Konzertmeister, der	*concertmaster*
Kopftuch, das	*headscarf*
Kraft, die	*power*
kraftvoll	*powerful*
Krankheit, die	*disease*
Kreativwirtschaft, die	*creative economy*
Kreis, der	*circle*
Kreisbahn, die	*orbit*
kriechen, kroch, ist gekrochen	*to crawl*
Krücke, die	*crutch*

sich kümmern um	*to take care of*
kündigen	*to give notice*
Kunst, die	*art*
Künstler, der	*artist*
künstlerisch	*artistic*
Kurort, der	*spa*

L

lächeln	*to smile*
Lage, die	*location*
Lagerhalle, die	*warehouse*
lahm	*crippled*
Laie, der	*amateur*
Lakai, der	*lackey*
Landarzt, der	*country doctor*
Landesherr, der	*sovereign*
Landleute, die *(pl.)*	*country people*
Landschaft, die	*landscape*
Lärm, der	*noise*
lassen, ließ, gelassen	*to allow*
Last, die	*burden*
Laubwald, der	*deciduous forest*
Laufsteg, der	*catwalk*
lauschen	*to listen*
läuten	*to ring a bell*
lebendig	*vibrant*
Lebensmittel, die *(pl.)*	*groceries*
Lebensweg, der	*career path*
Lebensweise, die	*way of life*
lecker	*delicious*
leer stehen	*to be vacant*
Lehnstuhl, der	*armchair*
lehren	*to lecture, to teach*
Lehrling, der	*apprentice*
leiden, litt, gelitten	*to suffer*
leidenschaftlich	*passionately*
leider	*unfortunately*
leise	*quiet*
Leiste, die	*slat*
Leistung, die	*achievement*
leistungsfähig	*powerful*
leistungstechnisch	*in terms of performance*
Leiter, die	*ladder*
leuchten	*to glow*
leuchtend	*bright*
Lichtspan, der	*chip, piece of wood*
Liebeskummer, der	*lovesickness*
liebevoll	*lovingly*
Liegefläche, die	*sunbathing area*
Liegestuhl, der	*lounge chair*
Liegewiese, die	*sunbathing lawn, grass*
Liga, die	*league, class*
Litfaßsäule, die	*advertising pillar, column*
loben, preisen	*to praise*
Loch, das	*hole*
Lohn, der	*reward, wage*
sich lohnen	*to be worthwhile*
los sein	*to be going on*
loslassen	*to unchain*
sich losmachen	*to get loose*
Luftdruck, der	*air pressure*
Lungenentzündung, die	*pneumonia*
sich lustig machen	*to make fun of somebody*

M

Magd, die	*maidservant*
mager	*lean*
Magnet, der	*magnet*

malen	*to paint*
Mangel, der	*lack*
Mauer, die	*wall*
Mauerpark, der	*Wall Park*
Mauerweg, der	*wall trail*
Maul, das	*mouth*
Mäusefalle, die	*mousetrap*
Mäusejäger, der	*mouse hunter*
Mediziner, der	*physician*
Mehl, das	*flour*
mehrere	*several*
sich melden	*to get in touch*
meinen	*to say*
meinerseits	*as far as I am concerned*
meinetwegen	*for all I care*
Meinungsbild, das	*opinion*
Meisterschaft, die	*competition*
Meistertrophäe, die	*champions trophy*
Merkmal, das	*characteristic, feature*
Metzger, der	*butcher*
Milzbrand, der	*anthrax*
Milzbrandbazille, die	*anthrax bacteria*
mindestens	*at least*
Missernte, die	*bad harvest*
misstrauen	*to distrust*
mit sich bringen	*to entail*
Mitgefangene, der	*fellow prisoner*
Mitglied, das	*member*
Mitgliedsausweis, der	*membership card*
Mitgliedsbeitrag, der	*membership dues*
Mitleid, das	*compassion*
mitmachen	*to participate*
Mitmensch, der	*fellow man*
mitprägen	*to shape*
Mittelgebirge, das	*low mountain range*
mitternächtlich	*midnight*
mittlerweile	*by now*
Mode, die	*fashion*
Möglichkeit, die	*opportunity*
Mühe, die	*effort*
mündlich überliefert	*handed down orally*
munter	*perky, cheerful*
Musterschüler, der	*model student*
Mut, der	*courage*
mutig	*courageous, brave*

N

nachfolgen	*to follow*
nachgehen	*to follow up*
nachher	*afterwards*
nachholen	*to fetch later*
nachlassen, ließ nach, nachgelassen	*to subside*
Nachteil, der	*disadvantage*
nachweisen, wies nach, nachgewiesen	*to prove*
Nachwuchshoffnung, die	*up-and-coming hopefuls*
Nachzügler, der	*straggler*
Nagel, der	*nail*
Narr, der	*fool*
Nebelschleier, der	*veil of mist*
nebenan	*across the hall, next to*
Neid, der	*envy*
Neigung, die	*inclination*
neugierig	*curious*
niederschreiben	*to write down*
niedersinken	*to collapse*

niederstoßen, stieß nieder, niedergestoßen	*to strike down*
Not, die	*worry*
Note, die	*grade*
Nuss, die	*nut*

O

Oberamtmann, der	*bailiff*
oberst	*premier*
öffentlich	*publicly*
Öffentlichkeit, die	*public*
Operationsbesteck, das	*surgical instruments*
Opfer, das	*victim*

P

packen	*to grab, to seize*
packend	*exciting*
Pannendienst, der	*breakdown service*
Passant, der	*passerby*
passieren	*to happen*
Pfeife, die	*whistle, pipe*
pflegen	*to treasure*
pilgern	*to flock*
Pilgerziel, das	*pilgrimage site*
Pionierleistung, die	*pioneering work*
planschen	*to splash*
Plätschern, das	*ripple*
platt	*flat*
Plättchen, das	*small plate*
Platten, der	*flat tire*
plötzlich	*suddenly*
Pockennarbe, die	*pockmark*
prächtig	*magnificent*
prägen	*to shape*
Prämie, die	*bounty*
preiswert	*inexpensive*
produzieren	*to produce*
Promotion, die	*doctorate*
puppenhaft	*doll-like*

Q

quälen	*to torment*
quer	*across*
quietschen	*to squeak*

R

Rache, die	*revenge*
Rand, der	*edge*
Rasen, der	*lawn*
rasend	*raging*
Rasende, der	*maniac*
Rat, der	*advice*
Ratschlag, der	*piece of advice*
Raum, der	*room*
rauschen	*to rustle*
Rechtsanwalt, der	*attorney*
rechtzeitig	*in time*
Regal, das	*shelf*
Regel, die	*rule*
Regierungsrat, der	*senior civil servant*
reichen	*to hand*
Reifendruck, der	*tire pressure*
Reifenpanne, die	*blowout*
Reihe, die	*row*
Reihenfolge, die	*sequence*
Reinhaltung, die	*purification*
reizend	*charming*
reizvoll	*attractive*
Reklameschild, das	*advertising sign*

sich retten	*to save oneself*
Reue, die	*contrition*
Richter, der	*judge*
Richtigkeit, die	*accuracy*
Rindfleisch, das	*beef*
Riss, der	*crack*
Ritter, der	*knight*
Rolltreppe, die	*escalator*
Röntgenaufnahme, die	*X-ray image*
Röntgengerät, das	*X-ray machine*
Route, die	*path*
ruchlos	*heinous*
rückfällig werden	*to relapse*
rückgängig	*canceled*
rückständig	*behind its time*
rückwärts	*backwards*
Ruf, der	*reputation*
Ruhm, der	*fame*
rumpeln	*to make noise*
Rush Hour, die	*rush hour*

S

Sache, die	*matter*
Sackgasse, die	*dead end*
saftig	*succulent*
Sagenwelt, die	*legends*
Sammlung, die	*collection*
sauber	*clean*
schadhaft	*damaged*
schaffen	*to create*
Schale, die	*bowl*
sich schämen	*to be ashamed*
Schatz, der	*curio*
schätzen	*to appreciate*
Schaufenster, das	*display window*
Scheidung, die	*divorce*
scheinbar	*seemingly*
scheinen, schien, geschienen	*to appear*
Scherenschleifer, der	*scissors grinder*
Scherz, der	*joke*
scheu	*shy*
schicken	*to send*
schieben, schob, geschoben	*to push*
schielen	*to squint*
schippern	*to sail*
Schlag, der	*swing*
schlagen, schlug, geschlagen	*to hit*
Schläger, der	*golf club*
schlau	*sly*
schleifenförmig	*in loops*
Schleifer, der	*grinder*
Schleifstein, der	*grindstone*
schließen, schloss, geschlossen	*to conclude, to close*
schließlich	*finally*
Schloss, das	*palace*
Schlüssel, der	*key*
Schmerz, der	*pain*
Schmetterling, der	*butterfly*
schon	*already*
Schrank, der	*armoire*
Schrecken, der	*horror*
Schritt, der	*step*
Schulfest, das	*school function*
Schulheft, das	*notebook*
Schutt, der	*rubble*
schütteln	*to shake (hands)*
schwach	*weak*
schweben	*to float*
schwer	*difficult, heavy*
schweigen, schwieg, geschwiegen	*to stay silent*
Schweißperle, die	*bead of sweat*
Schwimmbecken, das	*swimming pool*

See, der	*lake*
Seegrund, der	*bottom of the lake*
sich sehnen	*to crave*
seltsam	*strange*
Seenplatte, die	*lake district*
selbsternannt	*self-proclaimed*
Seltenheit, die	*rarity*
sich sicher fühlen	*to feel safe*
sicher	*reliable, safe*
Sicherheitsgurt, der	*seat belt*
Sicherheitsvorkehrung, die	*safety precaution*
sicherlich	*certainly*
Siedepunkt, der	*boiling point, peak*
Sieg, der	*victory*
Sitzreihe, die	*seat row*
sofort	*at once*
sogenannt	*so-called*
Sonnenanbeter, der	*sun worshipper*
Sorge, die	*worry*
sorgen für	*to take care of, to ensure*
sorglos	*without worry, carefree*
sozialgerecht	*socially just*
spalten	*to split*
spannen	*to stretch*
Spannung, die	*voltage*
sparen	*to save*
Speise, die	*food, meal*
Spielklasse, die	*league*
Spielplatz, der	*stadium*
Spielstätte, die	*venue*
spitzend	*pointed*
Sport treiben	*to work out*
springen, sprang, ist gesprungen	*to jump*
Sprungturm, der	*diving platform*
spuken	*to haunt*
Stablampe, die	*flashlight*
Stadion, das	*stadium*
stadtnah	*close to the city*
Stalltür, die	*stable door*
stammen	*to stem*
Stange, die	*rod, pole*
starr	*rigid*
Startbahn, die	*runway*
stattlich	*handsome*
Stau, der	*traffic jam*
staunen	*to marvel*
stecken	*to stick, to put*
steigen	*to climb*
Stein, der	*rock*
Steinlawine, die	*rock avalanche*
Stelle, die	*job*
stellen	*to put*
stilecht	*true to the original style*
Stimme, die	*voice*
Stimmung, die	*mood*
stöbern	*to rummage*
Stockwerk, das	*floor*
stöhnen	*to grunt*
Stolz, der	*pride*
stören	*to bother*
Stoßstange, die	*bumper*
Strahlenart, die	*type of radiation*
strahlend	*captivating*
strampeln	*to kick*
Strand, der	*beach*
Strandkorb, der	*wicker beach chair*
sträubend	*bristling*
Streben, das	*pursuit*
Streichquartett, das	*string quartet*
Streifen, der	*stripe*

Streit, der	*quarrel*
streng	*strict*
streuen	*to scatter*
Stroh, das	*straw*
Strom, der	*electricity*
Stufe, die	*step*
Stummfilm, der	*silent film*
stupsen	*to nudge*
stürzen	*to plunge*
suchen	*to search*
Synchronisation, die	*dubbing*

T

Tagelöhner, der	*day laborer*
Tageslicht, das	*daylight*
Tankstelle, die	*gas station*
tapfer	*courageous*
tappen	*to grope*
Tat, die	*deed*
tätig	*active*
Tätigkeit, die	*commission*
Tatort, der	*scene of the crime*
tatsächlich	*indeed*
taub	*deaf*
Taubheit, die	*deafness*
tauchen	*to dive*
Taucherbrille, die	*diving goggles*
Taugenichts, der	*good-for-nothing*
tauschen	*to switch*
Täuschung, die	*deception*
Teig, der	*dough*
teilen	*to share*
teils	*in part*
Teilung, die	*separation, division*
teilweise	*in part*
Themenwanderweg, der	*thematic hiking trail*
Tierquäler, der	*animal abuser*
Tischlerei, die	*carpentry shop*
toben	*to rage*
Todesangst, die	*mortal fear*
Todesstreifen, der	*death strip*
Tor, das	*gate*
Torheit, die	*tomfoolery*
Torwächter, der	*gatekeeper*
Traum, der	*dream*
träumen	*to dream*
treffen	*to meet*
Trennung, die	*separation*
Treppe, die	*staircase*
treu	*faithful, loyal*
Treue, die	*loyalty*
Triebwerk, das	*jet engine*
triefen	*to drip*
Trost, der	*words of comfort*
trösten	*to console*
trotz allem	*in spite of everything*
trotzdem	*nevertheless*
Trubel, der	*hustle and bustle*
Trümmer, die *(pl.)*	*ruins*
Türgeknall, das	*door banging*
türkischstämmig	*of Turkish descent*

U

üben	*to practice*
überall	*everywhere*
überallher	*from all over*
überallhin	*all over*
überdurchschnittlich	*above average*
übereinander	*on top of each other*

übergehen	*to transition*
überhaupt	*at all*
überlegen	*superior*
überlisten	*to trick*
übermüdet	*dead tired*
überprüfen	*to check*
Überraschung, die	*surprise*
Übersetzung, die	*translation*
überwinden, überwand, überwunden	*to overcome*
überzeugen	*to convince*
überzeugend	*convincing*
Überzeugung, die	*belief*
üblich	*customary*
übrigbleiben	*to remain behind*
übrigens	*by the way*
Ufer, das	*bank*
umarmen	*to embrace*
umbenennen, benannte um, umbenannt	*to rename*
Umbruch, der	*radical change*
umfangreich	*comprehensive*
umfassend	*comprehensive*
Umfrage, die	*poll*
umgebaut	*converted*
Umgebung, die	*environs*
umgekehrt	*vice-versa*
umkommen	*to perish*
sich umschauen	*to turn around*
umsonst	*in vain*
umweltgerecht	*environmentally sound*
umziehen	*to move*
unansehnlich	*plain*
unbedeutend	*insignificant*
unbegreiflich	*incomprehensible*
Unbeherrschtheit, die	*lack of self-control*
unberührt	*unspoiled*
Undank, der	*ingratitude*
unersättlich	*insatiable*
ungehorsam	*disobedient*
ungepflegt	*unkempt*
ungeschickt	*clumsy*
ungewiss	*uncertain*
unglaublich	*unbelievable*
Unglückliche, der	*wretched man*
Unikat, das	*unique print*
unmerklich	*imperceptible*
Unregelmäßigkeit, die	*irregularity*
unsicher	*insecure*
unsichtbar	*invisible*
unter anderem	*among others*
unterbrechen, unterbrach, unterbrochen	*to interrupt*
unterbringen	*to house*
unterdrücken	*to suppress*
Unterhaltungsfilm, der	*entertainment film*
unterlegen	*inferior*
unterschiedlich	*different*
sich unterstehen	*to dare*
unterstützen	*to support*
Unterstützung, die	*support*
untersuchen	*to search, to examine, to investigate*
Unverstand, der	*lack of sense, folly*
unzählig	*countless*
unzertrennlich	*inseparable*
Ursache, die	*cause*
ursprünglich	*pristine*

V

Vakuumröhre, die	*vacuum tube*
Veränderung, die	*change*
verbannen	*to ban*

verbinden, verband, verbunden	*to combine, to connect*
Verbrechen, das	*crime*
verbreiten	*to spread*
verbringen	*to spend*
verbunden	*connected*
verderben, verdarb, ist verdorben	*to ruin*
verdienen	*to earn*
verdunkelt	*darkened*
verehren	*to admire*
vereinbaren	*to agree upon*
Vereinsfußball, der	*soccer club*
verfallen	*derelict (adj); to deteriorate, to become addicted*
verflixt	*darn!*
verfolgen	*to persecute, to pursue*
Vergangene, das	*past*
Vergangenheit, die	*past*
vergebens	*in vain*
vergessen	*to forget*
Vergnügen, das	*enjoyment*
verglast	*made of glass*
Verhältnis, das	*relationship*
sich verirren	*to get lost*
verjagen	*to chase away*
Verkauf, der	*sales*
Verkehr, der	*traffic*
verkleidet	*covered*
verkünden	*to proclaim*
verlassen	*to leave; abandoned (adj)*
verlaufen, verlief, verlaufen	*to pass, to get lost*
verleihen, verlieh, verliehen	*to award*
sich verlieben	*to fall in love*

verloren geben	*to believe (something) to be lost*
Vermögen, das	*fortune*
vermuten	*to suspect*
Vermutung, die	*speculation*
vernehmen	*to hear*
veröffentlichen	*to publish*
Verpflegung, die	*food*
Verräter, der	*traitor*
verriegeln	*to bolt*
versammeln	*to get together*
verschaffen	*to provide*
verschieben, verschob, verschoben	*to postpone*
verschieden	*different, diverse*
verschwinden, verschwand, ist verschwunden	*to disappear*
versichern	*to assure*
Verspätung, die	*delay*
versprechen, versprach, versprochen	*to promise*
Verstand, der	*wit*
verständlich	*comprehensible*
sich verstecken	*to hide*
verstopfen	*to clog up*
verstört	*distraught*
verstricken	*to entrap*
sich verstricken	*to get caught in*
Versuch, der	*attempt, experiment*
vertreiben	*to displace*
Verwaltungsbeamte, der	*administrator*
verwinkelt	*meandering*
verwirrt	*confused*
verwundert	*astonished*
Verzweiflung, die	*despair*
Vieh, das	*cattle*

Viehherde, die — *herd of cattle*
Vielfalt, die — *variety*
vielseitig — *many kinds*
vielversprechend — *promising*
virtuos — *expertly*
Visitenkarte, die — *business card*
Volksdeutsche, der — *ethnic German*
Volksgesundheit, die — *public health*
Volkslied, das — *folk song*
Vollendung, die — *completion*
vorankommen — *to make headway*
vorbeigehen — *to pass by*
vorbeisehen — *to look away*
Vorbild, das — *ideal*
Vorfall, der — *occurrence*
Vorfeld, das — *ramp*
vorher — *prior*
vorkommen — *to occur*
vorläufig — *tentative*
vorlesen — *to read aloud*
vorliegen — *to be available*
vornehm — *refined, noble*
vorrangig — *primarily*
Vorreiter, der — *pioneer*
Vorschlag, der — *proposal, suggestion*
vorschlagen — *to suggest*
vorsichtig — *careful*
sich vorstellen — *to imagine*
vorteilhaft — *favorable*
vorwärtskommen — *to make progress*
sich vorwärts bewegen — *to move forward*
vorzeigen — *to show*
vorzeitig — *premature*
Vulkaneifel, die — *volcanic Eifel (a geopark in Germany)*

W

wachsen, wuchs, ist gewachsen — *to grow*
Waffe, die — *weapon*
wagen — *to venture, to dare*
Wagenheber, der — *car jack*
wählen — *to dial, to select, to choose*
währen — *to last*
wahrnehmen — *to locate, to perceive, to sense*
Wandel, der — *change*
wandeln — *to transform*
Wanderkarte, die — *hiking map*
Wandersmann, der — *wayfarer*
Wanderthema, das — *idea for hikes*
Wanderweg, der — *hiking trail*
Wandlung, die — *transformation*
Wange, die — *cheek*
Ware, die — *ware, product*
Wasserfee, die — *water nymph*
Wasserrutsche, die — *water slide*
Watt, das — *mud flats*
weggehen — *to go away*
weh tun, tat weh, weh getan — *to hurt*
weich — *mellow*
Weinanbaugebiet, das — *wine-growing area*
Weinernte, die — *grape harvest*
Weingut, das — *vineyard*
Weinlese, die — *harvest time*
weitere — *additional*
weiterhin — *furthermore*
weiterleben — *to continue to live*
weitläufig — *spread out*

weitreichend	*far-reaching*
Weltall, das	*universe*
weltbekannt	*world-famous*
Weltdokumentenerbe, das	*Memory of the World*
Weltenbummler, der	*globetrotter*
welterfahren	*worldly-wise*
weltlich	*secular*
Weltruhm, der	*world fame*
weltweit	*worldwide*
Wert, der	*value*
Wesen, das	*being*
Wetzstein, der	*whetstone*
wickeln	*to wrap*
widerrufen, widerrief, widerrufen	*to retract*
widmen	*to dedicate, to devote*
wiederum	*again*
Wiese, die	*grass, pasture*
Wilddieb, der	*poacher*
Wipfel, der	*treetop*
wippen	*to swing*
wirksam	*effective*
wirtschaftlich	*economic*
Wirtschaftswunder, das	*economic miracle*
Wirtshaus, das	*restaurant*
Wissenschaftler, der	*scientist*
wissenschaftlich	*scientific*
Witz, der	*joke*
wohlhabend	*prosperous*
Wolkenbank, die	*cloud bank*
Wortschatz, der	*vocabulary*
Wunderkind, das	*child prodigy*
Wundinfektion, die	*wound infection*
wüten	*to rampage*
wütend	*furious*

Z

zäh	*heavy (traffic)*
zählen zu	*to rank among*
zahlreich	*numerous*
Zärtlichkeit, die	*tenderness*
zeigen	*to point*
Zeitgenosse, der	*contemporary*
zerfallen	*dilapidated*
zerreissen, zerriss, zerrissen	*to rip*
Ziege, die	*goat*
Ziegelhaufen, der	*tile heap*
ziehen, zog, hat gezogen	*to move*
Ziel, das	*target*
zielen	*to aim*
ziemlich	*rather*
zierlich	*petite*
Zimmerwinkel, der	*corner of the room*
zivil	*civilian, civil*
Zoll, der	*customs*
Zuber, der	*tub*
züchten	*to cultivate*
Zufall, der	*coincidence*
zufällig	*accidentally*
Zugänglichkeit, die	*accessibility*
zugeschlossen	*locked*
zuhören	*to listen to*
zuknüpfen	*to tie up*
Zukunft, die	*future*
zuletzt	*in the end*
zunächst	*for the time being*
zunächst	*at first*
zunehmen, nahm zu, zugenommen	*to increase*
zunehmend	*increasingly*
zurechtkommen	*to manage*

zurechtmachen	*to prepare*
zurückkehren, kehrte zurück, ist zurückgekehrt	*to return*
zurücktreten, trat zurück, ist zurückgetreten	*to step back*
zurückversetzt	*moved back*
zurückziehen, zog zurück, hat zurückgezogen	*to withdraw*
zusagen	*to accept*
zusammengeballt	*clogged*
zusammengekauert	*huddled up*
Zusammenstellung, die	*compilation*
Zuschauer, der	*fan*
zusteuern	*to steer*
Zustrom, der	*influx*
zutrauen	*to trust*
Zuwachs, der	*growth*
zwar	*admittedly*
zwingen	*to force*
Zwischenfall, der	*incident*

Ausdrücke

ab und zu	*every now and then*
aller guten Dinge sind drei	*all good things come in threes*
an der Spitze stehen	*to be at the top*
Angst haben vor jemandem	*to be afraid of someone*
auf dem Weg sein	*to be on the way*
auf den Beinen sein	*to be on one's feet*
auf den Spuren	*in the footsteps*
auf die Beine helfen	*to get back on one's feet*
auf die Bremse treten	*to step on the brakes*
auf frischer Tat ertappen	*to catch red-handed*
auf seine Kosten kommen	*to get one's money's worth*
auf sich aufmerksam machen	*to call attention to oneself*
aufs Land	*into the countryside*
aus dem Schlaf hochfahren	*to wake up with a start*
aus freier Wahl	*of his own accord*
bei Seite nehmen	*to take aside*
bei sich aufnehmen	*to put up*
Böses ahnen	*to assume the worst*
das Abitur machen	*to graduate from high school*
das Dach decken	*to tile a roof*
das liegt daran	*that is because*
den Grundstein legen	*to lay the cornerstone*
den Kopf schütteln	*to shake one's head*
die breite Masse	*mainstream*
die Pointe verkorksen	*to ruin the punch line*
die Sonne genießen	*to soak up the sun*
die Stimmung erreicht den Siedepunkt	*the atmosphere reaches its peak or boiling point*
die Voraussetzungen schaffen	*to lay the foundations*
die Zeit verbringen	*to spend time*
dir zuliebe	*to please you*
drauf und dran	*on the verge*
egal sein	*to make no difference*
ein besonderer Höhepunkt	*a special highlight*

ein gutes Stück Geld	*a good bit of money*
eine freie Fahrt	*an open road*
eine Hand wäscht die andere	*one good turn deserves another*
eine Pause einlegen	*to take a break*
eine Spur mehr Gas geben	*to give a bit more gas*
einen Blick haben für	*to have an eye for*
einen Rat geben	*to give advice*
einen Rat holen	*to get advice*
einen Rat suchen	*to seek advice*
einen Reifen wechseln	*to change a tire*
einen Ruf annehmen	*to accept a university position*
einen Spaziergang abrunden	*to complete a walk*
einen Streich spielen	*to play a prank*
Erfolg haben	*to have success*
erlebbar sein	*can be experienced*
es empfiehlt sich	*it is recommended*
es hängt davon ab	*it depends*
es möglich machen	*to make it possible*
es schwerer machen	*to make it more difficult*
es tut ihm gut	*it's good for him*
etwas bekommt einem nicht	*something does not agree with someone*
etwas zu sich nehmen	*to eat something*
fernab von	*away from*
Forschung betreiben	*to do research*
froh sein	*to be glad*
Gefallen haben	*to really like*
Gesellschaft leisten	*to keep somebody company*
Gesellschaft suchen	*to seek company*
große Freude haben an	*to take pleasure in*
großen Hunger haben	*to be very hungry*
gut ausgebaut	*well-appointed*
hellwach sein	*to be wide awake*
hinter jemandem her sein	*to be after somebody*
hinter sich lassen	*to leave behind*
im Bereich, auf dem Gebiet	*in the area*
im Handgepäck	*hand-carried luggage:* ***here:*** *armed with*
in Berührung kommen	*to come in contact*
in bescheidenen Verhältnissen aufwachsen	*to grow up in modest circumstances*
in bestimmter Weise	*in a certain way*
in den Sinn kommen	*to cross one's mind*
in der Lage sein	*to be in the position*
in die Arme fallen	*to embrace*
in Eile sein	*to be in a hurry*
in leitender Stellung	*in an executive position*
in öffentlichen Aufgaben arbeiten	*to work in the public sector*
in Ruhe lassen	*to leave somebody alone*
ist ja egal	*it does not matter*
je mehr, desto	*the more, the more*
jemandem Gesellschaft leisten	*to keep somebody company*

jemandem den Rücken kehren	*to turn one's back on somebody*
jemandem Leid tun	*to feel sorry for somebody*
jemanden bei sich aufnehmen	*to put somebody up*
keine Not haben	*to have no worry*
keine Spur	*no way*
Kraft schöpfen	*to recharge energy*
kulinarisch ambitioniert	*culinarily ambitious*
los sein	*to go on, to be going on*
mündlich überliefert	*handed down orally*
nach meiner Art	*in my way*
nach und nach	*little by little*
nichts dafür können	*to not be able to help it*
nichts daran ändern	*to not alter the fact*
Rad schlagen	*to turn cartwheels*
Rast machen	*to take a break*
Schmetterlinge im Bauch haben	*to have butter-flies in one's stomach*
seit einiger Zeit	*for some time*
sich auf die Hände stellen	*to make a handstand*
sich die Zeit vertreiben	*to while away the time*
sich in ein Gespräch einlassen	*to strike up a conversation*
sich lustig machen über	*to make fun of somebody*
sich sicher fühlen	*to feel safe*
sicher ist sicher	*better safe than sorry*
Sport treiben	*to work out*
trotz allem	*in spite of everything*
um Gnade bitten	*to beg for mercy*
Undank ist der Welt Lohn.	*Ingratitude is the world's reward.*
unter anderem	*among others*
verloren geben	*to throw in the towel*
von Herzen gern	*with pleasure*
von heute auf morgen	*overnight*
von Wert sein	*to be of value*
vor Angst sterben	*to be frightened to death*
vor Gott stehen	*to stand before God*
vor nicht allzu langer Zeit	*not too long ago*
vor sich hertreiben	*to drive before someone*
wichtig sein	*to be important*
wie geschaffen	*ideal*
zählen zu	*to be counted among*
zu Boden stürzen	*to fall to the ground*
zu einer gewissen Stunde	*at a certain time*
zu Lebzeiten	*in the lifetime*
zum ersten Mal	*for the first time*
zum Stehen kommen	*to come to a standstill*
zur Welt kommen	*to be born*

CREDITS

Art Credits

1. lzf / Shutterstock.com
2. Iriana Shiyan / Shutterstock.com
3. From F.W. Murnau's 1922 film *Nosferatu*
4. Andreas Zerndl / Shutterstock.com
5. Sergey Goryachev / Shutterstock.com
6. From Fritz Lang's 1927 film *Metropolis*
7. Philip Lange / Shutterstock.com
8. Nickolay Vinokurov / Shutterstock.com
9. Florence-Joseph McGinn / Shutterstock.com
10. Shaber / Shutterstock.com
11. Michele Paccione / Shutterstock.com
12. underworld / Shutterstock.com
13. Clara / Shutterstock.com
14. AGIF AGIF / Shutterstock.com
15. isogood / Shutterstock.com
16. S.Borisov / Shutterstock.com
17. Violetta Honkisz / Shutterstock.com
18. elbud / Shutterstock.com
19. Berlin-based electronic music band Moderat at MELT Festival on July 20, 2014 in Ferropolis. Thomas Quack / Shutterstock.com
20. Woodcut illustrating Aesop's fable "The Fox and the Cat," by Heinrich Steinhowel, 1497, Library of Congress
21. Illustration of Aesop's fable, "The Town Mouse and the Country Mouse" by Milo Winter, 1919
22. Illustration of Aesop's fable, "The Man, the Boy, and the Donkey" by Ernest Griset, ca. 1869
23. Statue of *Hans im Glück* by Ignatius Taschner in Märchenbrunnen im Volkspark Friedrichshain, Berlin. Photo by Boonekamp via Wikimedia Commons

24. Nadiia Kotliar / Shutterstock.com
25. A German dragon from *The Complete Guide to Heraldry*, Arthur Charles Fox-Davis, 1909, Wikimedia Commons
26. Catmando / Shutterstock.com
27. manfredxy / Shutterstock.com
28. Dn Br / Shutterstock.com
29. Stefano Ember / Shutterstock.com
30. Jamesbin / Shutterstock.com
31. corlaffra / Shutterstock.com
32. Carlos Caetano / Shutterstock.com
33. Joseph Karl Stieler, Portrait of Ludwig van Beethoven, 1820, Wikimedia Commons
34. Barbara Krafft, Posthumous portrait of Wolfgang Amadeus Mozart, 1819. Wikimedia Commons
35. German banknote depicting the Brothers Grimm. Wikimedia Commons
36. Photo of Wilhelm Conrad Röntgen, 1845. Wikimedia Commons
37. Statue of Nicholas Copernicus in Warsaw, Poland. Wikimedia Commons. CC BY-SA 3.0 https://commons.wikimedia.org./wiki/File%3AWarsaw2oh.jpg
38. Photo of Robert Koch, circa 1900. Wikimedia Commons

Text Credits

The following copyrighted readings are reproduced by permission of the German Foreign Office, http://www.entdecke-deutschland.diplo.de/: *Wandern in Deutschland; Mode in Deutschland; Der deutsche Film; Märchen machen Mut; Faszination Fußball; Golf in Deutschland; Freizeit und Entspannung;Baden und Planschen; Sommer in der deutschen Metropole;Party und Ausgehen.*

The following copyrighted readings are reproduced by permission of *Der Weg* http://www.derweg.org *Zum ersten Mal verliebt; Reisen in Deutschland; Aller Anfang ist schwer; Schlechte Zeiten für die Tabakindustrie; Multikulturell; Ludwig van Beethoven; Wolfgang Amadeus Mozart; Die Brüder Grimm; Wilhelm Conrad Röntgen; Nikolaus Kopernikus;Robert Koch; Hans im Glück.*

Die Seejungfrauen reprinted from *Lesebuch für die burgenländischen Volksschulen*, Adolf Parr, Teil II, Wien/Leipzig 1929.

Undank ist der Welt Lohn reprinted from Märchen und Erzählungen für Anfänger. Edited by Hélène Adeline Guerber. Boston, New York, Chicago: D.C. Heath & Co., 1912.

Die Geschichte der Schildbürger reprinted from Die Schildbürger. Ihre Weisheit und große Torheit. Selected and edited with note, exercises and vocabulary by Frederick Betz, A.M. Boston: D.C. Heath, 1910.

Wie die Schildbürger ihr Rathaus bauten reprinted from Die Schildbürger. Ihre Weisheit und große Torheit. Selected and edited with note, exercises and vocabulary by Frederick Betz, A.M. Boston: D.C. Heath, 1910.

Ein Ehepaar erzählt einen Witz. Kurt Tucholsky (1890–1935). Prosastücke. Gesammelte Schriften (1907–1935).

Ich gehe mit einer langen Frau. Kurt Tucholsky. Prosastücke. Gesammelte Schriften (1907–1935).